金融工会
经费审计操作向导

(2024 版)

中国金融工会全国委员会 编著

经济日报出版社
北京

图书在版编目（CIP）数据

金融工会经费审计操作向导：2024版 / 中国金融工会全国委员会编著. -- 北京：经济日报出版社，2024.6
ISBN 978-7-5196-1439-3

Ⅰ.①金… Ⅱ.①中… Ⅲ.①金融业—工会工作—财务管理—中国 Ⅳ.①D412.67

中国国家版本馆CIP数据核字(2024)第013402号

金融工会经费审计操作向导（2024版）
JINRONG GONGHUI JINGFEI SHENJI CAOZUO XIANGDAO（2024BAN）

中国金融工会全国委员会　编著

出　　版：	经济日报出版社
地　　址：	北京市西城区白纸坊东街2号院6号楼710（邮编100054）
经　　销：	全国新华书店
印　　刷：	北京博海升彩色印刷有限公司
开　　本：	710mm×1000mm　1/16
印　　张：	20.5
字　　数：	270千字
版　　次：	2024年6月第1版
印　　次：	2024年6月第1次印刷
定　　价：	68.00元

本社网址：edpbook.com.cn，微信公众号：经济日报出版社
未经许可，不得以任何方式复制或抄袭本书的部分或全部内容，版权所有，侵权必究。
本社法律顾问：北京天驰君泰律师事务所，张杰律师　举报信箱：zhangjie@tiantailaw.com
举报电话：010-63567684
本书如有印装质量问题，请与本社总编室联系，联系电话：010-63567684

金融工会经费审计操作向导（2024版）
编委会名单

主　任： 余　洁

副主任： 邹　超　李杰志　吴　玮

编　委： 胡碧珠　关长春　杨　莉　李建华　王　荣　谷继红　郝　英
　　　　　　王克俭　王　兰　赵如贵　张恒东　陈　静　吴福新　何承利
　　　　　　张　俊　于春河　李桂芬　王　艳　王　欣　敖四林　文　兰
　　　　　　张双勇　王海东　高　燕　焦　宇　王　征　赵利群　谢君贤
　　　　　　姚　红　周　微　姚新春　刘凯涛　刘冬梅　倪　建　陈学军
　　　　　　严梦竹　侯惠胜　黄丰俊　刘　蕾　顾　明　吴小华　黄　印
　　　　　　孙扣荣　李　菊　黄志杰　马宇静

总　撰： 黄　慧　彭　飞　王　鹏（金融工会）　曹玉荣　王虎城　张　毅
　　　　　　杨云飞　王小红　曹岩军　王云超　王　鹏（人寿股份）　江　龙
　　　　　　王惠艳　任丽丽　王玉帛

初　稿： 赵小冬　陈　曦　王剑峰　陶　莉　白万成　杨天虹　牛国洪
　　　　　　张　丹　于　华　侯　丽　陈超颖　白秀丽　王娅萍　常　江
　　　　　　宋　梅　金辉敏　赵艳春　张前军　李长杰　邹建南　薛　亮
　　　　　　任桂玲　陈依琳　王利群　王珊珊　包志萍

修订说明

为贯彻落实党的二十大和工会十八大精神，适应新形势下金融系统工会经费审计工作的新任务、新要求，中国金融工会经费审查委员会（以下简称中国金融工会经审会）决定对《金融工会经费审计操作向导（2020版）》进行修订，出版《金融工会经费审计操作向导（2024版）》。

2020年，中国金融工会经审会为指导本系统各级工会经审人员依法依规高效实施工会经费审计，减少因审计人员专业背景、执业经验不同而造成的审计质量差异，按照以制度为依据、以规范操作为导向的原则，组织编写了《金融工会经费审计操作向导（2020版）》。该书详细规范了金融系统基层及基层以上工会经费审计程序和方法，归纳总结了工会经济活动中常见的300多个风险点和审计定性依据，列示了涉及的主要参考法规制度目录，为金融系统各级工会经审组织和经审人员合规高效的审计工作提供了有力保障，对提高工会经费审计质效和经审人员业务素质发挥了积极作用。

此次修订，一是根据新的《中华人民共和国审计法》《工会审计条例》，结合近年来金融系统工会经费审计工作发展实践，对审计程序、内容及方法做进一步规范完善；二是根据2020年以来全国总工会有关经济活动法规制度的修订出台情况，以及中国金融工会经审会审计查出的主要问题，对各类风险点及其审计依据进行补充和更新，将主要风险点扩展至500个，所覆盖的工会业务范围更全面，对新形势下工会经费审计的指导性更强；三是对主要参考法规制度目录相应跟进整理并优化列示方式，以便于审计人员查阅使用和参考学习。

本书的编写和修订，得到了中国金融工会经审会委员、特约审计员和相关会员单位的大力支持与帮助，在此谨致诚挚的谢意。由于经验和时间所限，本书还存在许多疏漏和不足，诚盼广大工会经审人员、工会工作人员给予批评指正。

中国金融工会
2024年3月

目录 CONTENTS

第一章 审计程序

第一节　编制年度审计项目计划阶段...................................2
第二节　审计准备阶段...4
第三节　审计实施阶段...9
第四节　审计报告阶段..16
第五节　审计后续阶段..19
第六节　审计质量控制和责任..24

第二章 审计方法

第一节　内部控制审计..55
第二节　会计基础工作审计...58
第三节　预算管理审计..59
第四节　收入管理审计..60
第五节　支出管理审计..62
第六节　货币资金管理审计...64
第七节　资产管理审计..67
第八节　负债管理审计..70
第九节　净资产管理审计...71

第三章 内部控制方面的主要风险点

第一节　违反内部控制制度建设规定..................74
第二节　违反内部控制组织机构设置管理规定..............80
第三节　违反内部控制履职尽责有关规定................91
第四节　违反集中采购有关规定....................98

第四章 会计基础工作方面的主要风险点

第一节　违反会计机构设置和会计人员配备的规定.....104
第二节　违反会计内控制度建设规定..................106
第三节　违反会计核算规定........................110
第四节　违反会计档案管理规定....................127

第五章 预算管理方面的主要风险点

第一节　违反预算编制与审批管理规定................132
第二节　违反预算执行与调整管理规定................140
第三节　违反决算管理规定........................146
第四节　违反预决算监督管理规定..................151

第六章 收入管理方面的主要风险点

第一节　未及时足额收缴各项收入..................156

第二节　违反收入管理规定……159
第三节　收入类科目使用不准确……160
第四节　违反工会经费收入专用收据管理规定……163

第七章　支出管理方面的主要风险点

第一节　制度建设不完善不规范……168
第二节　违反党风廉政建设规定和工会经费支出八不准规定……173
第三节　费用开支超出工会经费支出范围……183
第四节　费用开支超出本级工会经费支出范围……194
第五节　超标准、超范围、超预算列支工会经费……194
第六节　违反工会财务管理相关制度……218

第八章　货币资金管理方面的主要风险点

第一节　违反货币资金管理内部控制基本要求……232
第二节　违反现金管理有关规定……234
第三节　违反银行存款管理有关规定……238

第九章　资产管理方面的主要风险点

第一节　违反资产监督管理基本要求……246
第二节　违反资产配置有关规定……261

第三节　违反资产日常使用管理规定..................265
第四节　违反资产处置管理规定..........................271
第五节　资产类往来款项管理不规范..................276
第六节　工会企业资产管理不规范......................278

第十章　负债管理方面的主要风险点

第一节　违反应付款项管理规定..........................288
第二节　违反代管经费管理规定..........................289

第十一章　净资产管理方面的主要风险点

第一节　违反净资产管理规定..............................292
第二节　净资产类科目使用不准确......................296

主要参考法规制度目录

一、综合类..304
二、监督类..306
三、财会管理类..308
四、预决算管理类..311
五、经费拨缴类..312
六、收支管理类..314
七、资产管理类..317
八、账户与票据类..318

第一章

审计程序

审计程序，是指金融系统各级工会经费审查委员会（以下简称经审会）实施工会经费审计项目时应当遵循的基本工作流程。

审计程序包括编制年度审计项目计划、审计准备、审计实施、审计报告、审计后续阶段以及审计质量控制和责任。

第一节　编制年度审计项目计划阶段

年度审计项目计划是指各级经审会为履行职责，对审计工作按年度预先做出的统一安排，经审批后作为年度开展审计监督工作的依据。

经审会根据同级工会委员会的工作部署和上级经审会的要求，编制年度审计项目计划。

一、年度审计项目计划编制原则

（一）服从大局，围绕中心。编制年度审计项目计划应站在工会工作全局的高度，紧紧围绕年度工作中心确定总体审计监督计划。法律法规规定每年应当审计的项目、本级工会党组织或者主要负责人明确要求开展的审计项目、上级工会经审会安排或者授权的审计项目，应当作为必选审计项目直接列入当年审计项目计划。

（二）严格程序，突出重点。年度审计项目计划的编制，要建立在调查研究和审计项目可行性论证的基础之上，广泛征求相关部门、单位的意见建议，并严格履行审核流程和签批手续。计划内容要从实际出发，针对工会经济活动运行和经费管理中存在的突出问题，抓住主要矛盾，做到有主有次，重点突出，为提高审计工作的效率和质量创造前提条件。

（三）综合分析，统筹部署。按照"定期轮审、频率适当、消除盲点"的基本要求，合理安排审计项目，合理配置资源，协调各方力量，做到审计资源与审计项目相适应、审计力量与审计任务相匹配，统筹兼顾，量力而行，确保年度审计项目计划编制的科学性和可行性。

二、年度审计项目计划的基本内容

（一）审计项目名称；
（二）审计目标，即实施审计项目预期要完成的任务和结果；
（三）审计范围，即审计项目涉及的具体单位、事项和所属期间；
（四）审计重点；
（五）审计项目组织和实施单位、实施时间；
（六）审计项目需要的审计资源。
编制年度审计项目计划可以采取文字、表格或者两者相结合的形式。

三、年度审计项目计划编制要求

（一）及时编制年度审计项目计划；
（二）各级经审会对本级工会应每年必审，届期内对下一级工会的审计应实现全覆盖；
（三）年度审计项目计划报经审会主要负责人审批后正式实施；
（四）年度审计项目计划一经下达，工会经审会应当确保完成，不得擅自变更。执行过程中，需要对年度审计项目计划进行调整的，应当说明调整的事项、原因及对计划周期内审计工作计划未执行部分可能造成的影响，形成书面文件，报工会经审会主要负责人审批。

四、编制审计项目工作方案

（一）年度审计项目计划确定经审会统一组织多个审计组共同实施一个审计项目或者分别实施同一类审计项目的，应当编制审计项目工作方案。

（二）编制审计项目工作方案，应当根据年度审计项目计划形成过程中调查审计需求、进行可行性研究的情况开展进一步调查，对审计目标、范围、重点和项目组织实施等进行确定。

（三）审计项目工作方案的内容主要包括：

1. 审计目标；
2. 审计范围；
3. 审计内容和重点；
4. 审计工作组织安排；
5. 审计工作要求。

第二节 审计准备阶段

审计准备是指审计项目实施前的各项准备工作，主要包括成立审计组、制发审计通知书、审前调查、审前培训、编制审计项目实施方案等。

一、成立审计组

（一）审计组组成

1. 具备审计能力的金融机构工会经审会在开展审计时，应成立由 3 名（含）以上审计人员组成的审计组，并指定审计组组长、主审。审计组实行组长负责制。审计组组长和主审也可由同一人兼任。

2. 不具备审计能力或审计力量不足的金融机构工会经审会在开展审计时，可以委托本单位内审机构或具有相应资质的社会中介机构进行审计；可以聘请具有审计、财会等专业资格和职业能力的人员参与审计工作。

（二）审计组职责

审计组按照批准的年度审计项目计划或审计项目工作方案，编制审计项目实施方案，进行分工，明确责任。

1. 审计组组长负责该项审计工作的组织实施，掌握进度，协调与各方面的关系等。

2. 审计组主审负责协助组长组织实施现场审计，督导审计组成员的工作，完成组长委托的工作等。

3. 审计组成员按其分工对所负责的事项进行审计。对审计发现的问题，依据有关的法律、法规、部门规章及工会有关规章制度提出初步意见，并对其所审计内容的工作底稿负责。

（三）委托审计

委托审计业务实行项目负责人负责制。项目负责人根据审计项目工作方案对受托审计组提出工作要求，签订审计业务约定书；联系协调被审计单位；审核受托审计机构提出的审计报告，征求被审计单位意见，起草工会经审会的审计报告，报经批准后送达被审计单位；负责审计资料的立卷归档。受托审计机构对其出具的审计报告等审计结果负责，工会经审会对利用审计结果所形成的审计结论负责。

在委托审计业务中，同一社会中介机构对同一被审计单位连续审计一般不超过3年。审计业务的项目负责人实行轮换和回避制度。

委托的经审会应对受托审计机构进行指导检查、监督评价和质量控制，对审计项目实施方案、审计工作底稿、审计报告等进行审核，并根据审计工作完成情况，建立考评和退出机制。

二、制发审计通知书

审计通知书是指在实施审计前，通知被审计单位接受审计的书面文件。经审会在实施审计 3 日前向被审计单位送达审计通知书。《被审计单位承诺书》应与审计通知书同时送达被审计单位。

（一）审计通知书的主要内容

1. 被审计单位及审计项目的名称；

2. 审计范围和审计内容；

3. 审计起始时间；

4. 被审计单位应提供的具体资料和协助事项；

5. 审计组组长及其他成员名单；

6. 通知书发出日期和落款。

审计通知书参考格式详见附件 1。

（二）特殊情况下，报经审会主要负责人批准后，可以直接持审计通知书实施审计。特殊情况包括：

1. 需要及时处理领导批办、协助查证以及信访举报等重大紧急或者有时限要求的审计事项；

2. 有证据或者迹象表明，被审计单位及其有关人员有转移、隐匿、篡改、毁弃会计凭证、会计账簿、财务会计报告以及其他与财务收支有关资料的行为；

3. 被审计单位转移、隐匿违法取得的资产；

4. 有串通提供伪证等行为。

三、审前调查

审前调查是指审计组在进入审计现场之前运用适当的方法和流程，通过采取调阅被审计单位相关业务数据和资料的方式，对被审计单位的工会经费收支管理情况进行分析，也可以开发计算机辅助审计工具来检查评价相关资料的真实性、合法性以及内部控制的健全性、有效性，以此提高审计工作效率、节约成本，减少主观因素的干扰，为进入现场审计提供线索，更有针对性地进行审查核实。具体方法：

（一）系统内可直接调取相关数据。

（二）系统外可采取开发接口软件，经被审计单位授权后调取数据。

（三）如不具备上述条件，须向被审计单位索要电子版资料，同时要求其对数据真实性进行书面保证。

四、审前培训

（一）经审会组织审前培训。为提高审计人员业务素质和审计工作效率，增强审计人员依法履职能力，保证审计质量，降低审计风险，各级经审会应通过审前集中学习或审计人员自学的方式，开展以与审计目标相关的国家法律、法规、部门规章、工会有关规章制度和审计方法等为主要内容的审前培训。

（二）审计组组织审前培训。审计组成立后，可由审计组组长组织培训，使审计项目的执行人员充分理解审计项目工作方案，明确各自的职责和工作内容，以保证审计工作的顺利进行。

五、编制审计项目实施方案

审计项目实施方案是指审计组具体承办审计项目时，为实现审计目标，对具体审计项目的组织和实施过程所作出的详细安排。

（一）审计项目实施方案编制要求

1. 在编制审计项目实施方案前，应当了解与审计事项有关的法律、法规、部门规章及工会有关规章制度等；应当根据审计项目的规模和性质，安排适当的人员和时间，对被审计单位的有关情况进行审前调查。

审前调查的主要内容：

①被审计单位的基本情况及活动开展情况；

②内部控制的设计及运行情况；

③财务、会计资料；

④上次审计结论、建议及后续审计情况；

⑤上次外部审计的审计意见；

⑥其他与审计项目实施方案有关的重要情况。

审计组应结合审前调查情况编制审计项目实施方案。对于经审会已经下达审计项目工作方案的，审计组应当按照审计项目工作方案的要求，并结合审前调查情况编制审计项目实施方案。

2. 审计项目实施方案中所确定的审计目标、范围、内容和审计重点、步骤、方法，应符合年度审计项目计划的要求；确定的审计措施、审计方式方法等，应当科学、合理、可操作性强。

3. 在审计实施过程中，可根据实际情况对审计项目实施方案作适当调整。

（二）审计项目实施方案的主要内容

1. 审计目标；

2. 审计范围；

3. 审计内容、重点及审计措施，包括审计事项和审计应对措施；

4. 审计步骤和方法；

5. 审计工作要求，包括审计时间安排、审计分工等。

编制审计项目实施方案可以采取文字、表格或者两者相结合的形式。

第三节　审计实施阶段

审计实施是审计组进入被审计单位后开展的各项工作，包括审计进点、接收审计资料、开展现场审计和收集审计证据、编制工作底稿、现场审计反馈等。它是审计全过程中最重要的阶段。

被审计单位应当配合审计组工作，提供相关审计资料及必要的工作条件。

一、审计进点

（一）审计组进驻被审计单位后，应召开审计进点会议，被审计单位工会主席（主任）、主管财务工作的副主席（主任）、经审会主任及财务资产、经审等相关人员应参加会议。

（二）审计组应向被审计单位当面告知审计的目的、范围、内容、现场安排和被审计单位配合审计工作的要求等事项。同时，向被审计单位告知审计组的审计纪律要求，以配合监督。

（三）被审计单位有关负责人应根据审计组的要求，简要介绍涉及审计内容的有关情况，并对需要配合的工作进行部署，安排必要的审计工作场所、落实配合审计工作联系人等事项。被审计单位汇报内容包括但不限于以下方面：

1. 基本情况

职工总数、会员总数、辖属各级工会组织总数、本级工会专兼职干部总数等。

2. 工会财务工作基本情况

本级工会账户设置情况（工会账户是否独立设置）、本级工会财务干部（或机构）设置情况（本级工会财务是由本级工会干部兼管还是由行政财务人员代管）、本级工会制定内部财务管理的制度、规定以及执行情况。

3. 被审计年度本级工会预算执行的简要情况

当年工会经费收入、支出、工会资金结转、工会资金结余的具体数据（包括各科目的预算数、决算数、决算数占预算数的比重等）；预算执行过程中所遇到的问题；被审计单位认为应该向审计组事先说明的情况；如有外部审计情况，须提供其出具的审计报告或审计意见。

（四）审计组应提前通知被审计单位，落实审计进点会议参加人员、时间等相关事项。召开审计进点会议时要填写审计进点会参加人员名单（参考格式详见附件2），并做会议记录。

二、接收审计资料和《被审计单位承诺书》

被审计单位向审计组提供相关审计资料和《被审计单位承诺书》。被审计单位负责人应当对本单位提供资料的及时性、真实性、合法性和完整性负责，并作出书面承诺。被审计单位应向审计组提供以下相关资料：

1. 年度预决算报表及说明、预算调整方案及说明、工会委员会及经审会会议纪要、预决算报表向上级工会的备案或批复文件等；

2. 被审计单位开户许可证、全部账户资料；

3. 财务管理制度、会计凭证、账簿、报表；

4. 与工会业务有关的合同、协议、收据、会议纪要（记录）等书面文件；

5. 与工会经费有关的审批资料；

6. 工会经费拨缴资料和工会会费收缴台账等相关资料；

7. 各种实物资产盘点表、台账等；

8. 接受外部审计、上级及本级工会审计的审计报告及整改情况；

9. 审计组根据审计工作需要所要求提供的其他资料。

审计组与被审计单位应办理审计资料交接手续。审计组对于接收的所有纸质及电子资料和数据，负有保密责任。

三、开展现场审计和收集审计证据

审计组根据确定的审计项目实施方案，在前期通过非现场方式调阅审查被审计单位提供的有关审计资料的基础上，进驻现场实施审计。

（一）开展现场审计

审计组通过审查财务、会计资料，查阅与审计事项有关的文件、资料，检查现金、票据、有价证券和信息系统，盘点固定资产实物，向有关单位和个人调查等方式取得证明材料，对被审计单位进行现场审计。

现场审计应根据审计目标确定审计时间和工作量。如：现场审计时间不得少于 3 天，凭证抽查率不得低于 30%。

（二）收集审计证据

1. 审计证据的概念和分类

审计证据是指审计人员获取的能够为审计结论提供合理基础的全部事实，包括审计人员调查了解被审计单位及其相关情况和对确定的审计事项进行审查所获取的证据。

审计证据按其形式不同分为书面证据、实物证据、视听证据、电子证据、鉴定证据等。

书面证据是指以文字或符号记载的能证明审计事项的书面材料。

实物证据是指以各种实物形态存在的能证明审计事项的物品，包括现金、有价证券、固定资产、库存物品等。

视听证据是指运用照相、录音、录像或计算机存储、处理等方法取得的能证明审计事项的视听或电子数据资料。

电子证据是指被作为证据研究的、能够证明审计相关事实的电子文件。

鉴定证据是指经有关专业或专门人员鉴定后取得的能证明审计事项

的书面结论。

2. 审计证据的获取和处理

审计人员向被审计单位或有关单位和个人有针对性地按照有关规定收集获取与审计事项相关的审计证据时，可以采用（但不限于）审核、观察、监盘、访谈、调查、函证、计算、分析程序等取证方法。同时做好审计记录，编制审计工作底稿。审计证据应具有真实性、适当性和充分性。审计证据所反映的审计事项客观存在，有据可查；审计证据足以证明审计事项，与审计事项之间有实质性联系，能形成、支持审计发现和审计判断，并与审计目标一致。

审计人员应当将获取审计证据的名称、来源、内容、时间等完整、清晰地记录在审计工作底稿中。审计证据经分析、整理后，附在相应的审计工作底稿之后。

采集被审计单位电子数据作为审计证据的，审计人员应当记录电子数据的采集和处理过程。

审计组根据工作需要，可以向实施审计单位提出申请，聘请其他专业机构或者人员对审计项目的某些特殊问题进行鉴定，并将鉴定结论作为审计证据。审计组应当对所引用鉴定结论的可靠性负责。

对于被审计单位有异议的审计证据，审计人员应当进一步核实。

审计人员应当对获取的审计证据进行分类、筛选和汇总，保证审计证据的相关性、可靠性和充分性。在评价审计证据时，应当考虑审计证据之间的相互印证关系及证据来源的可靠程度。

审计项目的主审和组长应当在各自职责范围内对审计证据的相关性、可靠性和充分性予以复核。

四、编制审计工作底稿

审计工作底稿是指审计人员对实施的审计程序、获取的相关审计证据以及得出的审计结论所做的工作记录，是出具审计报告、明确审计责任、检查和评价审计工作质量的依据。

（一）审计工作底稿主要内容

1. 被审计单位名称及实施审计的时间；

2. 审计项目的名称；

3. 审计事项名称；

4. 审计过程记录，包括实施审计的主要步骤和方法，取得的审计证据的名称和来源，审计认定的事实摘要等；

5. 审计查出的问题及其审计依据；

6. 被审计单位意见及签字；

7. 编制人员签名及编制日期；

8. 复核人员（审计组组长、主审）签名及复核日期；

9. 索引号及页码；

10. 附件张数；

11. 其他应当说明的事项。

审计工作底稿参考格式详见附件3。

（二）审计工作底稿所附的审计过程记录

1. 被审计单位基本情况调查记录：被审计单位的性质、隶属关系、主要负责人、内部机构设置、管辖范围、财务数据、企业单位经营目标、经营成果、所在行业执行政府法规、产业政策等（具体内容根据审计对象、审计项目确定）。

2. 查账记录：审计人员审查会计报表、会计账簿和会计凭证等会计资料的记录。

3. 审计计算表：审计人员复核经费拨缴等有关数据的记录（计算表参考格式详见附件4）。

4. 单位内部控制制度目录：审计人员对被审计单位的内部控制制度、制定部门、执行日期及期限等情况进行了解并进行登记（《被审计单位自行制定的在用内控制度目录》参考格式详见附件 5）。

5. 审计访谈记录：审计人员要求被审计单位对某一事项进行的说明（《审计访谈记录》参考格式详见附件 6）。

6. 盘点记录：审计人员对被审计单位固定资产、流动资产抽查盘点结果的工作记录（固定资产抽查盘点表、库存现金查点表参考格式详见附件 7、8）。

7. 其他有关记录。

（三）审计工作底稿所附的审计证据

审计工作底稿应附能证明该底稿所载审计事项、支持审计结论的审计证据材料。一份审计证据材料对应多个审计工作底稿时，审计人员可将审计证据材料附在与其关系最密切的审计工作底稿后面，并在其他审计工作底稿中予以说明。

1. 被审计单位承诺书（参考格式详见附件 9）；

2. 与被审计单位财务收支有关的会计资料；

3. 与被审计单位审计事项有关的法律文件、合同、协议、会议记录、往来函件、公证、鉴定资料等原件或复印件；

4. 其他与审计事项有关的审计证据。

（四）审计工作底稿撰写的相关要求

1. 审计人员应当根据审计项目实施方案确定的审计内容，逐事逐项编写审计工作底稿，做到内容完整、数据无误、观点明确、条理清楚、用词恰当、格式规范、勾稽关系清晰。审计工作底稿相互引用时，应当注明索引号。

2. 审计人员编制的审计工作底稿应当经审计组主审和组长复核。设专业小组的，首先要经过专业小组组长复核并签字。

3. 对审计工作底稿应当进行确认。审计组应当将审计工作底稿及所附审计证据材料一并送达被审计单位，由被审计单位签名或盖章确认，如被审计单位对审计工作底稿所列事项有异议，可在"被审计单位意见"栏内列明理由并附相关证明材料。拒绝签署意见或超过约定时间未签署意见，视同签署"属实"的意见，审计组应当在审计工作底稿上注明原因和日期。拒绝签署意见不影响审计事实的存在，审计工作底稿仍然有效。

4. 审计组在审计工作结束后，应当按照审计项目的性质和内容进行分类、归集、排序和分析整理，及时将审计工作底稿及附件归入审计工作档案。

五、现场审计反馈

（一）现场审计结束，审计组主审应及时依据审计工作底稿对审计情况进行整理，充分总结、肯定被审计单位在审计事项上好的做法或经验，对审计发现的问题逐条进行梳理归类，在此基础上形成审计情况交换意见稿。

（二）现场审计结束，审计组应及时组织被审计单位召开审计情况反馈会议，向被审计单位的领导班子成员、财务资产管理和经审人员及其他部门负责人集中反馈审计情况。审计组组长主持会议，由审计组组长或主审对审计情况进行反馈，重点指出审计所发现的问题及其审计依据，并提出初步的整改意见建议。

被审计单位有关人员可对审计所发现的问题进行反馈，纠正问题或对问题的原因进行解释或说明，并对拟采取的整改措施发表意见等。审计组应认真听取被审计单位的反馈意见，对被审计单位提出较大异议的问题，应再次核实有关原始资料，做好沟通工作，务求真实地反映有关情况。

召开审计情况反馈会议要填写审计意见反馈会参加人员名单（参考格式详见附件10），并做好会议记录。

（三）现场审计结束后，审计组应及时将审计资料归还被审计单位，双方应办理移交手续。

第四节　审计报告阶段

审计报告是指审计人员对被审计单位实施必要的审计程序后出具的、反映审计结果的书面文件。

审计报告包括经审会进行审计后出具的审计报告以及专项审计调查后出具的专项审计调查报告。

一、撰写审计组的审计报告

审计组对审计事项实施审计后，依据相关法律法规和内部控制制度作出审计评价，对需要整改的事项提出审计意见和建议，形成审计组的审计报告（征求意见稿），并征求被审计单位的意见。（审计报告征求意见书、审计报告征求意见稿参考格式详见附件11、12）

审计报告应当内容完整、事实清楚、结论正确、用词恰当、格式规范，具有建设性并体现重要性原则。

审计组组长应对审计报告负责。

（一）审计报告的基本要素

1. 标题；

2. 文号（审计组的审计报告不含此项）；

3. 被审计单位名称（全称）；

4. 审计项目名称；

5. 内容；

6. 经审会名称（审计组名称及审计组成员名单）；

7. 签发日期（经审会盖章）。

审计报告参考格式详见附件13。

第一章 审计程序

（二）审计报告的主要内容

1. 审计概况，包括审计目标、审计范围、审计内容及重点、审计方法、审计程序及审计时间等。具体内容有被审计单位基本情况，内部控制建设情况，组织建设情况，财务、经审机构设置和人员情况，财务监督情况、经审监督情况，工会经费收支及预算执行情况，工会资产、负债情况，资产管理情况（现金、银行存款、其他应收款项、固定资产、对外投资等）；净资产管理情况（主要包括资产基金、工会资金结转、工会资金结余等）；负债管理情况（应付款项、代管经费等）；等等。

2. 审计评价意见，即根据不同的审计目标，以适当、充分的审计证据为基础发表的评价意见。通过对审计项目计划和审计项目工作方案中有关审计范围、审计内容的审计，总结提炼出被审计单位在财务、经审管理工作中最显著的特点，并进行客观、公正的评价。应以正面鼓励性评价为主，同时还要指出存在的突出问题。注意审计评价不应超出审计职责范围，审计发现的问题与审计评价不应前后矛盾。

3. 审计发现问题，主要是审计发现的被审计单位违反国家法律、法规、工会规章及各项制度的行为和其他重要问题的事实、定性。审计发现的主要问题可以归类为以下几个方面：内部控制方面，预决算管理方面，工会经费拨缴和会费收缴方面，支出管理方面（主要包括支出的范围、标准、审批流程和权限，执行中央"八项规定"精神及全总[①]"八不准"情况，以及商品和服务采购等大额支出的决策和集中采购等），资产管理方面（主要包括货币资金、库存物品管理、固定资产、对外投资、应收款项等管理），负债管理方面（主要包括代管经费、应付款项等管理），净资产管理方面（主要包括资产基金、工会资金结转、工会资金结余等管理）、会计基础工作等。

应综合考虑审计查出问题的金额、性质、整改方式、整改时间、

---

① 本书将"中华全国总工会"简称为"全国总工会"或"全总"。

是否具备整改条件、"三个区分开来"②等因素，按立行立改、分阶段整改、持续整改，分类提出整改要求。

4. 审计依据，即审计发现问题定性所依据的法律、法规、部门规章及其他制度依据。

5. 以前年度审计发现问题的整改情况。被审计单位对以前年度审计发现问题的整改情况，按照已完成整改、正在整改、未整改等类别审核认定被审计单位整改结果。

6. 审计发现的移送处理事项的事实和移送处理意见，但是涉嫌犯罪等不宜让被审计单位知悉的事项除外。

7. 针对审计发现的问题，根据需要提出的改进建议。审计建议应当具有针对性、可操作性。

专项审计调查报告应当根据专项审计调查目标重点分析宏观性、普遍性、政策性或者体制、机制问题并提出改进建议。遇有特殊情况，经审会可以不向被调查单位出具专项审计调查报告。

二、征求被审计单位意见

被审计单位自接到审计组的审计报告（征求意见稿）之日起 10 日内，应当向审计组回复书面意见，并加盖被审计单位公章；逾期不回复的，视同无异议。

三、审计组向经审会报送审计报告

审计组针对被审计单位在回复意见中所提出异议的问题进行核实，

---

② 三个区分开来：即把干部在推进改革中因缺乏经验、先行先试出现的失误和错误，同明知故犯的违纪违法行为区分开来；把上级尚无明确限制的探索性试验中的失误和错误，同上级明令禁止后依然我行我素的违纪违法行为区分开来；把为推动发展的无意过失，同为谋取私利的违纪违法行为区分开来。

对其提出的意见或建议予以研究，形成《审计业务会议记录及决定》（格式详见附件14），确定正式审计报告内容。

审计组将修改后的审计报告，连同被审计单位的书面意见一并报送经审会。

四、经审会出具审计报告

经审会审核审计组的审计报告、研究被审计单位的书面意见后，出具经审会的审计报告，并将审计报告送达被审计单位。

五、经审会出具审计决定

经审会对被审计单位违反财经法律法规的行为在职权范围内作出审计决定，并将审计决定送达被审计单位。审计决定自送达之日起生效。

作出的审计决定要适当，法律依据要充分，审计决定中列举的问题要与事实相符，数据无误。

第五节　审计后续阶段

一、被审计单位进行整改并报送审计整改情况

各级工会应建立健全审计发现问题整改机制，明确被审计单位承担审计整改的主体责任，负责全面整改审计查出的问题，被审计单位主要负责人履行第一责任人职责。

被审计单位应将审计整改工作纳入被审计单位领导班子重要议事日

程，及时制定整改方案，对照经审会审计报告或审计决定查出的各类别问题个数和分类整改要求，逐个问题明确整改措施、时间表和计划完成时间、目标要求以及具体责任部门、单位和责任人，确保整改结果真实、完整、合规。

被审计单位对审计发现的普遍性、倾向性和苗头性问题，应及时分析研究，制定和完善相关管理制度，建立健全内部控制措施。

被审计单位应自收到经审会的审计报告或者审计决定之日起30日内，将审计整改方案书面报告给出具审计报告或者作出审计决定的经审会。

审计整改方案应对照经审会审计报告或审计决定查出的各类别问题个数，逐一明确分阶段整改和持续整改类问题的整改措施、时间表和计划完成时间、目标要求以及具体责任部门、单位和责任人；逐一反映立行立改类问题的整改落实情况、审计决定执行情况、审计建议采纳情况、责任追究情况、未在规定时限内完成整改的具体原因。

审计整改方案应经被审计单位主要负责人审签，并附审计查出问题整改任务清单（应经被审计单位实际分管日常工作的负责人、同级经审会主任审签）以及立行立改类问题落实整改的必要证明材料。

各级工会应至少每半年主动向出具审计报告或作出审计决定的经审会报告整改落实进展（应经被审计单位实际分管日常工作的负责人审签，并抄送被审计单位同级经审会），直至审计查出问题全部整改完毕。

立行立改事项，一般应在收到审计报告之日起30日内整改完毕；分阶段整改事项，一般应在收到审计报告之日起180日内整改完毕；持续整改事项，一般应在收到审计报告之日起2年内整改完毕。

二、相关职能部门对审计整改进行监督管理

相关职能部门承担审计整改的监督管理责任，在职责范围内对主观领域内审计查出的体制、机制和制度性根源进行研究，举一反三、标本兼治，健全体制机制，完善制度规范，明确管理要求，进行监督检查，依法

依规追责问责，切实做到源头治理，防患未然，推动被审计单位整改到位。

三、经审会进行审计整改督促检查

经审会组织对审计整改情况进行跟踪督促检查，重点核实整改结果的真实性和完整性，对是否整改到位作出评价。

经审会应当建立健全审计整改督促检查机制，以规范化、精细化和动态化管理，提高审计整改完成率。

经审会对其出具审计报告或者作出审计决定的问题，原则上应组成审计组（督察组），通过审计或者组织专项审计整改"回头看"，按照已完成整改、正在整改、未整改等类别，审核认定被审计单位整改结果。定期审计项目，可以结合下一次审计，审核认定被审计单位整改结果。问题金额和风险较小、整改结果证据明确等特殊情况下，由经审会主任批准，可以其他方式审核认定整改结果。

经审会和被审计单位应当建立审计整改清单并实行台账管理。经审会要将审计查出的问题逐项分解形成问题清单。被审计单位要严格对照问题清单，明确整改措施、责任人、时间表等，形成任务清单。

经审会应当对被审计单位整改落实情况进行审核认定，对账销号。对整改到位、真正解决问题的予以销号；对整改不到位的，要责成被审计单位说明原因、完善整改措施，要求限期整改；对确需分阶段整改或持续整改的问题，持续跟踪后续整改情况，直至销号为止。

审计整改督促检查的主要内容包括：

1. 被审计单位执行审计决定的情况；
2. 被审计单位纠正审计查出问题，落实审计意见的情况；
3. 被审计单位对审计建议的采纳情况；
4. 其他职能部门对经审会移交事项的处理情况。

审计整改督促检查采取日常跟踪督促和专项审计整改"回头看"相

结合的方式进行。

审计组在审计实施过程中，应当针对发现的问题督促被审计单位立审立改、边审边改，并将以前年度审计查出问题的整改情况作为重要审计内容进行核查。

经审会在出具审计报告、作出审计决定后，应当督促检查被审计单位整改落实情况。对于定期审计项目，经审会可以结合下一次审计，检查被审计单位整改落实情况。

四、建立审计项目档案

（一）经审会在审计项目实施结束后，按照相关档案管理规定的立卷原则和方法进行归类整理、编目装订、组合成卷和定期归档。审计项目应当按审计项目立卷，同一个审计项目可以立一个卷或多个卷；不同审计项目不得合并立卷；跨年度的审计项目，在审计终结的年度立卷。

（二）审计项目归档工作实行审计组组长负责制，审计组组长应当确定立卷责任人。立卷责任人应当收集与审计项目有关的文件材料，并在审计项目终结后及时立卷归档，由审计组组长审查验收后，交由经审会保管。

（三）审计项目档案卷内文件材料应当真实、完整、有效、规范，按照结论类、证明类、立项类、备查类4个单元进行排列。

1. 结论类文件材料，按逆审计程序、结合其重要程度予以排列。主要包括：审计报告、审计决定、对被审计单位回复意见采纳情况的说明、被审计单位的回复意见、审计报告征求意见书（含征求意见稿）、审计移送处理书（含移送附件）、审计业务会议记录及决定（讨论审计报告征求意见稿起草情况、反馈意见采纳情况）等。

2. 证明类文件材料，按与审计项目实施方案所列审计事项对应的顺序、结合其重要程度予以排列。主要包括：被审计单位承诺书、审计工作底稿及相应的审计证据、审计业务会议记录及决定（讨论审计中的具体问题、审计工作底稿起草情况）等。

3. 立项类文件材料，按形成材料的时间顺序、结合其重要程度予以排列。主要包括：审前调查情况记录、审计项目实施方案、审计通知书、审计委托书、审计项目工作方案等。

4. 备查类文件材料，按形成材料的时间顺序、结合其重要程度予以排列。主要包括：审计项目回访单、被审计单位的整改及相关材料，移送受理、反馈查处结果，审计过程中形成的重要审计情况，其他与该项目联系紧密且不属于结论类、证明类、立项类的文件材料，聘请外部审计人员的相关材料，等等。

审计档案卷内每份或每组文件的排列规则：正件在前，附件在后；定稿在前，修改稿在后（重要文件的历次修改稿，依倒序排列）；批复在前，请示在后；批示在前，报告在后；重要文件在前，次要文件在后；汇总性文件在前，原始性文件在后。

审计档案卷内目录参考格式详见附件15。

（四）审计人员（立卷人）应当将获取的电子证据的名称、来源、内容、时间等完整、清晰地记录于纸质材料中，其证物装入卷内或物品袋内附卷保存。

五、审计复议

（一）被审计单位或者相关责任人员对经审会作出的审计决定不服的，自收到审计决定之日起60日内，可以向出具审计决定的上一级经审会书面申请复审。

（二）上一级经审会自收到书面复审申请之日起60日内，应当作出复审决定。复审期间执行原审计决定。

（三）经审会发现下一级经审会作出的审计决定违反国家有关规定或者有重大错误的，应当责成下一级经审会予以变更或者撤销，必要时可以直接作出变更或者撤销决定。

第六节　审计质量控制和责任

审计质量，其概念有广义和狭义之分。广义的审计质量是指审计工作的质量，即审计工作总体质量，包括管理工作和业务工作，由各级经审会负责审计质量控制。狭义的审计质量是指具体审计项目的质量，包括选项、立项、准备、实施、报告等一系列环节的工作效果和审计目标的实现程度，由经审会和审计组负责审计质量控制。

审计质量控制是指由经审会、审计组和相关审计人员根据审计质量标准，使各项审计管理工作和审计业务工作按预定目标在规定程序中运作，以达到规定的质量水平。审计质量控制包括计划、实施、检查、分析和反馈等一系列活动。

开展审计质量控制，对于防范审计风险、保证审计工作质量、促进审计人员提高职业胜任能力和业务水平，具有十分重要的意义。

经审会应当围绕审计质量责任、审计职业道德、审计人力资源、审计业务执行等建立审计质量控制制度。

一、审计项目质量控制和责任

工会审计实行审计组成员、审计组主审、审计组组长、经审会对审计项目的分级质量控制。

（一）审计组成员的职责和责任

1. 审计组成员的职责

（1）遵守《中国工会审计条例》和相关审计准则，保持审计独立性；

（2）按照分工完成审计任务，获取审计证据；

（3）如实记录实施的审计工作并报告工作结果；

（4）完成分配的其他工作。

2. 审计组成员的责任

审计组成员应当对下列事项承担责任：

（1）未按审计项目实施方案实施审计导致重大问题未被发现的；

（2）未按《中国工会审计条例》和相关审计准则的要求获取审计证据导致审计证据不适当、不充分的；

（3）审计记录不真实、不完整的；

（4）对发现的重要问题隐瞒不报或者不如实报告的。

（二）审计组主审的职责和责任

根据工作需要，审计组可以设立主审。主审根据审计分工和审计组组长的委托，主要履行下列职责：

1. 起草审计项目实施方案、审计文书和审计信息；

2. 组织主导对主要审计事项进行审计查证；

3. 协助审计组组长组织实施审计；

4. 督导审计组成员的工作；

5. 审核审计工作底稿和审计证据；

6. 组织审计项目归档工作；

7. 完成审计组组长委托的其他工作。

审计组组长将其工作职责委托给主审或者审计组其他成员的，仍应当对委托事项承担责任。受委托的成员在委托范围内承担相应责任。

（三）审计组组长的职责和责任

1. 审计组组长的职责

（1）编制或审定审计项目实施方案；

（2）组织实施审计工作；

（3）督导审计组成员的工作；

（4）审核审计工作底稿和审计证据；

（5）组织编制并审核审计组起草的审计报告、审计决定书、审计移送处理书、专题报告、审计信息等；

（6）配置和管理审计组的资源；

（7）经审会赋予的其他职责。

审计组组长应当从下列方面督导审计组成员的工作：一是将具体审计事项和审计措施等信息告知审计组成员，并与其讨论；二是检查审计组成员的工作进展，评估审计组成员的工作质量，并解决工作中存在的问题；三是给予审计组成员必要的培训和指导。

2. 审计组组长的责任

审计组组长应当对审计项目的总体质量负责，并对下列事项承担责任：

（1）审计项目实施方案编制或者组织实施不当，造成审计目标未完成或者重要问题未被发现的；

（2）审核未发现或者未纠正审计证据不适当、不充分问题的；

（3）审核未发现或者未纠正审计工作底稿不真实、不完整问题的；

（4）得出的审计结论不正确的；

（5）审计组起草的审计文书和审计信息反映的问题严重失实的；

（6）提出的审计处理处罚意见或者移送处理意见不正确的；

（7）对审计组发现的重要问题隐瞒不报或者不如实报告的；

（8）违反法定审计程序的。

（四）经审会的职责和责任

1. 经审会的职责

（1）审定审计项目目标、范围和审计资源的配置；

（2）提出审计组人选，并确定审计组组长、主审人选；

（3）确定聘请外部人员事宜；

（4）指导、监督审计组的审计工作；

（5）复核并审定审计报告、审计决定等审计项目材料和审计信息；

（6）审计管理中的其他重要事项。

经审会统一组织审计项目的，应当承担编制审计项目工作方案，组织、协调审计实施和汇总审计结果的职责。

2. 经审会的责任

经审会应当及时发现和纠正审计组工作中存在的重要问题，并对下列事项承担责任：

（1）对审计组请示的问题未及时采取适当措施导致严重后果的；

（2）复核未发现审计报告、审计决定等审计项目材料中存在的重要问题的；

（3）复核意见不正确的；

（4）要求审计组不在审计文书和审计信息中反映重要问题的；

（5）对统一组织审计项目的汇总审计结果出现重大错误、造成严重不良影响的。

经审会应当对审计质量控制制度及其执行情况进行持续评估，及时发现审计质量控制制度及其执行中存在的问题，并采取措施加以纠正或者改进。

经审会可以结合日常管理工作或者通过开展审计业务质量检查、规范化考核和优秀审计项目评选等方式，对审计质量控制制度及其执行情况进行持续评估。

二、审计职业道德

（一）审计人员执行审计业务，应当具备下列职业要求：

1. 遵守法律法规和国家审计准则；
2. 恪守审计职业道德；
3. 保持应有的审计独立性；

4．具备必需的职业胜任能力；

5．其他职业要求。

（二）审计人员不得参加影响审计独立性的活动，不得参与被审计单位的管理活动；在办理审计事项中与被审计单位、审计事项有利害关系的应当回避。

（三）审计人员在办理审计事项中，应当恪守国家审计准则规定的严格依法、正直坦诚、客观公正、勤勉尽责、保守秘密的基本审计职业道德。

1．严格依法就是审计人员应当严格依照法定的审计职责、权限和程序进行审计监督，规范审计行为。

2．正直坦诚就是审计人员应当坚持原则，不屈从于外部压力；不歪曲事实，不隐瞒审计发现的问题；廉洁自律，不利用职权谋取私利；维护国家利益和公共利益。

3．客观公正就是审计人员应当保持客观公正的立场和态度，以适当、充分的审计证据支持审计结论，实事求是地作出审计评价和处理审计发现的问题。

4．勤勉尽责就是审计人员应当爱岗敬业，勤勉高效，严谨细致，认真履行审计职责，保证审计工作质量。

5．保守秘密就是审计人员应当保守其在执行审计业务中知悉的国家秘密、商业秘密；对于执行审计业务取得的资料、形成的审计记录和掌握的相关情况，未经批准不得对外提供和披露，不得用于与审计工作无关的目的。

三、审计人力资源

建设一支信念坚定、为民服务、业务精通、作风务实、敢于担当、清正廉洁的高素质专业化的审计人才队伍，对加强审计质量控制起到关键作用。

（一）审计人员应当具备与从事审计业务相适应的专业知识、职业能力和工作经验。

（二）为了给审计发展提供人才保障，经审会应当建立和实施审计人员的继续教育、培训、业绩考核评价和奖惩激励制度，不断培育审计人力资源，确保审计人员具备与从事审计业务相适应的的职业胜任能力。

（三）在审计实务中，经审会对每项审计业务应当合理配备审计人员，确保审计组在整体上具备与审计项目相适应的职业胜任能力。只有保证了每项审计业务的质量，才能确保审计整体的业务质量。审计组是每项审计业务的具体实施主体，因此审计组的合理配备至关重要，特别是审计组组长的人选，经审会应该慎重考虑。

四、审计业务执行

审计业务执行是经审会委派审计组，按照适用的法律法规和审计准则的规定，执行审计业务项目的全过程。

审计业务执行对审计质量控制有直接的重大影响，因此审计业务执行是审计质量控制的关键环节。

（一）经审会和审计人员执行审计业务，在执行审计程序和审计过程的实质方面，均应遵守有关法律法规和审计准则的规定。

（二）审计人员执行审计业务时，应当合理运用职业判断，保持应有的职业谨慎，对被审计单位可能存在的重大问题保持警觉，并审慎评价所获取审计证据的适当性和充分性，得出恰当的审计结论。

（三）审计人员应积极与被审计单位进行沟通，认真听取其意见，尊重并维护被审计单位的合法权益。

（四）审计组应集体讨论决定重要审计事项。审计组讨论审计工作底稿、审计报告征求意见稿起草情况，对审计工作底稿、审计报告征求意见稿反馈意见的采纳情况，以及其他重要审计事项时，应做好记录（审计业务会议记录及决定）。

（五）审计过程中严格执行以下审计工作要求和审计工作纪律，坚持依法文明审计，保持良好的职业形象。

1. 审计署制定的审计"四严禁"工作要求

（1）严禁违反政治纪律和政治规矩，不严格执行请示报告制度。

（2）严禁违反中央八项规定及其实施细则精神。

（3）严禁泄露审计工作秘密。

（4）严禁工作时间和酒后驾驶机动车。

2. 审计署制定的审计"八不准"工作纪律

（1）不准由被审计单位和个人报销或补贴住宿、餐饮、交通、通信、医疗等费用。

（2）不准接受被审计单位和个人赠送的礼品礼金，或未经批准通过授课等方式获取报酬。

（3）不准参加被审计单位和个人安排的宴请、娱乐、旅游等活动。

（4）不准利用审计工作知悉的国家秘密、商业秘密和内部信息谋取利益。

（5）不准利用审计职权干预被审计单位依法管理的资金、资产、资源的审批或分配使用。

（6）不准向被审计单位推销商品或介绍业务。

（7）不准接受被审计单位和个人的请托干预审计工作。

（8）不准向被审计单位和个人提出任何与审计工作无关的要求。

3. 金融系统工会经费审查人员的工作纪律

（1）严格依照审查审计程序，依照审查审计法规，进行审查审计。

（2）必须严格按照审计程序进行审查审计。

（3）对特殊部门和保密单位进行审查审计，必须经过有关领导机关批准；未经批准不得擅自进行。

（4）对查、借、调、阅、使用被审单位的资料，应做到手续完备，专人负责，妥善保管，及时归还；不得乱拆、乱放、涂改或丢失。

（5）调查取证必须由两名以上审查审计人员进行。

（6）查证事实，严禁诱供或逼供。

（7）清点钱物要有两名以上审查人员，被审单位领导和经办人员必须要在场，不得单方面进行。

（8）在审查中发现重大问题或重要线索要及时请示汇报。

（9）审查报告、审查结论和处理决定必须做到证据确凿，依据充分，定性准确，处理宽严适度。

（10）不得从事被审计单位的业务管理活动。

（11）与被审计单位或者审计事项有利害关系的应当回避。

4. 金融系统工会经费审查人员的保密纪律

（1）审查计划未公开前，不得泄露。

（2）审查内容未公开前，不得泄露。

（3）审查发现的疑点、线索和问题，不得泄露。

（4）对检举人、揭发人、证人的姓名、单位、地址及情况和提供的资料，不得泄露、丢失。

（5）对审查对象采取的审查方案和方法不得泄露。

（6）审查报告未公开前，不得泄露。

（7）未作结论的问题，审查结论和审查决定未公开前，不得泄露；

（8）审查人员内部的不同意见，不得泄露。

（9）保密性业务、财务和审查文件、资料等，应按保密制度的规定严格管理，不得丢失、泄露。

5. 金融系统工会经费审查人员的行为纪律

（1）遵纪守法，不得违法乱纪。

（2）廉洁奉公，不得索贿受贿。

（3）秉公办事，不得徇私舞弊。

（4）客观公正，不得包庇袒护。

（5）文明审查，不准蛮横无理、恶语伤人。

（6）不准违反规定吃喝。

（7）不准享受被审计单位的任何特殊待遇。

（8）不准向被审计单位强制摊派。

对于违反上述纪律者，视情节轻重，作出相应的处理，并严格实行审计纪律领导干部责任追究制，同时，自觉接受被审计单位和社会各方面的监督。

附件1：审计通知书（参考格式）

附件2：审计进点会参加人员名单（参考格式）

附件3：审计工作底稿（参考格式）

附件4：计算表（参考格式）

附件5：被审计单位自行制定的在用内控制度目录（参考格式）

附件6：审计访谈记录（参考格式）

附件7：固定资产抽查盘点表（参考格式）

附件8：库存现金查点表（参考格式）

附件9：被审计单位承诺书（参考格式）

附件10：审计意见反馈会参加人员名单（参考格式）

附件11：审计报告征求意见书（参考格式）

附件12：审计报告（征求意见稿）（参考格式）

附件13：审计报告（参考格式）

附件14：审计业务会议记录及决定（参考格式）

附件15：审计档案卷内目录（参考格式）

附件1

****工会经费审查委员会
审计通知书

工审通〔****〕**号

****（被审计单位全称）：

　　按照《中国工会审计条例》和《***（审计单位）***年审计工作方案》，拟自****年*月*日至*月*日期间，对你单位******实施审计。届时审计组将与你单位商定具体进点时间，请按要求提前准备相关资料（见附件），并做好审计组进点会、现场审计实施以及审计意见反馈会等相关准备及配合工作，确保审计工作顺利实施。

审计组组长：***

主审：***

成员：*** *** ***

附件：

1. 资料清单
2. 被审计单位承诺书
3. 被审计单位基本情况调查表
……

（印章）

****年*月*日

附件2

审计进点会参加人员名单

被审计单位（盖章）：　　　　　　　　　　　　　　　　　　　　　　　年　月　日

姓名	性别	部门及职务	联系电话（办公室、手机）	备注

要求：被审计单位工会主席（主任）、主管财务副主席（主任）及经审会主任必须到会。

主审：　　　　　　　　组员：　　　　　　　　填表人：

审计组组长：

附件3

审计工作底稿

索引号：

被审计单位		**工会	审计时间	*月*日—*月*日
审计项目			会计期间	
审计事项			附件张数	
编制人员		（签名）：	编制日期	
复核人员	主审	（签名）：	复核日期	
	组长	（签名）：	复核日期	

审计过程记录：

审计依据：

被审计单位意见：

工会财务主管领导确认签字：

第　页/共　页

附件4

计算表

被审计单位：　　　　　　　　　　　　　　　年　月　日

审计组组长：　　　　　　主审：　　　　　　编制人员：

附件5

被审计单位自行制定的在用内控制度目录

被审计单位（盖章）：　　　　　　　　　　　　　　　　　　　共　　页　　第　　页

序号	文件名称、文号	制定部门	印发执行日期	备注

要求：按印发执行日期倒叙排列。每份制度均须提供复印件，审计组要将其作为档案留存。

财务负责人（签字）：　　　　　　　　　　　　　复核（签字）：

填表人（签字）：　　　　　　　　　　　　　　　电话：

附件6

审计访谈记录表

被审计单位：　　　　　　　　　　　　　　　　　　　年　月　日

被访谈人姓名		单位职务	
访谈时间		访谈地点	
访谈内容：			

被访谈人签名：　　　　　　　　审计组访谈人签名：

　　　　　　　　　　　　　　　审计组记录人签名：

审计组组长：　　　　　　　　　主审：

附件7

固定资产抽查盘点表

盘点日期：　年　月　日

被审计单位：

固定资产名称	规格或型号	单位	账面数	实有数	存放地点

账账、账卡、账实核对结果：

审计组组长：　　　　　　　　　主审：　　　　　　　　　审计人员：

被审计单位财务主管（负责人）：　　实物保管人：　　　　　财会人员：

附件8

库存现金查点表

被审计单位：_____   共2页第1页   查点日期： 年 月 日

项目	金额	发现问题
一、现金日记账余额		
二、查点现金实有数额：		
纸币：		
《壹佰元》_____张_____元	—	
《伍拾元》_____张_____元	—	
《贰拾元》_____张_____元	—	
《拾元》_____张_____元	—	
《伍元》_____张_____元	—	
《贰元》_____张_____元	—	
《壹元》_____张_____元	—	
《伍角》_____张_____元	—	
《贰角》_____张_____元	—	
硬币：		
《壹元》_____枚_____元		
《伍角》_____枚_____元		
《壹角》_____枚_____元		
《五分》_____枚_____元		
《壹分》_____枚_____元		
外币：		

库存现金查点表

共 2 页 第 2 页　　　　　　　　　　　　　　　　查点日期：年 月 日

被审计单位：

项目		金额	发现问题
《壹　角》	张　元	—	
《伍　分》	张　元	—	
《贰　分》	张　元	—	
《壹　分》	张　元	—	
三、未记账凭证单据	支出部分　张		
	收入部分　张		
四、白条抵库	张		
五、查点结果	短款或长款（-/+）		

审计组组长：　　　　　　　　　　　主审：　　　　　　　　　　审计人员：

被审计单位财务主管：　　　　　　　出纳：

附件9

被审计单位承诺书

被审计单位名称				
根据《中国工会审计条例》的有关规定，我单位在审计期间愿意予以积极配合，并提供下列资料：				
项目	单位	数量	内容	备注
账簿				
报表				
凭证				
其他有关资料				可附清单
银行开户情况				可附表
承诺	以上资料为我单位　年　月　日至　年　月　日的会计报表、账簿、凭证和其他有关资料，我单位保证其真实、完整，如发现有虚假隐匿的情况，愿承担由此引起的全部责任。			
被审计单位负责人	签名： 　　　年　月　日		被审计单位财务负责人	签名： 　　　年　月　日
备注	被审计单位盖章： 　　　　　　　　　　　　　年　月　日			

附件10

审计意见反馈会参加人员名单

被审计单位（盖章）：

姓名	性别	部门及职务	联系电话（办公室、手机）	备注

年　月　日

要求：被审计单位的工会班子成员和工会各部门负责人到场听会。

审计组组长：　　　　　主审：　　　　　组员：　　　　　填表人：

附件11

****工会经费审查委员会
审计报告征求意见书

****（被审计单位全称）：

　　根据《中国工会审计条例》，现将****年*月*日至****年*月*日对你单位****的审计报告（征求意见稿）送交你们征求意见。请在收到审计报告（征求意见稿）之日起10日内向审计组回复书面意见。如果在规定期限内没有回复书面意见，视为无意见。

　　附：审计报告（征求意见稿）

****工会经审会****年第*审计组

****年*月*日

附件12

****工会经费审查委员会
审计报告
（征求意见稿）

被审计单位全称：******

审计项目：对****的审计

根据《中国工会审计条例》和年度工作计划，****工会经审会派出第*审计组于****年*月*日至****年*月*日对******（被审计单位全称，并注明：以下简称****）****情况进行了审计。****（被审计单位简称）高度重视并积极配合此次审计工作，目前审计组已顺利完成审计任务。审计组调阅了****（被审计单位简称）财务会计及相关资料，****（被审计单位简称）对所提供资料的真实性和完整性作出书面承诺。****工会经审会依据《中国工会审计条例》独立实施审计并出具审计报告。

一、基本情况

二、审计评价

三、审计发现问题

四、审计建议

附件：****工会经审会审计查出问题整改分类清单

****工会经审会****年第*审计组

组长：

主审：

成员：

****年*月*日

附件13

****工会经费审查委员会
审计报告

工审报字〔****〕**号

关于对****（被审计单位全称）****情况的
审计报告

******（被审计单位全称）：

根据《中国工会审计条例》和年度工作计划，****工会经审会派出第*审计组于****年*月*日至****年*月*日对******（被审计单位全称，并注明：以下简称****）****情况进行了审计。****（被审计单位简称）高度重视并积极配合此次审计工作，目前审计组已顺利完成审计任务。审计组调阅了****（被审计单位简称）财务会计及相关资料，****（被审计单位简称）对所提供资料的真实性和完整性作出书面承诺。****工会经审会依据《中国工会审计条例》独立实施审计并出具审计报告。

一、基本情况

二、审计评价

三、审计发现问题

四、审计建议

请将审计报告报所在单位党委主要负责人阅知。并于收到审计报告之日起30日内，将《审计整改报告》以正式发文形式经工会主席（主任）签发后报至****。

附件：****工会经审会审计查出问题整改分类清单

****工会经审会****年第*审计组

组长：

主审：

成员：

（印章）

****年*月*日

附件14

****经审会****年第*审计组
审计业务会议记录及决定

审计项目： 对****工会****—****年度经费预算执行等情况的审计

会议时间： ****年*月*日

会议地点： ****

会议议题： 讨论审计工作底稿、审计报告征求意见稿起草情况（或对审计工作底稿、审计报告（征求意见稿）反馈意见的采纳情况，以及其他重要事项）。

参加人员： ***

会议由审计组组长***主持，审计组成员研究讨论了审计发现的问题和审计工作底稿、审计报告征求意见稿起草情况（或者讨论了被审计单位对审计工作底稿、审计报告征求意见稿的反馈意见等），讨论内容和决定如下：

一、关于"****"的问题

****提出：****

审计组认为：上述意见符合****规定，审计组对****等进行了核实，对被审计单位上述反馈意见予以采纳，相关问题从报告（或底稿）中删除。

二、关于"****"的问题

****提出：****

审计组认为：由于****等相关法律法规要求****，同时考虑****等原因，对被审计单位上述反馈意见不予采纳，报告（或底稿）仍保留相关问题。

三、……

除以上情况外，审计工作底稿中记录的其他问题均在审计报告征求意见稿中反映（或者关于****未在反馈意见中提出异议的，审计组基本维持征求意见稿中的表述内容），特此说明。

审计组组长（签名）：

审计组主审（签名）：

审计组成员（签名）：

附件15

审计档案卷内目录

案卷题名							
归档年度		审计组组长	***	立卷责任人	***	保管期限	
归档单位		审计时间				案卷号	
本项目共*卷			本卷为第*卷			密级	
第一单元　结论类							
序号	文号	责任者	文件标题			文件日期	页号
第二单元　证明类							
序号	文号	责任者	文件标题			文件日期	页号
第三单元　立项类							
序号	文号	责任者	文件标题			文件日期	页号
第四单元　备查类							
序号	文号	责任者	文件标题			文件日期	页号

第二章

审计方法

审计方法，是指审计人员为了行使审计职能、完成审计任务、达到审计目标所采取的方式、手段和技术的总称。

审计人员向被审计单位或有关单位和个人获取审计证据时，可以采用（但不限于）下列方法：

一、审核，是对书面资料的审阅和复核。审计人员审核书面资料时，应当注意书面资料的真实性、完整性和合法性，诸如有无涂改或伪造的现象、是否符合国家有关法律法规规定、书面文件记载的经济事项是否真实合理以及书面文件之间是否相互印证。

二、观察，是对被审计单位的经营场所、实物资产和有关经济活动或内部控制的执行情况进行的实地查看。

三、监盘，是审计人员在盘点现场监督和观察被审计单位相关人员的盘点过程。在发现疑点或审计人员认为必要时有计划地进行抽查复点。

四、访谈，是审计人员以口头询问的方式，面对面地向被审计单位内部有关人员询问有关的情况。审计人员在进行访谈之前，最好能事先拟出访谈提纲，并恰当地选择访谈对象。由于被访谈人员在回答问题时可能带有很大的主观倾向性，或存在不实事求是和有意隐瞒等行为，审计人员对访谈的结果应认真进行甄别，并做好充分的记录。

五、调查，是审计人员对被审计事项的有关情况进行的了解。如需要对被审计单位的经济活动及其活动资料以内或以外的某些客观事实进行内查外调，以判断真相、查找线索或取得证据，就需要审计人员深入实际进行审计调查。

六、函证，是审计人员通过发函给有关的单位或个人，来证实与被审计单位有关的书面资料和经济活动的真实性。函证信一般应以被审计单位的名义发出，但回函必须要求直接寄送审计人员。

七、计算，是为核实数字的正确性而对被审计单位经济业务凭证或会计记录中的数据进行验算或重新计算的过程。

八、分析程序，是指审计人员通过分析和比较信息之间的关系或者计算相关的比率，以确定合理性，并发现潜在差异和漏洞的一种审计方法。审计人员通过执行分析程序，能够获取与下列事项相关的证据：被审计单位的持续经营能力；被审计事项的总体合理性；业务活动、内部控制和风险管理中差异和漏洞的严重程度；业务活动的经济性、效率性和效果性；计划、预算的完成情况；其他事项。分析程序主要包括比较分析、比率分析、结构分析、趋势分析、回归分析等具体方法，审计人员可以根据审计目标和审计事项单独或者综合运用以上方法。

第一节　内部控制审计

内部控制审计采用的主要审计方法有：审核、观察、访谈和计算。

一、审核方法及内容

1. 审阅是否建立工会财务收支管理办法或工会经费收支管理实施细则，是否包含经费的报销审批流程、各项支出的标准和范围，是否结合本单位实际，符合相关规定。

2. 审阅是否建立工会预决算管理、资产管理、现金管理、合同单据管理、采购管理、会计电算化等相关管理制度。

3. 审阅是否建立工会制度的内部会计监督、审查审计监督管理制度，是否适应工会经费监督管理的需要，是否能有效控制风险，制度和规定是否有效实施。

4. 审阅制定的所有管理制度是否符合国家法律、法规及上级主管单位的现行制度及准则。

5. 审阅所执行的有关工会经费相关制度是否与国家法律法规、监管部门规章、本单位上位制度相抵触，是否存在与业务发展不相适应或存在重大缺陷的情况。

6. 审阅工会规章制度的制定过程是否经过民主评议程序或广泛征求意见。

7. 审阅是否制定重大决策、重要人事任免、重大项目安排和大额资金运作等"三重一大"制度，是否制定工会主席办公会或工会委员会会议制度、工会经审会议事规则、集中采购制度，查看相关会议记录是否如实、完整地记录会议议程和会议产生的会议结论等情况。

8. 审阅工会各职能部室职责分工的文件资料，复核是否按照职能划分，实施专业归口管理，职能部室的职责分工中是否按照有效分离、相互制衡的原则设置采购需求部门和采购部门、财务管理部门和经审部门的职责。

9. 审阅会计部门职责分工的文件资料，复核是否按不相容岗位相互分离的原则设置会计、出纳人员会计岗位，工会财务软件的操作权限设定是否符合岗位职责设置。通过审查会计凭证的签章和相关资料掌握会计和出纳人员的任职情况。

10. 审阅经审会相关任职文件，检查是否违反不相容岗位分离原则，经审会主任是否由本级工会的主席、分管财务和资产的副主席兼任；工会经审会委员是否由本级工会的主席、分管财务和资产的副主席、财务人员和资产管理人员担任。

11. 审查现金、账簿、网银U盾保管情况，是否实现钱账分离管理，是否制单、复核分离管理，出纳人员是否兼任会计档案保管以及账目登记等原本应由会计人员负责的工作。

12. 审查会计凭证上的财务经办、制单以及复核人员签章情况，是否存在由一人操作货币资金收支业务的全过程。

13. 审阅工会内部授权审批控制规定相关文件资料，检查是否明确工会各级管理工作职责分工和权责划分，是否明确和落实预算内收支

"一支笔"审批权限；是否明确授权范围、授权对象、授权期限、授权与行权责任等，是否存在授权不当、授权随意和越权办事的情况；是否包含重大开支集体决策的项目范围、审议流程及项目额度。

14. 审查工会开支中的审批人签批情况是否存在超权限审批，是否存在非有权签批人签批相关业务的情况。

15. 审阅工会经费审查委员会的任职文件资料，检查是否配备专（兼）职经审会主任和专（兼）职经审干部。

16. 审阅按照关键岗位轮岗要求实施交流和定期轮岗的文件制度规定，检查是否包含明确轮岗范围、轮岗条件、轮岗周期、岗位交接流程以及责任追溯等要求。

17. 审阅会计、出纳人员关键岗位定期轮岗或强制休假的具体安排等文件资料，和不具备轮岗条件时的专项审计结果等资料，检查是否符合关键岗位定期轮岗规定。

18. 审查关键岗位定期轮岗时办理交接手续的交接清单，设备、工作的交接内容和监交人情况是否符合规定，查阅监交手续是否合规完备。

19. 审阅工会经费管理中审批权限、程序、责任和相关控制措施及其落实情况，全面检查财务凭证中的审批是否执行集体领导下的工会主席"一支笔"规定，是否在授权范围内审批，有无越权审批；审阅重大支出决策经由集体研究决定的文件资料。

二、观察方法及内容

现场查看财务专用章、收付款项所需全部印章的保管情况，是否存在由一人保管财务专用章和收付款所需全部印章。

三、访谈方法及内容

通过与被审计单位及相关人员面对面交谈或小型座谈的形式交流，了解被审计单位活动、管理特点和内部控制情况，发现和分析工会管理活动中的异常及例外情况，以此确定审计重点。

四、计算方法及内容

对经审会委员人数与同级工会委员会委员人数占比、经审委员会相关专业资格人员人数与同级经审委员人数占比进行对比计算，两项人员占比是否符合相关规定比例。

第二节 会计基础工作审计

会计基础工作审计采用的主要审计方法有：审核、访谈。

一、审核方法及内容

1. 审阅工会的内部控制制度、内部机构设置等基本资料，复核工会的会计机构设置、人员配备、岗位及职责设置是否符合相关规定。

2. 审阅工会的内部控制制度等资料，检查是否建立健全会计人员岗位职责和轮岗交接制度、工会经费管理制度、工会印章印鉴管理制度、财务软件管理制度等相关内控制度。

3. 审阅工会的原始凭证、记账凭证、会计账簿、财务报表等会计资料，对工会执行《会计法》《会计基础工作规范》《工会会计制度》等有关会计核算规定以及内控制度情况进行符合性审查，是否做到了会计科目使用和收支审批传递手续合规，账实、账证、账账、账表是否真实、完整、一致，财务报表是否真实完整地反映了工会业务的开展情况。

4. 审阅工会是否制定了档案管理相关内部控制制度，审核会计档案的归档、保管、销毁、移交等工作是否符合相关规定。

二、访谈方法及内容

通过与被审计单位及相关人员面对面交谈或小型座谈的形式交流，了解被审计单位会计基础工作情况，确定审计重点。

第三节　预算管理审计

预算管理审计采用的主要审计方法有：审核、分析程序。

一、审核方法及内容

1. 审阅被审计单位预算表、预算说明书、上年决算表、决算说明书等相关材料；工会委员会、经费审查委员会审批预算相关会议材料等，逐项核对预算表项目，结合预算说明书及相关补充材料，判断预算编制的独立性、合理性、科学性、准确性。

2. 审阅工会预算、编制说明及有关明细材料，检查预算编制是否符合编制原则，本年度是否存在重大支出项目。

3. 审阅工会预算编制职责分工及各级工会组织编制的明细材料，审核汇总表格与下级工会组织编制的明细表之间的勾稽关系。

4. 审阅工会预算方案和预算调整方案经工会委员会讨论通过和本级经审会审查通过的证明材料，报上一级工会审批或备案的证明材料，审核预算审批程序是否符合规定。

5. 审阅预算调整编制说明及有关明细材料，审核预算调整编制是否合理，是否符合有关政策法规，是否经充分论证和严谨计算。

6. 审阅预算执行情况及相关明细资料，检查各项支出是否在预算范围内，是否存在扩大支出范围、提高标准及超预算无预算等情况。

7. 审阅本级工会决算方案、编制说明及相关明细材料，检查决算各项收支的编制是否真实、准确。

8. 审阅决算编制相关材料，对照工会相关政策法规、预算各项数据、上一级工会下发的年度决算编制通知及要求等，检查决算编制是否符合上级要求，是否符合相关政策法规。

9. 审阅工会决算方案经工会委员会讨论通过和本级工会经审会审查通过的证明材料、报上一级工会审批或备案的证明材料，检查决算审批程序是否符合规定。

二、分析程序及内容

通过比较预算数据和实际执行数据之间的比率和差异，分析差异原因，确定科学性和合理性，并发现潜在问题。

第四节　收入管理审计

收入管理的审计主要采用的审计方法有：审核、计算。

一、审核方法及内容

1. 审核收入类科目是否根据来源及时足额计入收入。

2. 审阅收入明细账和收入凭证，检查是否按规定出具工会收入专用收据，入账是否及时。

3. 审阅收入相关的内部控制制度，复核是否存在失控的环节，重点关注收款、记账、核对和收入管理等环节。

4. 审查工会是否依法、按规定及时、足额地组织收入，有无漏收的现象，有无延期收缴的问题。

5. 审查是否存在超预算范围，超标准多收、乱收的现象。

6. 审核收入核算是否规范，会计科目使用是否正确。

7. 审阅银行收款单或上级工会的补助通知书，核对记账凭证的摘要内容是否完善。

8. 审核固定资产的登记和处置情况，复核处置收入是否按规定入账。

9. 审核工会是否申请了《工会经费收入专用收据购领证》，是否按规定时间进行领购。

10. 审查工会是否建立了专用收据管理制度，是否使用了全国总工会财务部开发的工会经费收入专用收据软件。

11. 审阅工会专用收据的管理记录，审核以前年度工会专用收据存根是否连号，保存期限是否符合规定年限。

12. 审查销毁的专用收据是否登记造册，在撤销、合并工会时，是否履行了变更、登记手续。

二、计算方法及内容

1. 调阅会员的工资收入，按 5‰ 的比例进行计算，检查会员交纳的会费是否符合规定比例；审阅关于收缴工会会费的相关通知或会员交纳会费的相关记录，检查是否及时交纳会费。

2. 调阅职工工资总额情况，按 2%的比例进行计算，检查所在单位行政是否按规定比例足额计拨工会经费、基层以上工会是否按规定分成比例足额收缴下级工会经费；审阅相关原始凭证，检查行政是否按月划拨工会经费、基层以上工会是否按季度收缴下级工会经费。

第五节　支出管理审计

支出管理审计采用的主要审计方法有：审核、访谈。

一、审核方法及内容

1. 审阅支出方面的相关制度办法。重点审查已发生的相关支出，是否以制度办法为依据。

2. 审阅自行制定的制度办法。重点审查其是否详细具体，是否与国家法律法规、监管部门规章、本单位上位制度相抵触。其中，是否制定费用支出审批规定，明确"一支笔"的审批权和范围，明确大额支出集体审批的标准等；内容是否有与党风廉政建设不相符，或与上级工会经费使用和管理要求不相适应的问题；是否存在对会计科目核算内容掌握不够准确的问题。

3. 审阅自行制定的制度办法发文文件。查验其是否以正式发文文件（红头）印发；其印发范围与其制度规定的适用范围是否一致；是否存在虚造制度应付检查、审计等问题。

4. 审阅会员（代表）大会或工会委员会（常委会）讨论通过制度办法的会议纪要，重点审查制度办法出台的合法性，特别是与职工切身利益密切相关的制度办法。

5. 审阅被审计年度内的工会工作报告、工作总结和财务报告，重点审查是否存在虚列或虚增活动支出，套取工会经费等问题。

6. 审查被审计年度内全部会员增减变化情况、会费收缴情况等，重点审查工会组织活动应参加人员总额的增减变动情况等。

7. 审阅被审计年度内组织职工开展的各类活动的具体方案、费用预算和经有权签批人员审核批准的签报材料等。重点审查制定的方案和费用预算是否相衔接，是否符合相关的制度规定，是否存在列支不应由工会负担的款项，参加活动的范围是否与使用的资金相配套，是否存在串用资金问题，是否存在违规举办营业性文艺晚会问题，是否存在未经批准举办大型综合性运动会和各类赛会问题，是否存在未对经批准的展会、运动会、赛会等活动严控规模和经费支出问题；是否存在违规收取报名费，或以其他名义违反规定向下属单位摊派举办费用，有无存在借活动之机乱发钱物问题，有无扩大范围设定普奖、纪念奖、鼓励奖、参与奖等乱设奖项问题，有无擅自提高活动标准，存在铺张浪费问题，有无擅自提高奖励标准问题等。

8. 审查支出科目的明细账、会计凭证。重点审查审计年度内金额较大、年末及逢年过节等特殊时点的支出状况，关注"送温暖"资金、疫情防控资金等的使用情况，是否严格执行"重大支出集体审批、日常开支一支笔审批"制度，是否存在摘要、发票品名等与会计科目的核算内容不符的问题，是否存在误用、串用会计科目的问题。

9. 审查发票。重点审查发票是否真实有效，对已引起审计人员关注的经济业务，要自行上网查验发票的真实性、合法性。还要重点审查发票的出具单位与转账支票、进账单记载的收款人是否一致等问题，发票上购置的物品、品名记载的内容是否存在列支不应由工会经费开支的费用。

10. 审查发票、会计凭证和支出科目总账和明细账。重点审查购置文体活动所需的达到固定资产标准的设备、器材，以及工会的图书馆、阅览室所需的图书等，是否增列固定资产和资产基金。

11. 审查被审计单位在工会经费账户报销差旅费的所有凭证，重点审查相关人员的级别待遇，是否超出规定标准。

12. 审查大额支出，特别是属于集中采购项目目录或达到集中采购限额标准的大宗物品、服务是否按规定进行集中采购，采购的手续是否齐全、完备，是否符合国家政府采购法、招投标法的有关规定等。

二、访谈方法及内容

1. 通过访谈，了解被审计单位工会财务主管人员、会计人员对不应在工会经费中列支的款项、对应由行政承担的费用支出、对工会经费使用范围和标准相关规定、对会计科目核算内容的熟悉和掌握程度，是否存在错误的认识和沿用错误的习惯性做法等。

2. 通过访谈，了解被审计单位工会财务主管人员、会计人员对加强党风廉政建设和工会经费支出"禁区"等相关规定的熟悉和掌握程度，掌握是否存在工会具体经办人员被迫弄虚作假等违规违纪行为。

第六节　货币资金管理审计

货币资金管理审计采用的主要审计方法有：审核、监盘、函证、访谈。

一、审核方法及内容

1. 审阅被审计单位有关货币资金管理的控制制度、实施细则等，了解被审计单位现金和银行存款管理的权限、审核审批流程、现金及银行存款的收支流程、岗位配置等；抽查现金收支凭证，核对实际制单、审核、复核人员是否符合不相容岗位相互分离、相互制约和监督的制度规定，是否存在不相容岗位没有相互分离；确认内控流程是否科学、规范，管控是否到位。

2. 审阅现金日记账用途摘要和现金支票签领记录，检查是否存在超范围使用现金的问题。

3. 审阅库存现金明细账和记账凭证，复核现金科目的账务处理是否准确。

4. 审阅被审计单位所有银行账户开立、变更、注销的申请、审核审批资料及向上级工会备案的档案资料等，检查银行账户开立是否履行审批程序；了解其资金存放银行选择方式是否依法合规、公正透明、安全优先并经过科学评估。检查银行开户申请表、银行结算印鉴卡片（需银行盖章）是否齐全；银行销户记录是否齐全，银行销户的资金余额是否入账。

5. 对银行账户流水与被审计单位收、付款记账凭证进行核对，确认被审计单位所提供账户是否有遗漏，是否存在隐瞒开户形成账外资金，是否存在多头开户问题，是否被并入本单位行政财务或党、团等其他组织财务的账户。

6. 审阅被审计单位银行存款日记账、银行对账单、银行存款余额调节表，对银行存款日记账与银行对账单进行核对，审核是否存在记账不及时、付款金额与记账金额不一致，余额不一致也未编制余额调节表等问题；是否存在将单位行政资金转入工会账户，作为单位的"小金库"支配使用。关注银行对账单是否有收支混用及异常资金流，是否存在将单位款项以个人名义在金融机构存储。

7. 审阅被审计单位银行结算账户资金在扣除日常支付需要后有较大规模余额的，是否转出为定期存款；定期存放银行的选择是否采用竞争性方式，期限是否合理；确定定期存款存放银行、存放金额、利率等是否经过集体决策，流程、协议是否完备。

二、监盘方法及内容

1. 现场监督被审计单位对现金的盘点，并与现金日记账当日库存现金余额相核对，查看是否存在现金短缺或溢（多）余。

2. 现场盘点银行Ukey的保管情况，是否实现了分开保管，保管形式是否能够确保一人无法使用所有Ukey。

三、函证方法及内容

1. 针对银行存款余额情况（含活期、定期存款），以被审计单位的名义向银行发放函证，审计人员根据回函结果检查银行余额是否正确，是否将全部银行存款计入银行日记账。

2. 在发函过程中，审计组应确保对函证过程的控制，函证应由审计组直接交给银行工作人员或快递给银行工作人员，并由银行直接回函给审计组。

四、访谈方法及内容

通过访谈了解货币资金管理情况、工会财务软件的操作流程，审阅工会有关职责权限的文件资料，关注不相容岗位是否实现了相互分离。

第七节 资产管理审计

资产管理审计采用的主要审计方法有：审核、监盘、访谈、计算。

一、审核方法及内容

1. 审阅工会相关岗位职责、工会制度等文件。查阅是否有明确的工会资产监督管理部门及人员，核对相关工作职责是否符合监督要求。查阅是否制定工会资产管理办法；检查相关人员变更是否进行交接。

2. 审阅资产购置清单，并与年度工会预算进行核对，查阅购置计划是否属于预算范围内，是否为追加预算后购置。对于存在追加预算情况，重点核查追加预算流程，同时比对购置合同日期、付款日期，预算追加和费用审批日期，查阅是否经过工会经审会审批，时间顺序上是否存在"先购置、后补办"等情况。

3. 核查资产的核算管理、记录情况。一是调阅工会财务明细账，核查固定资产购置情况，对于有固定资产购入的应核对凭证附件并对实物进行盘点，查阅是否账实一致。二是检查固定资产、无形资产和长期待摊费用分类是否正确，是否符合入账条件，是否存在科目混用的情况。三是检查是否按照《工会会计制度》的要求进行了会计核算。四是核对工会固定资产卡片或记账凭证。核对固定资产登记表，比对相关财务支出凭证明细；查阅是否存在资产计价与实际不符，或者违规调整、变动情况。五是资产的购置、出租、外借、处置、投资等是否报工会经审会和主席办公会审议，要求提供审批手续或记录，重点关注超限额购置情况。六是调阅记账凭证，核查是否有达到固定资产标准未列入固定资产管理的资产。

4. 审阅大额采购支出的集体议事规则，核查采购事项相关制度的执行情况。调阅集中采购项目资料，核对是否成立了集中采购小组，组成成员是否符合规定。查阅是否在年初编制预算、是否存在预算外的大额购置或集中采购情况，临时追加预算是否合规，追加事项有无开展集中采购等。查阅集中采购前后的招标文件与说明材料，对照集中采购小组审批的意见，核对执行过程中有无随意变更集中采购项目、采购标准和金额等情况。

5. 检查固定资产、无形资产和长期待摊费用是否按照《工会会计制度》所规定的年限计提了折旧、摊销，折旧、摊销的会计处理是否正确。检查是否存在将不应计提折旧的图书、档案、文物和陈列品计提了折旧。

6. 核对固定资产、无形资产和长期待摊费用报废或处置清单，查阅处置的手续及材料，了解被处置资产的实际使用和状况。重点查阅被长期外借的资产是否存在提前报废的情况。查阅资产处置记录，核对当年财务、凭证记录，检查是否将处置后的残值或收入，按照规定纳入工会账内进行核算。

7. 查阅其他应收款科目余额，要求提供明细资料，查阅是否按照债务人对其他应收款设置明细账。重点对挂账时间较长的款项进行核查并分析原因。

8. 查阅是否存在长期应收款项，是否形成呆账。对于已经形成呆账并核销的应收款项，应重点查阅呆账核销的手续，是否经过经审会审议，报工会主席办公会议研究审定。

9. 查阅工会对外投资情况，核实工会对外投资的项目是否按照程序审批，投资主体、范围是否合规；投资的相关审批材料是否合规、完备；对于因被投资单位破产、被撤销、注销、吊销营业执照或者被政府责令关闭等情况造成难以收回的未处置不良投资，是否在报经批准后及时核销。查阅投资收益科目明细账，核对收益是否及时入账。

二、监盘方法及内容

1. 现场抽查固定资产盘点表，核对是否定期对固定资产进行清查盘点。查阅工会资产盘点报告表，现场抽查固定资产实物是否账实相符；抽取报表内的固定资产编号，核对实物与登记是否一致，包括大额设备的型号、领用人、存放地点及实物资产等，固定资产是否账实相符；实地查看固定资产的存放地点、环境是否符合库存条件，特别是对于工会购置的体育器材、音响设备、文艺乐器器材等，是否妥善保管和维护。

2. 查阅资产的外借情况，对于超期外借的固定资产应进行核实，对已经离任、离职人员借出的器材等资产要重点核实，做到账实相符。

三、访谈方法及内容

访谈了解资产的购置、出租、外借、处置、投资、集采等相关管理情况。了解领用、发放、交还、维护等固定资产管理工作是否安排专人负责，相关人员变更是否进行交接。

四、计算方法及内容

1. 了解资产折旧、摊销的计提方法，是否符合《工会会计制度》的要求。

2. 根据被审计单位选定的折旧方法，重新对固定资产、无形资产、长期待摊费用在被审计年度的折旧、摊销进行重新计算，检查折旧、摊销计算方面是否存在重大差错。

第八节 负债管理审计

负债管理审计采用的主要审计方法有：审核、访谈。

一、审核方法及内容

1. 审阅应付上级经费和应付下级经费明细账，复核是否及时、足额上解和下划经费，是否核算除应付上下级经费之外的其他应付及暂存款项。

2. 审阅应付上级经费明细账和记账凭证，审查是否有转入拨缴经费收入情况；是否有未经批准，将多计提的应付上级经费转入拨缴经费收入的情况。

3. 审阅其他应付款内容，审核其他应付款的处理是否符合收付实现制的基本原则；是否存在将属于收入性质的业务内容纳入其他应付款中核算，未纳入工会预算收支统一核算情况；审核其他应付款的计提依据是否充分；审核其他应付款明细账是否有长期挂账的情况，了解初始入账的合理性。

4. 审核其他应付款是否按单位或个人设置明细账，进行明细核算。

5. 审核专项资金的使用情况，梳理专项资金的使用、审批以及结余，核实节余专项资金的去向，是否长期挂账等。

6. 审阅代管经费明细账和记账凭证，检查代管经费支出是否履行了审批手续，是否与托管单位签署或议定代管协议，签订协议内容是否完整。

7. 审查是否按照《工会会计制度》对属于指定用途的、不属于工会收入的资金，如代管的社团活动费、职工互助保险等按照单位或项目设置明细账，实行专款专用。

二、访谈方法及内容

通过与被审计单位及相关人员面对面交谈或小型座谈的形式交流，了解被审计单位其他应付款和代管经费的管理情况，确定审计重点。

第九节 净资产管理审计

净资产管理的审计采用的主要审计方法有：审核、访谈。

一、审核方法及内容

1. 审查12月记账凭证、工会结余明细账和工会结转明细账，是否将年度全部非专项资金的收入、支出本期发生额结转到工会资金结余科目；是否将年度全部专项资金的收入、支出本期发生额结转到工会资金结转科目。

2. 核查工会资金结余科目、工会资金结转科目总账、明细账余额是否与资产负债表的科目余额一致。

3. 核查工会资金结转、工会资金结余科目期初余额与上年度期末余额是否一致。

4. 审阅年度决算财务报表，了解预算执行情况，存在结余资金逐年增加的，了解被审计单位采取或拟采取的盘活存量资金、发挥工会资金效益方面的具体措施。

5. 查阅资产基金明细账，检查是否与资产类相关科目余额一致。与资产审计结合起来，检查投资、固定资产、在建工程、无形资产、长期待摊费用、库存物品等非货币性资产是否存在未计入资产基金的情况；

检查资产折旧、摊销是否存在未冲减资产基金的情况；检查固定资产、无形资产提前处置或报废和长期待摊费用、投资处置等是否存在未冲减资产基金的情况。

6. 核查工会资金结转余额，了解其是否属于预算安排项目的支出年终尚未执行完毕或因故未执行，且下年需要按照原用途继续使用的工会资金；了解是否存在连续 2 年未使用完毕而应转入结余资金的情况。

7. 审查预算稳定调节基金的余额情况，了解被审计单位是否属于县级以上工会；了解县级以上工会拨缴经费收入预算的超收收入，是否全部用于设置和补充预算稳定调节基金；了解预算稳定调节基金的管理是否符合全国总工会有关预算稳定调节基金管理办法。

二、访谈方法及内容

通过与被审计单位工会及相关人员面对面交谈或小型座谈的形式交流，了解被审计单位工会资产基金、结转资金的管理情况；了解被审计单位结转资金、结余资金的划分原则和依据；了解专用基金和预算稳定调节基金设立、管理、使用情况，确定审计重点。

第三章

内部控制方面的主要风险点

第一节　违反内部控制制度建设规定

一、未建立执行"三重一大"集体决策制度

1. 未建立"三重一大"集体决策制度，未明确决策主体、决策事项范围及标准、决策方式及决策程序。

如：未把预算管理、经费收支业务管理、资产购置处置管理、评先表彰、送温暖、专项资金、重大会议、大型活动管理以及内部管理制度的建立健全等内容纳入工会重大经济事项集体决策范围，明确具体的认定标准及相关控制流程，在涉及工会"三重一大"时，未经有权决策机构履行集体决策程序。

审计依据：《中华全国总工会关于加强工会财务管理、资产监督管理和经费审查审计监督的意见》（总工发〔2016〕38号）一（一）……要建立重大事项决策、重大项目安排和大额度资金使用事项集体研究、民主决策机制，强化责任追究。二（七）……坚持"谁主管，谁负责"的原则，各级工会领导班子及企事业单位要切实履行管好用好工会资产的主体责任，严格执行"三重一大"决策制度，重大事项必须经领导班子以会议形式集体决策，形成会议纪要，并按程序报批。……

《行政事业单位内部控制规范（试行）》（财会〔2012〕21号）第十四条　单位经济活动的决策、执行和监督应当相互分离。单位应当建立健全集体研究、专家论证和技术咨询相结合的议事决策机制。重大经济事项的内部决策，应当由单位领导班子集体研究决定。重大经济事项的认定标准应当根据有关规定和本单位实际情况确定，一经确定，不得随意变更。

《金融系统工会预算管理办法》的通知（金工发〔2020〕8号）第三十七条　预算批准前，上一年结转的项目支出和必要的基本支出可以

提前使用。送温暖支出、突发事件支出和本级工会已确定年度重点工作支出等需提前使用的，必须经集体研究决定。预算批准后，按照批准的预算执行。

《金融系统基层工会经费收支管理实施办法》（金工办发〔2018〕3号）第十五条 要坚持实行"统一领导、分级管理"体制，认真落实各项开支实行工会委员会集体领导下的主席负责制，重大收支须集体研究决定。……

2. 执行"三重一大"集体决策制度不规范。

如：以签报或传签方式代替会议集体研究程序；以工会办事机构相关工作人员会议代替工会委员会（常委会）或主席办公会议进行集体决策；会议记录不规范不完整，未能完整准确体现参会人员发言具体内容和一把手末位表态的顺序；未形成会议纪要；等等。

审计依据：《中华全国总工会关于加强工会财务管理、资产监督管理和经费审查审计监督的意见》（总工发〔2016〕38号）一（一）……要建立重大事项决策、重大项目安排和大额度资金使用事项集体研究、民主决策机制，强化责任追究。 二（七）……坚持"谁主管，谁负责"的原则，各级工会领导班子及企事业单位要切实履行管好用好工会资产的主体责任，严格执行"三重一大"决策制度，重大事项必须经领导班子以会议形式集体决策，形成会议纪要，并按程序报批。……

《关于进一步推进国有企业贯彻落实"三重一大"决策制度的意见》（中办发〔2010〕17号）（十）决策会议符合规定人数方可召开。与会人员要充分讨论并分别发表意见，主要负责人应当最后发表结论性意见。……（十一）会议决定的事项、过程、参与人及其意见、结论等内容，应当完整、详细记录并存档备查。

二、未制定工会财务收支管理、财务支出报销和审批流程等财务管理内部控制制度

如：对涉及公务接待、会议、培训、差旅、困难慰问、表彰奖励、先进模范疗休养、职工活动比赛奖励及伙食补助、送温暖资金、基层工会会员集体福利项目等费用的报销范围、标准及程序无具体的内部管理制度及执行依据。

审计依据：《金融系统工会财务会计管理规范实施细则》的通知（金工发〔2014〕14号）第十五条 各级工会应当根据工会财务会计业务的需要，建立健全工会经费管理体系和内部财务会计管理制度。主要包括：收支预算、决算制度，货币资金管理制度，票据管理制度，财务收支管理制度，专项资金管理制度，账务处理程序制度，内部会计控制制度，财产清查制度，岗位责任制度，会计档案管理制度等。

《行政事业单位内部控制规范（试行）》（财会〔2012〕21号）第二十九条第一款 单位应当建立健全支出内部管理制度，确定单位经济活动的各项支出标准，明确支出报销流程，按照规定办理支出事项。

三、未建立健全工会经费内部会计监督和审查审计监督相关制度

如：对涉及工会经费使用情况的内部会计监督以及工会预算执行等情况的审查审计缺乏有效的管理制度及执行依据。

审计依据：《会计法》第二十七条 各单位应当建立、健全本单位内部会计监督制度。

《审计法》第三十二条第一款 被审计单位应当加强对内部审计工作的领导，按照国家有关规定建立健全内部审计制度。

《中国工会审计条例》（总工发〔2023〕6号）第二条 工会坚持经费独立原则，依法建立对工会经费收支、资产管理等全部经济活动的审计

监督制度。

《金融系统工会财务监督暂行办法》（金工财〔2020〕7号）第四条 金融系统各级工会对财务管理工作，应当坚持做好事前、事中和事后监督，建立健全覆盖各类资金和财务运行全过程的工会财务监督工作机制。

《金融系统基层工会经费收支管理实施办法》（金工发〔2018〕3号）第二十二条 加强对本单位工会经费使用情况的内部会计监督和工会预算执行情况的审查审计监督，依法接受并主动配合国家审计监督。内部会计监督主要对原始凭证的真实性合法性、会计账簿与财务报告的准确性及时性、财产物资的安全性完整性进行监督，以维护财经纪律的严肃性。审查审计监督主要对单位财务收支情况和预算执行情况进行审计监督，并依据相关法律法规规定的职责、权限和程序，对工会经费的收支和资产管理等全部经济活动的真实、合法与效益实施审计监督。

四、制定的制度存在不合规、不合法问题

1. 制定的制度不符合上位法规定，未按照上位法有关要求制定、完善、更新制度，制定的制度可操作性差。

如：制定的制度没有遵循"上位法高于下位法"原则，与上级规章制度相抵触或超出范围，不符合本级工会业务管理特点和要求，制度未及时更新。

审计依据：《金融系统工会财务会计管理规范实施细则》（金工发〔2014〕14号）第十六条 各级工会制定内部会计管理制度应当遵循下列原则：（一）执行国家的法律法规以及中华全国总工会和中国金融工会的有关要求。（二）应当体现本级工会业务管理的特点和要求。（三）全面规范本单位的各项会计工作，保证会计工作的有序进行。（四）科学、合理，便于操作和执行。（五）根据管理需求和执行中遇到的问题，不

断完善和改进。

《会计基础工作规范》（财政部令第 98 号）第八十四条 各单位制定内部会计管理制度应当遵循下列原则：（一）应当执行法律、法规和国家统一的财务会计制度。（二）应当体现本单位的生产经营、业务管理的特点和要求。……（六）应当根据管理需要和执行中的问题不断完善。

《审计法》第三十九条 审计机关认为被审计单位所执行的上级主管机关、单位有关财政收支、财务收支的规定与法律、行政法规相抵触的，应当建议有关主管机关、单位纠正；有关主管机关、单位不予纠正的，审计机关应当提请有权处理的机关、单位依法处理。

2. 规章制度的制定程序不规范。

如：建立的工会经费收支管理办法、送温暖资金使用管理办法等制度未经集体审议、未按规定报上级工会备案、未印发正式公文不具有执行效力。

审计依据：《规章制定程序条例》（修订）（国务院令第 695 号）第二十七条第一款 部门规章应当经部务会议或者委员会会议决定。

《国务院办公厅关于加强行政规范性文件制定和监督管理工作的通知》（国办发〔2018〕37 号） 二（三）严格制发程序。行政规范性文件必须严格依照法定程序制发，重要的行政规范性文件要严格执行评估论证、公开征求意见、合法性审核、集体审议决定、向社会公开发布等程序。要加强制发程序管理，健全工作机制，完善工作流程，确保制发工作规范有序。……（七）坚持集体审议。制定行政规范性文件要实行集体研究讨论制度，防止违法决策、专断决策、"拍脑袋"决策……。政府部门制定的行政规范性文件要经本部门办公会议审议决定。集体审议要充分发扬民主，确保参会人员充分发表意见，集体讨论情况和决定要如实记录，不同意见要如实载明。

《金融系统基层工会经费收支管理实施办法》（金工发〔2018〕3 号）

第二十五条　各总行（会、司）工会应根据本办法的规定，结合本系统工作实际，制定相关制度规定，报中国金融工会备案。

《金融系统工会送温暖资金使用管理办法（试行）》（金工发〔2020〕2号）第十八条　金融系统各总行（会、司）工会和各省（区、市）金融工会根据本办法规定，结合本地区、本行业和本系统工作实际，制定具体实施细则，细化支出范围，明确开支标准，确定审批权限，规范活动开展。各总行（会、司）工会和各省（区、市）金融工会制定的实施细则，须经本级工会的民主程序讨论审议通过后，报金融工会备案。

五、未建立活动举办前的立项审批制度

如：未建立活动项目立项审批管理制度，并规范以下内容：纳入立项审批的活动项目范围；立项审批是否提交活动方案；活动方案有无明确的活动主体、活动预算、费用分摊、支出标准等；活动方案实施前应履行相应的审批流程；活动实施应按批准的方案进行；不得存在超范围、超预算、超天数、超标准；等等。

审计依据：《金融系统基层工会经费收支管理实施办法》（金工发〔2018〕3号）第二十条　工会开展活动要有具体活动方案，并按规定办理审批手续；购物发票要符合会计制度要求，并附购物清单及参与人员名单；奖励物品发放要有签领名单，集体活动用餐要有用餐人员名单。

《关于加强省（区、市）金融工会活动及经费管理的通知》（金工发〔2019〕11号）　二、严格落实中央八项规定精神，加强活动立项审批管理。……要建立并执行活动立项审批制度，未经立项审批一律不得举办活动。对金融机构工会申请借助省（区、市）金融工会平台举办活动的，省（区、市）金融工会要按照"机构自愿、机会平等、全程公开、运作合规"的原则，在金融机构工会提交了书面申请的前提下，与其协商制定详细的活动方案、经费预算和分担方式，并分别履行活动立项审批后方可实施。

第二节　违反内部控制组织机构设置管理规定

一、未规范建立工会委员会组织及办事机构

1. 工会委员会未及时换届选举。

审计依据：《工会基层组织选举工作条例》（总工发〔2016〕27号）第三十条　基层工会委员会每届任期三年或五年，具体任期由会员大会或会员代表大会决定。

2. 工会委员会委员人数不符合规定。

审计依据：《工会基层组织选举工作条例》（总工发〔2016〕27号）第八条　基层工会委员会委员名额，按会员人数确定：不足25人，设委员3至5人，也可以设主席或组织员1人；25人至200人，设委员3至7人；201人至1 000人，设委员7至15人；1 001人至5 000人，设委员15至21人；5 001人至10 000人，设委员21至29人；10 001人至50 000人，设委员29至37人；50 001人以上，设委员37至45人。

3. 工会未按规定依法取得社团法人资格。

如：某单位组建了工会但未取得社团法人资格证书。

审计依据：《中华全国总工会办公厅关于进一步做好工会经费独立核算工作的通知》（总工办发〔2008〕20号）　一、各级工会要依法取得工会社团法人资格，并凭法人证书办理单独开立银行账户手续。

《基层工会法人登记管理办法》（总工办发〔2020〕20号）第十一条　凡具备本办法规定条件的基层工会，应当于成立之日起六十日内，向登记管理机关申请工会法人资格登记。

《中国工会章程》第二十五条第四款　基层工会具备民法典规定的法

人条件的，依法取得社团法人资格，工会主席为法定代表人。

二、未按照工会经济活动的决策、执行和监督有效分离、相互制衡的原则设置相关职能部室

1. 未按规定设置工会财务会计部门及明确其职责。

如：人事部门未正式发文明确工会财务会计部门；未明确财务会计部门岗位职责；未配备专职财务会计人员。

审计依据：《金融系统工会财务会计管理规范实施细则》（金工发〔2014〕14号）第十条 凡符合全系统提取工会经费1亿元（含）以上或全系统工会会员在五万人（含）以上条件之一的金融机构工会，必须建立独立的财务会计工作机构，配备专职的财务处长（主管）、会计和出纳。未达条件的单位，应按规定配备专、兼职的工会财务人员。

《金融系统基层工会经费收支管理实施办法》（金工发〔2018〕3号）第十九条 ……具备条件的基层工会，应当设置会计机构或在有关机构中设置专职会计人员；不具备条件的，省、自治区、直辖市一级金融机构基层工会应在工会工作人员中指定专人兼职负责财务工作，并应按照"不相容岗位相分离"的原则科学设置会计、出纳、审核及财务监督人员岗位；地、州、市二级分支机构基层工会财务可实行集中核算，分户管理；也可委托本单位财务部门会计人员代理记账。

《工会会计制度》（财会〔2021〕7号）第十二条 县级以上工会应当设置会计机构，配备专职会计人员。基层工会应当根据会计业务的需要设置会计机构或者在有关机构设置会计人员并指定会计主管人员；不具备设置条件的，应当委托经批准设立从事代理记账业务的中介机构代理记账。

2. 未明确工会资产统一归口管理和监督部门及职责。

审计依据：《行政事业单位内部控制规范（试行）》（财会〔2012〕21号）第四十四条 单位应当加强对实物资产和无形资产的管理，明确相关部门和岗位的职责权限，强化对配置、使用和处置等关键环节的管控。（一）对资产实施归口管理。明确资产使用和保管责任人，落实资产使用人在资产管理中的责任。……

《金融系统工会固定资产管理办法》（金工办发〔2018〕13号）第三条第三款 各级工会组织应对占有使用的由不同资金渠道形成的固定资产进行统一管理。行政拨给工会，且产权已界定为工会的固定资产，按工会资产管理。

《工会行政事业性资产管理办法》（总工办发〔2017〕5号）第八条 工会行政事业性资产实物管理部门对本单位占有、使用的固定资产、库存材料物资等实物资产实施具体管理。

《中华全国总工会关于加强工会财务管理、资产监督管理和经费审查审计监督的意见》（总工发〔2016〕38号） 二（一）明确工会资产监管职责。按照"统一所有、分级监管、单位使用"的原则，加强各级工会资产监管机构建设，明确工会资产监管责任部门和监管职责，实现工会资产出资人到位。

3. 未明确采购归口部门及职责。

审计依据：《工会行政事业性资产管理办法》（总工办发〔2017〕5号）第十二条 各级工会行政事业单位购置资产，应按照《中华人民共和国政府采购法》及其实施细则的规定执行。

《行政事业单位内部控制规范（试行）》（财会〔2012〕21号）第十五条 单位应当建立健全内部控制关键岗位责任制，明确岗位职责及分工，确保不相容岗位相互分离、相互制约和相互监督。……内部控制关键岗位主要包括预算业务管理、收支业务管理、政府采购业务管理、资产管理、建设项目管理、合同管理以及内部监督等经济活动的关键岗位。

4. 未建立经费审查监督组织及办事机构并明确其监督职责。

审计依据：《工会法》第四十五条 工会应当根据经费独立原则，建立预算、决算和经费审查监督制度。各级工会建立经费审查委员会。各级工会经费收支情况应当由同级工会经费审查委员会审查，并且定期向会员大会或者会员代表大会报告，接受监督。

《工会基层组织选举工作条例》（总工发〔2016〕27号）第三十四条 凡建立一级工会财务管理的基层工会组织，应在选举基层工会委员会的同时，选举产生经费审查委员会。

《中国工会审计条例》（总工发〔2011〕27号）第五条 经审会下设办公室，承担经审会对本级和下一级工会审计的职责。

三、未按照不相容岗位相互分离的原则设置关键岗位，配备相应人员

1. 未分设会计、出纳及会计机构负责人（会计主管）等岗位，会计、出纳岗位由一人兼任。

审计依据：《工会财务会计管理规范》（总工办发〔2013〕20号）第二十九条 按照不相容职务相分离的原则，明确相关岗位的职责权限，确保不相容岗位相互分离、制约和监督。 第三十条 出纳人员不得兼任稽核、会计档案保管和收入、支出、费用、债权债务账目的登记工作。 第三十一条 单位不得由一人办理货币资金业务的全过程。

《金融系统工会财务会计管理规范实施细则》（金工发〔2014〕14号）第十条 凡符合"全系统提取工会经费1亿元（含）以上"或"全系统工会会员在五万人（含）以上"条件之一的金融机构工会，必须建立独

立的财务会计工作机构，配备专职的财务处长（主管）、会计和出纳。未达条件的单位，应按规定配备专、兼职的工会财务人员。 第十一条 可根据会计业务需要设置会计工作岗位。在不违反内部牵制制度的前提下，会计工作岗位设置可一人多岗。不能由同一个人负责办理会计事项全过程。

《会计基础工作规范》（财政部令第98号）第十一条 各单位应当根据会计业务需要设置会计工作岗位。会计工作岗位一般可分为：会计机构负责人或者会计主管人员，出纳，财产物资核算，工资核算，成本费用核算，财务成果核算，资金核算，往来结算，总帐报表，稽核，档案管理等。…… 第十二条 会计工作岗位，可以一人一岗、一人多岗或者一岗多人。但出纳人员不得兼管稽核、会计档案保管和收入、费用、债权债务帐目的登记工作。

2. 工会主席、分管财务和资产的副主席兼任经审会主任，工会会计、出纳或资产管理人员兼任经审委员。

审计依据：《中国工会审计条例》（总工发〔2023〕6号）第十三条 工会主席、分管财务和资产的副主席、工会财务人员和资产管理人员，不得担任同级工会经审会委员。 第二十条 工会审计人员不得从事可能影响独立、客观履行审计职责的工作，不得参与、干预、插手被审计单位及其相关单位的经济管理活动；……

3. 记账人员兼任固定资产等实物保管工作。

审计依据：《工会财务会计管理规范》（总工办发〔2013〕20号）第二十九条 按照不相容职务相分离的原则，明确相关岗位的职责权限，确保不相容岗位相互分离、制约和监督。

《会计法》第二十七条 （一）记账人员与经济业务事项和会计事项的审批人员、经办人员、财物保管人员的职责权限应当明确，并相互分离、相互制约。

4. 出纳人员兼任会计档案保管以及账目登记等工作。

审计依据：《工会财务会计管理规范》（总工办发〔2013〕20号）第三十条 出纳人员不得兼任稽核、会计档案保管和收入、支出、费用、债权债务账目的登记工作。

5. 财务经办、制单以及复核人员同为一人，存在一人操作货币资金收支业务全过程的情况。

审计依据：《工会财务会计管理规范》（总工办发〔2013〕20号）第二十九条 按照不相容职务相分离的原则，明确相关岗位的职责权限，确保不相容岗位相互分离、制约和监督。 第三十一条 单位不得由一人办理货币资金业务的全过程。

《金融系统工会财务会计管理规范实施细则》（金工发〔2014〕14号）第十一条 ……不能由同一个人负责办理会计事项全过程。

6. 一人保管财务专用章和收付款项所需全部印章或所有印章均保管在同一设备内。

审计依据：《工会财务会计管理规范》（总工办发〔2013〕20号）第三十四条 财务专用章由专人保管，个人名章由本人或其授权人保管。严禁一人保管支付款项所需的全部印章。

《行政事业单位内部控制规范（试行）》（财会〔2012〕21号）第四十一条 （二）严禁一人保管收付款项所需的全部印章。财务专用章应当由专人保管，个人名章应当由本人或其授权人员保管。负责保管印章的人员要配置单独的保管设备，并做到人走柜锁。

7. 使用工会印章未履行相关审批手续。

审计依据：《中华全国总工会关于各级工会组织印章的规定》（全总工厅办字〔1986〕31号）第九条 工会组织的印章，由该组织的负责人或指定人员保管。使用印章须经该组织负责人批准，每次用印应进行登记。……

8. 关键岗位工作人员未具备相应的专业能力。

如：会计人员不具备从事会计工作的专业能力、未按规定参加继续教育；经审人员不具备相关专业知识和执业经验。

审计依据：《会计专业技术人员继续教育规定》（财会〔2018〕10号）第六条 具有会计专业技术资格的人员应当自取得会计专业技术资格的次年开始参加继续教育，并在规定时间内取得规定学分。不具有会计专业技术资格但从事会计工作的人员应当自从事会计工作的次年开始参加继续教育，并在规定时间内取得规定学分。

《会计人员管理办法》（财会〔2018〕33号）第四条 会计人员具有会计类专业知识，基本掌握会计基础知识和业务技能，能够独立处理基本会计业务，表明具备从事会计工作所需要的专业能力。

《中国工会审计条例》（总工发〔2023〕6号）第十二条 经审会委员由政治素质高、业务能力强、具有相关专业知识的工会干部和会员担任并经民主选举产生。县级以上工会经审会委员人数不少于同级工会委员会委员人数的20%，最低不少于5人；基层工会经审会委员人数一般3至11人。经审会委员中具有审计、财会专业知识的人员不少于三分之二。 第十八条 工会审计人员应当具备与其从事审计业务相适应的专业知识和职业能力。

四、未按照分级授权的原则和流程明确工会各管理层级的职能权限

1. 未明确经费开支内部授权审批控制规定。

如：未对授权事项、授权对象、授权期限、授权与行权责任等进行明确，或虽然明确，但仍存在授权不当、随意授权和越权办事的现象。

审计依据：《工会财务会计管理规范》（总工办发〔2013〕20号）第三十二条 建立严格的经费开支程序和授权批准制度，明确授权批准的范围、权限、程序、责任和相关控制措施，做到申请、经办、证明、验收、审核、签批等经费开支手续完备，原始凭证合法有效，相关附件齐全。

2. 未明确和落实预算内收支"一支笔"审批权限。

审计依据：《金融系统工会财务会计管理规范实施细则》（金工发〔2014〕14号）第三条 ……工会经费开支严格控制在上级审批的预算范围之内，由工会主管财务主席"一支笔"签字。

《中华全国总工会办公厅关于加强工会经费财务管理和审计监督切实管好用好工会经费的通知》（总工办发〔2013〕51号） 六、加大工会经费使用管理责任追究。全面落实工会经费使用管理工作责任，坚持主要领导负总责，预算内收支严格执行"一支笔"审批，重大支出决策集体研究决定。

3. 未经工会负责人授权，由非有权签批人签批相关业务。

审计依据：《行政事业单位内部控制规范（试行）》（财会〔2012〕21号）第十二条（二）内部授权审批控制。……相关工作人员应当在授权范围内行使职权、办理业务。

4. 工会财务软件的操作权限设定不符合岗位设置权限规定。

如：未执行财务电算化有关操作密码、口令管理规定；联入单位局域网及互联网未实施物理隔离等技术；未定期备份相关电子数据；财务软件、报表软件不能满足数据上报要求。

审计依据：《金融系统工会财务会计管理规范实施细则》（金工发〔2014〕14号）第五十三条 会计人员必须严格按照计算机使用权限进行作业，对自己的操作密码、口令应严格保密并及时更换。 第五十四条 用于账务处理的计算机应保证财务会计工作专用，不能联入单位局域网及互联网；需要联网的，应通过物理隔离等技术，保证账务数据的安全。 第五十五条 会计电算化档案管理要做好防磁、防火、防潮和防尘工作，重要会计档案应准备双份，存放在两个不同的地点。

《工会财务会计管理规范》（总工办发〔2013〕20号）第二十五条 下级工会财务软件、报表软件应能满足上级工会数据上报、报表上报的要求。

五、未规范建立工会经费审查审计监督组织及办事机构

1. 工会经费审查委员会未与同级工会委员会选举产生。

审计依据：《中国工会审计条例》（总工发〔2011〕27号）第十一条 经审会应当与同级工会委员会同时考察、同时报批、同时选举产生。 第十三条 经审会委员由政治素质高、业务能力强、具有相关专业知识的工会干部和会员担任并经民主选举产生。

《工会基层组织选举工作条例》（总工发〔2016〕27号）第三十四条 凡建立一级工会财务管理的基层工会组织，应在选举基层工会委员会的同时，选举产生经费审查委员会。

2. 经审会委员人数配备不足。

审计依据：《中国工会审计条例》第十二条 经审会委员由政治素质高、业务能力强、具有相关专业知识的工会干部和会员担任并经民主选举产生。县级以上工会经审会委员人数不少于同级工会委员会委员人数的 20%，最低不少于 5 人；基层工会经审会委员人数一般 3 至 11 人。经审会委员中具有审计、财会专业知识的人员不少于三分之二。 第十六条 全国总工会、各级地方总工会、独立管理经费的产业工会和机关工会联合会的经费审查委员会办公室（以下简称经审办），作为经审会的日常工作机构，承担工会经费审查审计监督工作。

3. 经审会委员中具有审计、财会专业知识的人员不足三分之二。

审计依据：《中国工会审计条例》（总工发〔2023〕6 号）第十二条 经审会委员由政治素质高、业务能力强、具有相关专业知识的工会干部和会员担任并经民主选举产生。……经审会委员中具有审计、财会专业知识的人员不少于三分之二。

六、关键岗位未实施定期轮岗交流

1. 会计和出纳人员未按规定进行定期轮岗或强制休假，对不具备轮岗条件的，未采取专项审计等内控管理措施。

审计依据：《行政事业单位内部控制规范（试行）》（财会〔2012〕21 号）第十五条第二款 单位应当实行内部控制关键岗位工作人员的轮岗制度，明确轮岗周期。不具备轮岗条件的单位应当采取专项审计等控制措施。

《会计基础工作规范》（财政部令第 98 号）第十三条 会计人员的工作岗位应当有计划地进行轮换。

2. 岗位变动未办理交接或交接手续不规范。

如：岗位变动或临时离岗未办理交接手续、未登记交接清册、交接资料手续不齐全、无监交人等。

审计依据:《会计基础工作规范》（财政部令第 98 号）第二十五条 会计人员工作调动或者因故离职，必须将本人所经管的会计工作全部移交给接替人员。没有办清交接手续的，不得调动或者离职。 第二十八条 会计人员办理交接手续，必须有监交人负责监交。一般会计人员交接，由单位会计机构负责人、会计主管人员负责监交；会计机构负责人、会计主管人员交接，由单位领导人负责监交，必要时可由上级主管部门派人会同监交。 第二十九条 移交人员在办理移交时，要按移交清册逐项移交；接替人员要逐项核对点收。（一）现金、有价证券要根据会计帐簿有关记录进行点交。库存现金、有价证券必须与会计帐簿记录保持一致。不一致时，移交人员必须限期查清。（二）会计凭证、会计帐簿、会计报表和其他会计资料必须完整无缺。如有短缺，必须查清原因，并在移交清册中注明，由移交人员负责。（三）银行存款帐户余额要与银行对帐单核对，如不一致，应当编制银行存款余额调节表调节相符，各种财产物资和债权债务的明细帐户余额要与总帐有关帐户余额核对相符；必要时，要抽查个别帐户的余额，与实物核对相符，或者与往来单位、个人核对清楚。（四）移交人员经管的票据、印章和其他实物等，必须交接清楚；移交人员从事会计电算化工作的，要对有关电子数据在实际操作状态下进行交接。 第三十条 会计机构负责人、会计主管人员移交时，还必须将全部财务会计工作、重大财务收支和会计人员的情况等，向接替人员详细介绍。对需要移交的遗留问题，应当写出书面材料。 第三十一条 交接完毕后，交接双方和监交人员要在移交注册上签名或者盖章。并应在移交注册上注明：单位名称，交接日期，交接双方和监交人员的职务、姓名，移交清册页数以及需要说明的问题和意见等。移交清册一般应当填制一式三份，交接双方各执一份，存档一份。 第三十三条 会计人员临时离职或者因病不能工作且需要接替或者代理的，会计机构负责人、会计主管人员或者单位领导人必须指定有关人员接替或者代理，并办理交接手续。临时离职或者因病不能工作的会计人员恢复工作的，应当与接替或者代理人员办理交接手续。移交人员因病或者其他特殊原因不能亲自办理移交的，经单位领导人批准，可由移交人员委托他人代办移交，但委托人应当承担本规范第三十五条规定的责任。 第三十五条 移交人员对所移交的会计凭证、会计帐簿、会计报表和其他有关资料的合法性、真实性承担法律责任。

第三节　违反内部控制履职尽责有关规定

一、未有效支持经费审查委员会依法履行监督职责

1. 未明确经审会（办）主任需参加（或列席）工会主席办公会、工会委员会、工会常委会等涉及工会经费、资产和相关经济活动的会议。

审计依据：《中国工会审计条例》（总工发〔2023〕6号）第五十二条 经审会主任应当参加工会党组会议、主席办公会议、常委会议和研究工会重大经济活动的会议；经审办主任应当参加涉及工会经费、资产和相关经济活动的会议。

2. 未按照审查审计意见落实整改。

审计依据：《中国工会审计条例》（总工发〔2023〕6号）第四十八条 被审计单位主要负责人是整改第一责任人。各级工会应当建立健全审计发现问题整改机制，对审计发现的问题和提出的建议，被审计单位应当及时整改，并将整改结果书面报告经审会。

3. 未对提高经审干部的政治思想素质和业务素质做出培训规划和实施。

审计依据：《中国工会审计条例》（总工发〔2023〕6号）第五十四条 各级工会应当加强工会审计人员队伍建设，落实经审会主任任期培训制度和工会审计人员培训规划，做好工会审计人员的配备、使用、考核和管理工作。

4. 对经审会履职未提供必要的经费支持。

审计依据：《关于工会经审工作经费开支范围的规定》（工财发〔2014〕43号）一、县级以上工会停止执行《经审专用经费管理办法》后，工会经审工作所需经费不再按照规定比例列入预算，改为按照当年工会经审工作需要，将所需经费列入本级工会年度预算。各级工会要确保工会经审组织开展审查审计监督工作经费，将工会经审工作经费列入本级工会年度预算，作为专项业务费进行管理。 三、各级工会应按照本规定的要求，编制好本级工会经审工作经费预算，为工会经审组织开展工作提供保证，并严格按照同级工会审批的预算执行。

二、未落实决策、执行、监督责任追究制度

1. 对内部监督中发现的重大问题和隐患，没有及时向上级有权部门及相关领导汇报和反映。

审计依据：《中国工会审计条例》（总工发〔2023〕6号）第三十二条 经审会对审计中发现的严重违法违规、严重损失浪费等问题，以及被审计单位经济运行中存在的重大风险隐患，有权向同级工会党组织、工会委员会和上一级经审会报告。

《会计基础工作规范》（财政部令第98号）第七十九条 会计机构、会计人员对违反单位内部会计管理制度的经济活动，应当制止和纠正；

制止和纠正无效的，向单位领导人报告，请求处理。

2. 被审计单位拒绝和阻碍经审人员依法履行职责。

如：拖延、转移、隐匿、篡改会计资料，故意妨碍经审人员开展审查审计工作。

审计依据：《审计法》第三十八条第一款 审计机关进行审计时，被审计单位不得转移、隐匿、篡改、毁弃财务、会计资料以及与财政收支、财务收支有关的业务、管理等资料，不得转移、隐匿、故意毁损所持有的违反国家规定取得的资产。

《中国工会审计条例》（总工发〔2023〕6号）第六条 经审会依照法律法规和《中国工会章程》独立履行审计监督职责，被审计单位及其有关人员不得拒绝和阻碍工会审计人员履行职责，不得打击报复工会审计人员。 第二十六条 经审会有权要求被审计单位提供财务、会计资料以及与财务收支有关的业务、管理等资料，包括电子数据和有关文档。被审计单位不得拒绝、拖延、谎报。 第二十七条 经审会进行审计时，有权检查被审计单位的财务、会计资料以及与财务收支有关的业务、管理等资料和资产，有权检查被审计单位信息系统的安全性、可靠性、经济性，被审计单位不得拒绝。 第二十八条 经审会进行审计时，有权就审计事项的有关问题向有关单位、部门和个人进行调查和询问，并取得有关证明材料。有关单位、部门和个人应当配合、协助经审会工作，如实向经审会反映情况，提供有关证明材料。 第四十六条 各级工会领导班子应当自觉接受审计监督，支持经审会和工会审计人员依法独立履行职责。

3. 对违法违纪行为没有移送相关部门处理。

审计依据：《金融系统基层工会经费收支管理实施办法》（金工发〔2018〕3号）第二十四条 对监督检查中发现的违反基层工会经费收支

管理办法的问题,要及时纠正。情节较轻的要限期整改;涉及违纪的,依照有关规定追究直接责任人和相关领导责任,构成犯罪的移交司法机关处理。

三、未有效履行财务管理和财务监督检查职能

1. 对应不同层级工会工作职责的经费未实现单独核算。

如:某公司工会同时承担着服务总部会员,以及服务包含若干家分公司工会在内的全系统会员的双重工作职责;其"拨缴经费收入"来源渠道既包括总部本级行政按总部职工工资总额和法定比例计拨的工会经费,还包括分公司工会按其行政计拨工会经费的2%分成上解的经费。该工会未对应上述工作职责的不同经费来源、使用对象进行单独核算。

审计依据:《工会会计制度》(财会〔2021〕7号)第十六条 工会提供的会计信息应当符合工会管理工作的要求,满足会计信息使用者的需要,满足本级工会加强财务管理的需要。

2. 未组织开展本级和对下财务监督检查工作。

审计依据:《金融系统财务监督暂行办法》(金工财〔2020〕7号)第二条 本办法所称财务监督,是指金融系统各级工会财务及相关工作部门根据国家有关法律法规和工会财务制度,运用一定的监督方法对本级工会和所属单位及下一级工会财务活动进行的监督检查。 第三条 根据"统一领导、分级管理"工会财务管理体制,工会财务监督实行"统一领导、分级负责、下管一级"的工作体制。中国金融工会财务部统一领导全国金融系统各级工会的财务监督工作,各总行(会、司)工会财务及相关工作部门负责组织实施本单位财务监督工作,各省(区、市)金融工会财务及相关工作部门负责组织实施本级财务监督工作。

《金融系统工会预算管理办法》(金工发〔2020〕8号)第五十二

条 金融系统各级工会财务管理部门按照相关规定，对本级所属单位及下一级工会预（决）算进行财务监督。

3. 工会组织合并未按规定进行工会资产和工会账务合并工作。

审计依据：《工会章程》第四十一条第二款 工会组织合并，其经费资产归合并后的工会所有；……

四、经审部门未有效履行审查审计职能

1. 经审会未履行对同级工会年度经费收支及资产管理情况的审查审计职能。

审计依据：《中国工会章程》第十三条第一款 ……经费审查委员会负责审查同级工会组织及其直属企业、事业单位的经费收支和资产管理情况，监督财经法纪的贯彻执行和工会经费的使用，并接受上级工会经费审查委员会的指导和监督。……

《中国工会审计条例》（总工发〔2023〕6号）第二十二条 经审会对本级工会预算执行情况要每年审计，对下一级工会预算执行情况的审计至少在本届任期内全覆盖。

2. 经审会未履行对本级工会本年度上半年预算执行情况的审查职能。

审计依据：《工会预算审查监督办法》（工审会发〔2016〕4号）第七条 每年第三季度召开经审会会议或常委会会议，对工会本年度上半年预算执行情况进行审查，审查后提出审查意见和建议，形成决议。

3. 经审会未对同级工会所属企事业单位实施审计。

审计依据：《中国工会章程》第十三条第一款 ……经费审查委员会

负责审查同级工会组织及其直属企业、事业单位的经费收支和资产管理情况，监督财经法纪的贯彻执行和工会经费的使用，并接受上级工会经费审查委员会的指导和监督。……

《工会企业事业单位财务审计办法》（工审会字〔2016〕6号）第四条 经审会原则上对同级工会所属企业事业单位每年审计一次。

4. 经审会未履行届期内对下级工会的审计全覆盖职能。

审计依据：《中国工会审计条例》（总工发〔2023〕6号）第二十二条 经审会对本级工会预算执行情况要每年审计，对下一级工会预算执行情况的审计至少在本届任期内全覆盖。

5. 以工会内部会计监督代替经审履职监督。

审计依据：《工会法》第四十五条 工会应当根据经费独立原则，建立预算、决算和经费审查监督制度。各级工会建立经费审查委员会。各级工会经费收支情况应当由同级工会经费审查委员会审查，并且定期向会员大会或者会员代表大会报告，接受监督。……

《金融系统基层工会经费收支管理实施办法》（金工发〔2018〕3号）第二十二条 加强对本单位工会经费使用情况的内部会计监督和工会预算执行情况的审查审计监督，依法接受并主动配合国家审计监督。内部会计监督主要对原始凭证的真实性合法性、会计账簿与财务报告的准确性及时性、财产物资的安全性完整性进行监督，以维护财经纪律的严肃性。审查审计监督主要对单位财务收支情况和预算执行情况进行审计监督，并依据相关法律法规规定的职责、权限和程序，对工会经费的收支和资产管理等全部经济活动的真实、合法与效益实施审计监督。

6. 经审会议作出的决议未经全体委员的过半数通过。

审计依据：《基层工会经费审查委员会工作条例》（工厅审字〔1990

58号）第二十二条 基层工会经费审查委员会实行集体领导制、民主集中制。讨论问题时，应充分发扬民主。决定问题时，由全体委员的过半数通过。

《工会经审工作概论》（全国工会干部培训基础教材编写委员会编，2023年3月第1版）第四章第五节 一、工会经审会全委会会议审查程序……表决议案应按民主集中制原则由全体委员的过半数通过。表决结果由主持人当场宣布。

7. 经审会未独立审查审议其职责范围内的事项。

如：与工会委员会一起召开会议审查审议年度预决算草案和预算调整草案、经审工作计划及总结、审计工作方案等事项，经审会未独立进行审查审议。

审计依据：《基层工会经费审查委员会工作条例》（工厅审字〔1990〕58号）第四条 基层工会经费审查委员会依照国家法规、政策和工运方针、任务、工会财务制度、纪律，独立行使审查监督权。

8. 经审会下达的审计工作方案要素不全，操作性不足。

如：审计工作方案未明确审计对象、审计时间、审计组人员组成等。

审计依据：《国家审计准则》第四十九条 审计方案主要内容包括：（一）审计目标；（二）审计范围；（三）审计内容和重点；（四）审计工作组织安排；（五）审计工作要求。

五、未落实工会经济活动相关信息公开制度

1. 未向会员大会或者会员代表大会报告工会财务收支情况。

审计依据：《中国工会章程》第四十条 各级工会委员会按照规定编制和审批预算、决算，定期向会员大会或者会员代表大会和上一级工会

委员会报告经费收支和资产管理情况，接受上级和同级工会经费审查委员会审查监督。

2. 未向会员大会或者会员代表大会报告经审会审计监督工作情况。

审计依据：《中国工会章程》第十三条第一款 ……工会经费审查委员会向同级会员大会或会员代表大会负责并报告工作；在大会闭会期间，向同级工会委员会负责并报告工作。

《基层工会经费审查委员会工作条例》（工厅审字〔1990〕58号）第十一条 基层工会经费审查委员会有责任检查工会会员大会或会员代表大会关于工会财务工作决议的执行情况，督促和审查工会委员会定期向会员群众公布账目和向会员大会或会员代表大会报告财务收支情况；检查对经费审查委员会全体会议决议的执行情况。

第四节　违反集中采购有关规定

一、未建立工会集中采购制度、办法，未明确工会资产相关采购规定

如：未建立工会集中采购的制度及依据；未明确货物、工程及服务集中采购范围及标准；未明确集中采购方式及程序；未明确工会资产集中采购具体执行部门或部室。

审计依据：《工会行政事业性资产管理办法》（总工办发〔2017〕5号）第十二条 各级工会行政事业单位购置资产，应按照《中华人民共和国政府采购法》及其实施细则的规定执行。

《中华人民共和国政府采购法》第六十一条 集中采购机构应当建立

健全内部监督管理制度。采购活动的决策和执行程序应当明确，并相互监督、相互制约。经办采购的人员与负责采购合同审核、验收人员的职责权限应当明确，并相互分离。 第六十三条 政府采购项目的采购标准应当公开。 第六十四条 采购人必须按照本法规定的采购方式和采购程序进行采购。任何单位和个人不得违反本法规定，要求采购人或者采购工作人员向其指定的供应商进行采购。

《中国金融工会关于转发〈中华全国总工会关于加强工会财务管理、资产监督管理和经费审查审计监督的意见〉和〈中华全国总工会办公厅关于印发《工会行政事业性资产管理办法》的通知〉的通知》（金工发〔2017〕4号）二（二）根据全国总工会《工会行政事业性资产管理办法》相关规定，细化完善资产管理制度，建立资产管理与预算管理、财务管理相结合的机制，对资产管理所涉及的工作环节进行程序化规范，做到资产配置有标准、资产使用有登记、资产处置有条件，实现资产管理全流程管控。

二、未结合工会实际情况，合理确定集中采购范围及限额标准

如：某工会采购管理制度规定的集中采购起点金额偏高，与其业务规模、管理特点和要求不相适应。

审计依据：《国有金融企业集中采购管理暂行规定》（财金〔2018〕9号）第十二条 国有金融企业可参考省级以上人民政府定期发布的集中采购目录及标准，结合企业实际情况，制定本企业的集中采购目录及限额标准。

三、未按规定将集中采购项目纳入工会年初预算

审计依据：《工会预算管理办法》（总工办发〔2019〕26号）第

三十六条 各级工会、各预算单位编制预算时，应根据政府采购和工会资金采购的相关规定，编制年度采购预算。

四、应执行但未执行集中采购

如：举办的各类大型文化、体育、业务技能竞赛等活动，所采用的外包服务采购未按照集中采购相关规定实施采购；购买软件开发服务商、办公用的机器设备等固定资产未按照集中采购相关规定实施采购；未见相关集中采购会议纪要、采购合同等采购档案。

审计依据：《中华全国总工会办公厅关于加强工会经费财务管理和审计监督切实管好用好工会经费的通知》（总工办发〔2013〕51号）四、……严格执行集中采购制度，……

《工会行政事业性资产管理办法》（总工办发〔2017〕5号）第十二条 各级工会行政事业单位购置资产，应按照《中华人民共和国政府采购法》及其实施细则的规定执行。

五、对候选供应商审核把关不严

如：不同候选供应商的法定代表人为同一人或存在控股、管理关系。

审计依据：《中华人民共和国政府采购法实施条例》（国务院令第658号）第十八条 单位负责人为同一人或者存在直接控股、管理关系的不同供应商，不得参加同一合同项下的政府采购活动。

《中华人民共和国招标投标法实施条例》第三十四条 与招标人存在利害关系可能影响招标公正性的法人、其他组织或者个人，不得参加投标。单位负责人为同一人或者存在控股、管理关系的不同单位，不得参加同一标段投标或者未划分标段的同一招标项目投标。违反前两款规定的，相关投标均无效。

六、违反集中采购操作权限、采购范围、采购方式及审批流程等规定

如：采购方式的确定未经集体决策程序，随意采用单一来源方式采购；必须采用招标采购的项目未实施公开招标或邀请招标采购；采购实施过程仅由一人具体操作；将同一个采购项目化整为零规避集中采购；采购结果未经领导班子集体决策，并形成会议纪要。

审计依据：《工会行政事业性资产管理办法》（总工办发〔2017〕5号）第十二条 各级工会行政事业单位购置资产，应按照《中华人民共和国政府采购法》及其实施细则的规定执行。

《中华全国总工会关于加强工会财务管理、资产监督管理和经费审查审计监督的意见》（总工发〔2016〕38号）二（七）……坚持"谁主管，谁负责"的原则，各级工会领导班子及企事业单位要切实履行管好用好工会资产的主体责任，严格执行"三重一大"决策制度，重大事项必须经领导班子以会议形式集体决策，形成会议纪要，并按程序报批。

《国有金融企业集中采购管理暂行规定》（财金〔2018〕9号）第六条 国有金融企业应建立健全集中采购决策管理职能与操作执行职能相分离的管理体制。 第十六条 国有金融企业应建立相互监督、相互制约的采购活动决策和执行程序，并明确具体采购项目经办人员与负责采购合同审核、验收人员的职责权限，做到相互分离。 第二十三条 符合下列情形之一的集中采购项目，可以采用单一来源方式采购：（一）只能从唯一供应商处采购的；（二）发生了不可预见的紧急情况不能从其他供应商处采购的；（三）必须保证原有采购项目一致性或者服务配套的要求，需要再次向原供应商采购的；（四）企业内部集中采购管理办法列明的其他适用情形。 第二十六条 国有金融企业不得将应当以公开招标方式采购的项目化整为零或者以其他任何方式规避公开招标采购。

七、采购资料不完整，采购档案管理不规范

如：未按照集中采购结果或超出本次采购结果范围执行，集中采购结果未按照集中采购领导小组审批的意见实施，随意变更集中采购方式、中标供应商等采购要素；采购合同或协议签署人不具有法律地位，受托签署人无授权委托书；未按规定将采购资料集中归档管理。

审计依据：《中华人民共和国政府采购法》第四十二条第一款 采购人、采购代理机构对政府采购项目每项采购活动的采购文件应当妥善保存，不得伪造、变造、隐匿或者销毁。采购文件的保存期限为从采购结束之日起至少保存十五年。 第四十三条 政府采购合同适用合同法。采购人和供应商之间的权利和义务，应当按照平等、自愿的原则以合同方式约定。采购人可以委托采购代理机构代表其与供应商签订政府采购合同。由采购代理机构以采购人名义签订合同的，应当提交采购人的授权委托书，作为合同附件。 第六十四条 采购人必须按照本法规定的采购方式和采购程序进行采购。任何单位和个人不得违反本法规定，要求采购人或者采购工作人员向其指定的供应商进行采购。

《会计档案管理办法》（财政部 国家档案局令第79号）第六条 下列会计资料应当进行归档：……（四）其他会计资料，包括银行存款余额调节表、银行对账单、纳税申报表、会计档案移交清册、会计档案保管清册、会计档案销毁清册、会计档案鉴定意见书及其他具有保存价值的会计资料。

第四章

会计基础工作方面的主要风险点

第一节　违反会计机构设置和会计人员配备的规定

一、未按规定设置会计机构

如：满足"全系统提取工会经费1亿元（含）以上"或"全系统工会会员在五万人（含）以上"条件之一的金融机构工会，未建立独立的财务会计工作机构。

审计依据：《金融系统工会财务会计管理规范实施细则》（金工发〔2014〕14号）第十条第一款 凡符合"全系统提取工会经费1亿元（含）以上"或"全系统工会会员在五万人（含）以上"条件之一的金融机构工会，必须建立独立的财务会计工作机构，配备专职的财务处长（主管）、会计和出纳。

二、未按规定配备会计人员

1. 达到设置独立财务会计机构条件的金融机构工会，未配备专职的财务处长（主管）、会计和出纳。

审计依据：《金融系统工会财务会计管理规范实施细则》（金工发〔2014〕14号）第十条第一款 凡符合"全系统提取工会经费1亿元（含）以上"或"全系统工会会员在五万人（含）以上"条件之一的金融机构工会，必须建立独立的财务会计工作机构，配备专职的财务处长（主管）、会计和出纳。

2. 不具备设置独立会计机构条件的金融机构工会，未配备专、兼职会计人员。

审计依据：《金融系统工会财务会计管理规范实施细则》（金工发

〔2014〕14号）第十条第二款 未达条件的单位，应按规定配备专、兼职的工会财务人员。

《会计基础工作规范》（财政部令第98号）第十一条 各单位应当根据会计业务需要设置会计工作岗位。会计工作岗位一般可分为：会计机构负责人或者会计主管人员，出纳，财产物资核算，工资核算，成本费用核算，财务成果核算，资金核算，往来结算，总帐报表，稽核，档案管理等。……第十二条 会计工作岗位，可以一人一岗、一人多岗或者一岗多人。但出纳人员不得兼管稽核、会计档案保管和收入、费用、债权债务帐目的登记工作。

3. 会计人员不符合专业能力、回避制度等要求。

如：会计机构负责人或会计主管人员未取得会计师以上专业技术职务资格或从事会计工作时间少于3年，会计机构负责人或会计主管是本工会领导人直系亲属，出纳是会计机构负责人或会计主管的直系亲属等。

审计依据：《会计法》第三十八条 会计人员应当具备从事会计工作所需要的专业能力。担任单位会计机构负责人（会计主管人员）的，应当具备会计师以上专业技术职务资格或者从事会计工作三年以上经历。

《会计基础工作规范》（财政部令第98号）第七条 会计机构负责人、会计主管人员应当具备下列基本条件：……（二）具备会计师以上专业技术职务资格或者从事会计工作不少于三年。 第十六条 国家机关、国有企业、事业单位任用会计人员应当实行回避制度。单位领导人的直系亲属不得担任本单位的会计机构负责人、会计主管人员。会计机构负责人、会计主管人员的直系亲属不得在本单位会计机构中担任出纳工作。需要回避的直系亲属为：夫妻关系、直系血亲关系、三代以内旁系血亲以及配偶亲关系。

三、未明确岗位职责或违反不相容岗位分离原则

1. 出纳人员兼管稽核、会计档案保管或收入、费用、债权债务账目的登记工作。
2. 会计凭证的制单与审核岗位由同一人担任。
3. 记账人员兼任固定资产等实物保管工作。

审计依据：《工会财务会计管理规范》（修订）（总工办发〔2013〕20号）第二十九条 按照不相容职务相分离的原则，明确相关岗位的职责权限，确保不相容岗位相互分离、制约和监督。 第三十条 出纳人员不得兼任稽核、会计档案保管和收入、支出、费用、债权债务账目的登记工作。

《会计法》第二十七条（一）记账人员与经济业务事项和会计事项的审批人员、经办人员、财物保管人员的职责权限应当明确，并相互分离、相互制约。

第二节 违反会计内控制度建设规定

一、未建立执行会计人员岗位责任和轮岗交接制度

1. 未建立执行工会会计人员的岗位设置、职责和标准。
2. 未建立执行工会会计人员具体分工，或分工不符合不相容岗位分离原则。
3. 未建立执行工会会计人员的岗位轮换办法。

审计依据：《会计基础工作规范》（财政部令第98号）第八十六条 各单位应当建立会计人员岗位责任制度。主要内容包括：会计人员

的工作岗位设置；各会计工作岗位的职责和标准；各会计工作岗位的人员和具体分工；会计工作岗位轮换办法；对各会计工作岗位的考核办法。

4. 会计工作交接不规范。

如：会计人员变动未办理交接手续，或没有监交人对交接过程进行监督。

审计依据：《会计基础工作规范》（财政部令第98号）第二十五条 会计人员工作调动或者因故离职，必须将本人所经管的会计工作全部移交给接替人员。没有办清交接手续的，不得调动或者离职。 第二十八条 会计人员办理交接手续，必须有监交人负责监交。一般会计人员交接，由单位会计机构负责人、会计主管人员负责监交；会计机构负责人、会计主管人员交接，由单位领导人负责监交，必要时可由上级主管部门派人会同监交。

二、未建立执行内部财务会计管理制度

1. 未建立执行工会经费预、决算的编制、审批和报送程序，以及本级工会对下级工会的预、决算管理制度。
2. 未建立执行财产管理和清查制度。
3. 未建立执行工会经费收缴的标准、上缴比例、时间以及专用收据管理等制度。
4. 未建立执行工会经费的开支原则、范围、标准等制度。
5. 未建立执行工会经费支出授权审批制度。
6. 未建立执行工会经费财务处理、财务分析制度。

审计依据：《工会财务会计管理规范》（修订）（总工办发〔2013〕20号）第七条 各级工会应当根据财务会计业务的需要，建立健全内部财务

会计管理制度。主要包括：收支预算、决算制度，货币资金管理制度，票据管理制度，财务收支管理制度，专项资金管理制度，债权债务管理制度，账务处理程序制度，内部会计控制制度，经费定额管理制度，财产清查制度，财务会计分析制度，岗位责任制度，会计档案管理制度等。

三、未建立执行工会印鉴和票据管理制度

1. 银行预留印鉴、网银密钥未分离保管，支票、财务印章、人名章、网银密钥由一个人保管或未按规定权限保管。

审计依据：《金融系统工会财务会计管理规范实施细则》（金工发〔2014〕14号）第三十四条第一款 各级工会应加强现金和银行存款的管理。严格履行银行预留印鉴分离保管制度，严禁支票、财务印章和人名章由一个人保管。

2. 收据、银行票据未设置登记簿进行记录，未履行申领、保管、领用程序，以及保管、处理不当等。

审计依据：《工会财务会计管理规范》（修订）（总工办发〔2013〕20号）第三十五条 发票、收据等各种票据由不直接经办货币资金收付的人员保管，申领、启用、核销、销毁履行规定手续。 第三十六条 发票、收据做到手续清、账目清、责任清；使用专柜、专账、专表；防火、防盗、防霉烂损毁、防虫蛀鼠咬、防丢失；不准相互转借、转让，不准擅自处理空白联和其他质量残次的无效联。 第三十七条 银行票据明确购买、保管、领用、背书转让、注销等环节的职责权限和程序，设置登记簿进行记录。

《金融系统工会财务会计管理规范实施细则》（金工发〔2014〕14号）第五十条 各级工会应当妥善保管已开具的专用收据存根，存根保存期限一般为5年。

四、未建立执行财务软件管理制度

1. 未建立会计电算化管理制度及岗位责任制。
2. 未根据工会财务工作分工,设置工会财务软件的相应使用权限。
3. 未设置工会财务软件使用人员操作密码。
4. 未建立执行会计数据未经审核而输入计算机的防范措施。
5. 未建立执行硬件、软件管理制度,包括保证设备正常运转的措施、安全保密措施等。

审计依据:《金融系统工会财务会计管理规范实施细则》(金工发〔2014〕14号)第五十二条 各级工会要严格执行全总的《工会财会工作电算化管理办法》。统一使用全总推广的工会电算化会计软件。应根据工作需要,建立健全会计电算化管理制度及岗位责任制,明确各个工作岗位的职责范围,保证会计电算化工作的正常运转。 第五十三条 会计人员必须严格按照计算机使用权限进行作业,对自己的操作密码、口令应严格保密并及时更换。建立会计电算化档案管理制度,定期存储计算机硬盘中的会计相关数据。

《工会财会工作电算化管理办法》(总工办发〔1995〕51号)第四条 四、具备会计数据未经审核而输入计算机和已输入计算机的会计数据被任意修改的防范措施。 第六条 四、有严格的硬件、软件管理制度,主要内容包括:1.保证机房设备安全和电子计算机正常运转的措施。2.会计数据和会计核算软件安全保密的措施。3.修改会计核算软件的审批、监督制度。

第三节　违反会计核算规定

一、未按《工会会计制度》要求建立独立的会计核算管理体系

如：采用行政方适用的会计制度进行工会会计核算，未按《工会会计制度》要求，合规设置和使用会计科目进行会计处理。

审计依据：《工会会计制度》（财会〔2021〕7号）第二条　本制度适用于各级工会，包括基层工会及县级以上（含县级，下同）工会。工会所属事业单位、工会所属企业及挂靠工会管理的社会团体，不适用本制度。　第三条　工会会计是核算、反映、监督工会预算执行和经济活动的专业会计。工会依法建立独立的会计核算管理体系，与工会预算管理体制相适应。　第八条　工会会计处理一般采用收付实现制，部分经济业务或者事项应当按照本制度的规定采取权责发生制。　附录1第一部分　一、本制度统一规定工会会计科目的名称和编号，以便于编制会计凭证，登记会计账簿，查阅账目，实行会计信息化管理。本制度已规定的一级科目，不得减并、自行增设；本制度已规定的明细科目，不得减并，不得擅自更改科目名称，不需要的科目可以不用。

二、原始凭证取得、填制、审核不符合有关规定

1. 购买商品或服务的支出，未取得原始有效凭证。

如：无发票列支费用、白条入账等。

审计依据：《会计基础工作规范》（财政部令第98号）第四十七条　各单位办理本规范第三十七条规定的事项，必须取得或者填制原始凭证，并及时送交会计机构。　第三十七条　各单位发生的下列事项，应当及时办理会计手续、进行会计核算：……（五）收入、支出、费

用、成本的计算。

2. 发票抬头不合规。

如：发票抬头为工会简称、单位行政名称、单位行政内设部门名称、工会文体协会（俱乐部、兴趣小组）名称等。

审计依据：《国家税务总局关于进一步加强普通发票管理工作的通知》（国税发〔2008〕80号）八（二）……使用不符合规定发票特别是没有填开付款方全称的发票，不得允许纳税人用于税前扣除、抵扣税款、出口退税和财务报销。

《发票管理办法》（国务院令第587号）第二十一条 不符合规定的发票，不得作为财务报销凭证，任何单位和个人有权拒收。

3. 原始凭证要素不全。

如：从外单位取得的纸质发票，未加盖填制单位的发票专用章；发票品名栏目只注明了办公用品、体育用品等类别，未附销售方提供的（加盖发票专用章）商品明细清单；从个人取得的原始凭证，无填制人员的签名或者盖章；自制原始凭证无经办单位工会负责人或者其指定的工会人员签名或者盖章等。

审计依据：《发票管理办法》（国务院令第587号）第二十一条 不符合规定的发票，不得作为财务报销凭证，任何单位和个人有权拒收。 第二十二条 开具发票应当按照规定的时限、顺序、栏目，全部联次一次性如实开具，并加盖发票专用章。

《国家税务总局关于修订〈增值税专用发票使用规定〉的通知》（国税发〔2006〕156号）第十二条 一般纳税人销售货物或者提供应税劳务可汇总开具专用发票。汇总开具专用发票的，同时使用防伪税控系统开具《销售货物或者提供应税劳务清单》，并加盖财务专用章或者发票专用章。

《金融系统基层工会经费收支管理实施办法》（金工发〔2018〕3号）第二十三条（六）5. 严禁工会经费支出经济事项与发票内容不符、使用虚假发票、发票无明细、支出无明细、无发放记录或发放记录无本人或代领人签字、白条入账等不规范财务行为。

《会计基础工作规范》（财政部令第98号）第四十八条 原始凭证的基本要求是：（一）原始凭证的内容必须具备：凭证的名称；填制凭证的日期；填制凭证单位名称或者填制人姓名；经办人员的签名或者盖章；接受凭证单位名称；经济业务内容；数量、单价和金额。（二）从外单位取得的原始凭证，必须盖有填制单位的公章；从个人取得的原始凭证，必须有填制人员的签名或者盖章。自制原始凭证必须有经办单位领导人或者其指定的人员签名或者盖章。对外开出的原始凭证，必须加盖本单位公章。（三）凡填有大写和小写金额的原始凭证，大写与小写金额必须相符。购买实物的原始凭证，必须有验收证明。支付款项的原始凭证，必须有收款单位和收款人的收款证明。（四）一式几联的原始凭证，应当注明各联的用途，只能以一联作为报销凭证。一式几联的发票和收据，必须用双面复写纸（发票和收据本身具备复写纸功能的除外）套写，并连续编号。作废时应当加盖"作废"戳记，连同存根一起保存，不得撕毁。（五）发生销货退回的，除填制退货发票外，还必须有退货验收证明；退款时，必须取得对方的收款收据或者汇款银行的凭证，不得以退货发票代替收据。（六）职工公出借款凭据，必须附在记帐凭证之后。收回借款时，应当另开收据或者退还借据副本，不得退还原借款收据。（七）经上级有关部门批准的经济业务，应当将批准文件作为原始凭证附件。如果批准文件需要单独归档的，应当在凭证上注明批准机关名称、日期和文件字号。

4. 原始凭证大小写金额不相符。

审计依据：《会计基础工作规范》（财政部令第98号）第四十八

条（三）凡填有大写和小写金额的原始凭证，大写与小写金额必须相符。……

5. 原始凭证不真实、不合法或不准确。

如：发票付款单位名称、内容摘要、金额或时间等与记账凭证所列科目要素等不吻合；报销单中收款人与发票销货方名称不一致，无法界定款项是否真实、足额支付给收款人；报销时未使用工会报销单；将其他经济内容和类别的原始凭证附在一张记账凭证后蒙混报销；存在假发票入账；等等。

审计依据：《会计基础工作规范》（财政部令第98号）第七十四条 会计机构、会计人员应当对原始凭证进行审核和监督。对不真实、不合法的原始凭证，不予受理。对弄虚作假、严重违法的原始凭证，在不予受理的同时，应当予以扣留，并及时向单位领导人报告，请求查明原因，追究当事人的责任。对记载不准确、不完整的原始凭证，予以退回，要求经办人员更正、补充。

《会计法》第九条第一款 各单位必须根据实际发生的经济业务事项进行会计核算，填制会计凭证，登记会计账簿，编制财务会计报告。

《金融系统基层工会经费收支管理实施办法》（金工发〔2018〕3号）第二十三条（六）5. 严禁工会经费支出经济事项与发票内容不符、使用虚假发票、发票无明细、支出无明细、无发放记录或发放记录无本人或代领人签字、白条入账等不规范财务行为。

《发票管理办法实施细则》（国家税务总局令第37号）第三十三条第一款 用票单位和个人有权申请税务机关对发票的真伪进行鉴别；……

《发票管理办法》（国务院令第587号）第二十一条 不符合规定的发票，不得作为财务报销凭证，任何单位和个人有权拒收。

提示：《国家税务总局关于增值税发票综合服务平台等事项的公告》

（国家税务总局公告2020年第1号）规定，纳税人通过增值税电子发票公共服务平台开具的增值税电子普通发票，属于税务机关监制的发票，采用电子签名代替发票专用章，其法律效力、基本用途、基本使用规定等与增值税普通发票相同。

6. 原始凭证后未附相关支持性附件。

如：费用支出只有发票，未说明用途；会议费发票没有会议通知、实际参会人员签到表、会议服务单位提供的费用原始明细单据等；培训费发票没有培训通知、日程安排、实际参训人员签到表、培训机构出具的收款票据、费用明细等；开展活动的费用支出未附活动通知、方案、合同或协议、集中采购纪要、预算以及有权人签批的立项签报；购买实物无验收证明；支付款项的原始凭证无收款单位和收款人的收款证明；经上级有关部门批准的经济业务，未附相关批准文件；发放钱款（奖金、慰问金、补助、劳务费等）或物品（奖品、纪念品、慰问品、服装等）无实名发放签领清单或银行回单，无法证明钱款或物品是否发到本人；发放送温暖资金无实名制发放清单、慰问品或以现金形式发放的慰问金由工会财务人员或经办人员签收、采用转账方式发放慰问金未附银行回单、银行回单仅显示银行代发总金额的未附银行出具的具体收款人清单、委托下级工会代为发放送温暖资金未见下级工会反馈的签领单或转入被慰问者银行账户的银行回单；等等。

审计依据：《工会财务会计管理规范》（修订）（总工办发〔2013〕20号）第三十二条 建立严格的经费开支程序和授权批准制度，明确授权批准的范围、权限、程序、责任和相关控制措施，做到申请、经办、证明、验收、审核、签批等经费开支手续完备，原始凭证合法有效，相关附件齐全。

《中央和国家机关会议费管理办法》（财行〔2016〕214号）第十七条 各单位在会议结束后应当及时办理报销手续。会议费报销时应当提供会议审批文件、会议通知及实际参会人员签到表、定点会议场所等会议服务单位提供的费用原始明细单据、电子结算单等凭证。……

《关于〈中央和国家机关会议费管理办法〉的补充通知》（财行〔2023〕86号）六、各单位在会议结束后应当及时办理会议费报销手续。线下费用按照《办法》有关规定进行报销。线上费用应当提供费用清单和使用相关应用系统所开具的合法票据，签署服务合同的，需一并提供相关合同。

《中央和国家机关培训费管理办法》（财行〔2016〕540号）第十七条　报销培训费，综合定额范围内的，应当提供培训计划审批文件、培训通知、实际参训人员签到表以及培训机构出具的收款票据、费用明细等凭证；师资费范围内的，应当提供讲课费签收单或合同，异地授课的城市间交通费、住宿费、伙食费按照差旅费报销办法提供相关凭据；执行中经单位主要负责同志批准临时增加的培训项目，还应提供单位主要负责同志审批材料。

《金融系统基层工会经费收支管理实施办法》（金工发〔2018〕3号）第二十条　工会开展活动要有具体活动方案，并按规定办理审批手续；购物发票要符合会计制度要求，并附购物清单及参与人员名单；奖励物品发放要有签领名单，集体活动用餐要有用餐人员名单。　第二十三条（六）5.严禁工会经费支出经济事项与发票内容不符、使用虚假发票、发票无明细、支出无明细、无发放记录或发放记录无本人或代领人签字、白条入账等不规范财务行为。

《会计基础工作规范》（财政部令第98号）第四十八条（三）……购买实物的原始凭证，必须有验收证明。支付款项的原始凭证，必须有收款单位和收款人的收款证明。……（七）经上级有关部门批准的经济业务，应当将批准文件作为原始凭证附件。如果批准文件需要单独归档的，应当在凭证上注明批准机关名称、日期和文件字号。

《金融系统工会送温暖资金使用管理办法（试行）》（金工发〔2020〕

2号）第九条 送温暖资金发放的形式与要求：1.走访慰问职工要坚持实名制发放……4.资金使用后，应按照工会会计制度规定，留存实名制汇总表、转账回单及发放慰问品签收单等相关票据凭证作为会计档案存档。

7. 原始凭证有涂改、挖补、更正、作废等处理手续不规范。

审计依据：《会计基础工作规范》（财政部令第98号）第四十八条（四）……一式几联的发票和收据，必须用双面复写纸（发票和收据本身具备复写纸功能的除外）套写，并连续编号。作废时应当加盖"作废"戳记，连同存根一起保存，不得撕毁。 第四十九条 原始凭证不得涂改、挖补。发现原始凭证有错误的，应当由开出单位重开或者更正，更正处应当加盖开出单位的公章。

8. 遗失外单位原始凭证，未补充证明文件。

审计依据：《会计基础工作规范》（财政部令第98号）第五十五条（五）从外单位取得的原始凭证如有遗失，应当取得原开出单位盖有公章的证明，并注明原来凭证的号码、金额和内容等，由经办单位会计机构负责人、会计主管人员和单位领导人批准后，才能代作原始凭证。如果确实无法取得证明的，如火车、轮船、飞机票等凭证，由当事人写出详细情况，由经办单位会计机构负责人、会计主管人员和单位领导人批准后，代作原始凭证。

9. 未及时结算、报销相关费用。

如：某工会经费账户3月份列支了上年度8月份组织活动的相关费用。

审计依据：《工会会计制度》（财会〔2021〕7号）第十七条 工会应当以实际发生的经济业务或者事项为依据进行会计处理，如实反映工会财务状况和收支情况等信息，保证会计信息真实可靠、内容完整。 第

二十一条 工会应当对已经发生的经济业务或者事项及时进行会计处理和报告，不得提前或延后。

三、记账凭证填制不规范

1. 记账凭证要素不全。

如：缺少填制凭证的日期、凭证编号、经济业务摘要、会计科目、金额、所附原始凭证张数以及制单人员、审核人员、出纳人员、记账人员签章等。

审计依据：《会计基础工作规范》（财政部令第98号）第五十一条（一）记帐凭证的内容必须具备：填制凭证的日期；凭证编号；经济业务摘要；会计科目；金额；所附原始凭证张数；填制凭证人员、稽核人员、记帐人员、会计机构负责人、会计主管人员签名或者盖章。收款和付款记帐凭证还应当由出纳人员签名或者盖章。以自制的原始凭证或者原始凭证汇总表代替记帐凭证的，也必须具备记帐凭证应有的项目。（二）填制记帐凭证时，应当对记帐凭证进行连续编号。一笔经济业务需要填制两张以上记帐凭证的，可以采用分数编号法编号。 第五十三条 实行会计电算化的单位，对于机制记帐凭证，要认真审核，做到会计科目使用正确，数字准确无误。打印出的机制记帐凭证要加盖制单人员、审核人员、记帐人员及会计机构负责人、会计主管人员印章或者签字。

《工会会计制度讲解》[①]第二章第五节 二、编制会计凭证；（一）2.记账凭证的内容。……收款和付款记账凭证还应当由出纳人员签名或者签章。

[①] 本书引用的《工会会计制度讲解》一书的版次为：2021年12月第1版、2022年5月第7次印刷。

2. 记账凭证日期早于原始凭证日期。

审计依据：《工会会计制度》（财会〔2021〕7号）第二十一条 工会应当对已经发生的经济业务或者事项及时进行会计处理和报告，不得提前或者延后。

《会计基础工作规范》（财政部令第98号）第五十条第一款 会计机构、会计人员要根据审核无误的原始凭证填制记帐凭证。

《会计法》第九条第一款 单位必须根据实际发生的经济业务事项进行核算，填制会计凭证，登记会计账簿，编制财务会计报告。

3. 一张记账凭证记录多笔不同内容和类别的经济业务。

审计依据：《会计基础工作规范》（财政部令第98号）第五十一条（三）记帐凭证可以根据每一张原始凭证填制，或者根据若干张同类原始凭证汇总填制，也可以根据原始凭证汇总表填制。但不得将不同内容和类别的原始凭证汇总填制在一张记帐凭证上。

4. 记账凭证与原始凭证内容、金额等不符。

审计依据：《会计基础工作规范》（财政部令第98号）第五十条第一款 会计机构、会计人员要根据审核无误的原始凭证填制记帐凭证。

5. 记账凭证摘要内容不清晰、不明确，无法反映经济业务内容。

如：某工会"职工活动支出—文体活动支出"科目列支开展职工气排球比赛的费用，记账凭证摘要为"文体活动费用"，未注明具体活动项目名称，摘要内容不清晰。

审计依据：《会计基础工作规范》（财政部令98号）第六十条 会计人员应当根据审核无误的会计凭证登记会计帐簿。登记帐簿的基本要求是：（一）登记会计帐簿时，应当将会计凭证日期、编号、业务内容摘要、金额和其他有关资料逐项记入帐内，做到数字准确、摘要清楚、登记及时、字迹工整。

6. 记账凭证后未附原始凭证或原始凭证不规则。

如：记账凭证后未附原始凭证，或当一张原始凭证涉及几张记账凭证时，仅把原始凭证附在一张主要的记账凭证后面，而未在其他记账凭证上注明附有该原始凭证的记账凭证编号或者附原始凭证复印件。

审计依据：《会计基础工作规范》（财政部令第98号）第五十一条（四）除结帐和更正错误的记帐凭证可以不附原始凭证外，其他记帐凭证必须附有原始凭证。如果一张原始凭证涉及几张记帐凭证，可以把原始凭证附在一张主要的记帐凭证后面，并在其他记帐凭证上注明附有该原始凭证的记帐凭证的编号或者附原始凭证复印件。

7. 填制错误的记账凭证更正方法不规范。

审计依据：《会计基础工作规范》（财政部令第98号）第五十一条（五）如果在填制记帐凭证时发生错误，应当重新填制。已经登记入帐的记帐凭证，在当年内发现填写错误时，可以用红字填写一张与原内容相同的记帐凭证，在摘要栏注明"注销某月某日某号凭证"字样，同时再用蓝字重新填制一张正确的记帐凭证，注明"订正某月某日某号凭证"字样。如果会计科目没有错误，只是金额错误，也可以将正确数字与错误数字之间的差额，另编一张调整的记帐凭证，调增金额用蓝字，调减金额用红字。发现以前年度记帐凭证有错误的，应当用蓝字填制一张更正的记帐凭证。

8. 记账凭证未连续编号并按规定整理成册。

审计依据：《会计基础工作规范》（财政部令第98号）第五十五条（三）记帐凭证应当连同所附的原始凭证或者原始凭证汇总表，按照编号顺序，折叠整齐，按期装订成册，并加具封面，注明单位名称、年度、月份和起讫日期、凭证种类、起讫号码，由装订人在装订线封签外签名或者盖章。

四、其他支持性材料不全或不规范

如：重大项目无集体决策记录；集中采购资料不全；固定资产采购、处置相关资料缺失；代管经费无相关协议；往来款项核销无审批资料；等等。

提示：具体表现形式及相关审计依据详见各有关章节。

五、会计核算不及时、不准确、不规范

1. 账务处理不及时。

如：连续数月未记账；记账日期均为月初或月底的某一天，与业务实际发生日期不符。

审计依据：《工会会计制度》（财会〔2021〕7号）第十七条 工会应当以实际发生的经济业务或者事项为依据进行会计处理，如实反映工会财务状况和收支情况等信息，保证会计信息真实可靠、内容完整。 第二十一条 工会应当对已经发生的经济业务或者事项及时进行会计处理和报告，不得提前或者延后。

《会计基础工作规范》（财政部令第98号）第三十七条 各单位发生的下列事项，应当及时办理会计手续、进行会计核算：（一）款项和有价证券的收付；（二）财物的收发、增减和使用；（三）债权债务的发生和结算；（四）资本、基金的增减；（五）收入、支出、费用、成本的计算；（六）财务成果的计算和处理；（七）其他需要办理会计手续、进行会计核算的事项。

2. 会计科目使用或借贷方向不准确、差错更正账务处理不准确。

审计依据：《工会会计制度》（财会〔2021〕7号）、《会计基础工作规范》（财政部令第98号）等有关账务处理的规定。

3. 发生银行退款重汇业务未进行相应的会计核算。

审计依据：《工会会计制度》（财会〔2021〕7号）第二十一条 工会应当对已经发生的经济业务或者事项及时进行会计处理和报告，不得提前或者延后。 第二十九条第二款 货币资金应当按照实际发生额入账。……

4. 会计核算不规范，以专项拨款方式代替费用支出。

如：上级工会组织全辖文体活动，委托下级工会在下级工会所在地代为组织，以专项拨款方式将活动款项划至下级工会账户，由下级工会记入费用支出。

审计依据：《会计基础工作规范》（财政部令第98号）第四十七条 各单位办理本规范第三十七条规定的事项，必须取得或者填制原始凭证，并及时送交会计机构。

财政部《行政事业单位内部控制规范（试行）》（财会〔2012〕21号）第三十条 ……支出凭证应当附反映支出明细内容的原始单据，并由经办人员签字或盖章。

5. 无发票预提费用，将尚不需要支付的款项预提计入本年度支出。

审计依据：《工会会计制度》（财会〔2021〕7号）第二十一条 工会应当对已经发生的经济业务或者事项及时进行会计处理和报告，不得提前或延后。

《会计基础工作规范》（财政部令第98号）第三十八条 各单位的会计核算应当以实际发生的经济业务为依据，按照规定的会计处理方法进行，保证会计指标的口径一致、相互可比和会计处理方法的前后各期相一致。

6. 未进行年终结账工作。

如：年终未对全年各项收支、往来款项、货币资金等进行全面清理结算。

审计依据：《工会会计制度讲解》第八章第九节 六（二）年终结账。年终结账是在年终清理、结算的基础上进行的，主要是年终转账。1. 在清理和对账的基础上，首先计算出各账户借方和贷方的本年累计发生额和余额。2. 将所有支出科目的借方余额通过编制通用记账凭证转入净资产科目的借方。将各个收入科目的贷方余额，转入净资产相关科目的贷方。3. 在年度转账结账工作完成后，财务人员在规定时间内根据当年数据及时、准确地编制会计报表。 第三章第八节 二、其他应收款的内容与管理。1. 各级工会应对其他应收及暂付款项严格控制，健全手续，及时清理，不得长期挂账。…… 3. ……年终，借款原则上应全部结清收回，不得跨年度挂账。4. 使用备用金的必须根据事先制定的限额使用，年终全部结清收回，不得跨年度挂账。

《金融系统工会财务会计管理规范实施细则》（金工发〔2014〕14号）第二十六条 编制决算报表前的准备工作：……（六）清理核对往来科目和代管经费科目。 第二十七条 账目核对无误后进行年终结账，年终结账包括：年终转账、结清旧账和记入新账。

7. 年终结账记入新账未在年终清理、结算的基础上进行。

审计依据：《金融系统工会财务会计管理规范实施细则》（金工发〔2014〕14号）第二十七条 账目核对无误后进行年终结账，年终结账包括年终转账、结清旧账和记入新账。

六、未按规定设立和登记会计账簿

1. 未按规定设置会计账簿，包括总账、明细账、日记账和其他辅助性账簿。

审计依据：《会计基础工作规范》（财政部令第98号）第五十六条 各单位应当按照国家统一会计制度的规定和会计业务的需要设置会计帐簿。会计帐簿包括总帐、明细帐、日记帐和其他辅助性帐簿。

《工会财务会计管理规范》（修订）（总工办发〔2013〕20号）第十八条 会计账簿设置齐全，有总账、明细账（如各类收入明细账、各类支出明细账、拨缴经费收入台账、固定资产明细账、往来款项明细账等）、日记账（现金日记账、银行存款日记账），设有必要的辅助账簿（如财政划拨、税务代收工会经费辅助账等）和备查账簿（如低值易耗品、呆坏账处理备查账等）。各类账簿的启用、登记、结账、错误更正方法符合国家有关规定和工会会计制度，记账及时，文字规范。

2. 未按审核无误的会计凭证登记会计账簿。

如：会计登记账目金额与凭证不一致，大小写不一致，附件日期晚于记账凭证日期等。

审计依据：《会计基础工作规范》（财政部令第98号）第六十条 会计人员应当根据审核无误的会计凭证登记会计帐簿。登记帐簿的基本要求是：（一）登记会计帐簿时，应当将会计凭证日期、编号、业务内容摘要、金额和其他有关资料逐项记入帐内，做到数字准确、摘要清楚、登记及时、字迹工整。（二）登记完毕后，要在记帐凭证上签名或者盖章，并注明已经登帐的符号，表示已经记帐。（三）帐簿中书写的文字和数字上面要留有适当空格，不要写满格；一般应占格距的二分之一。（四）登记帐簿要用蓝黑墨水或者碳素墨水书写，不得使用圆珠笔（银行的复写帐簿除外）或者铅笔书写。

3. 现金日记账未序时逐笔记账，存在合并记账的问题。

审计依据：《现金管理暂行条例（修订）》（国务院令第 588 号）第十二条　开户单位必须建立健全现金账目，逐笔记载现金支付。账目应当日清月结，账款相符。

4. 未定期打印、装订会计账簿。

如：未定期打印会计账簿，会计账簿未连续编号并装订成册，会计账簿无记账人员、会计机构负责人、会计主管人员签章。

审计依据：《会计基础工作规范》（财政部令第 98 号）第五十八条　实行会计电算化的单位，用计算机打印的会计帐簿必须连续编号，经审核无误后装订成册，并由记帐人员和会计机构负责人、会计主管人员签字或者盖章。

5. 未进行每年至少一次账证核对、账账核对、账实核对，账证、账账或账实不符。

审计依据：《会计基础工作规范》（财政部令第 98 号）第六十二条　各单位应当定期对会计帐簿记录的有关数字与库存实物、货币资金、有价证券、往来单位或者个人等进行相互核对，保证帐证相符、帐帐相符、帐实相符。对帐工作每年至少进行一次。（一）帐证核对。核对会计帐簿记录与原始凭证、记帐凭证的时间、凭证字号、内容、金额是否一致，记帐方向是否相符。（二）帐帐核对。核对不同会计帐簿之间的帐簿记录是否相符，包括：总帐有关帐户的余额核对，总帐与明细帐核对，总帐与日记帐核对，会计部门的财产物资明细帐与财产物资保管和使用部门的有关明细帐核对等。（三）帐实核对。核对会计帐簿记录与财产等实有数额是否相符。包括：现金日记帐帐面余额与现金实际库存数相核对；银行存款日记帐帐面余额定期与银行对帐单相核对；各种财物明细帐帐面余额与财物实存数额相核对；各种应收、应付款明细帐帐面余额与有关债务、债权单位或者个人核对等。

七、未按规定编制会计报表

1. 未按规定编制月度、年度资产负债表、收入支出表。

审计依据：《工会会计制度》（财会〔2021〕7号）"会计报表编制说明"规定，工会至少应当编制月度、年度资产负债表和收入支出表。

《会计基础工作规范》（财政部令第98号）第六十四条 各单位必须按照国家统一会计制度的规定，定期编制财务报告。财务报告包括会计报表及其说明。会计报表包括会计报表主表、会计报表附表、会计报表附注。

2. 会计报表编制不准确、签章不齐全、格式不规范。

如：会计报表编制与会计账簿或其他有关资料不相符，表内逻辑关系或表间勾稽关系有误，收支数额或需计算填列的数额不准确，预决算封面内容不完整等。

审计依据：《会计基础工作规范》（财政部令第98号）第六十六条 会计报表应当根据登记完整、核对无误的会计帐簿记录和其他有关资料编制，做到数字真实、计算准确、内容完整、说明清楚。

《工会财务会计管理规范》（总工办发〔2013〕20号）第二十一条 财务报告数字真实、计算准确、内容完整、说明清楚、报送及时，并经分管财务的工会主席、财务负责人审阅并签章。

《金融系统工会财务会计管理规范实施细则》（金工发〔2014〕14号）第二十五条 决算报表填列要符合相关法律、法规，做到收支数额准确、内容完整、报送及时。决算报表要按规定的格式进行填报，封皮要素齐全，装订要整齐。决算说明书要求对收支预算完成情况要进行比例分析和结构分析。

3. 未做好决算报告编制前的准备工作。

如：年终未进行现金和固定资产清查盘点，未进行账证、账实、账账核对，保证账目核对无误。

审计依据：《金融系统工会财务会计管理规范实施细则》（金工发〔2014〕14号）第二十六条 编制决算报表前的准备工作：（一）账证核对。（二）对全年的各项收支进行全面检查，确保决算报表的完整性和真实性。（三）与银行核对存款余额。（四）清点现金并与账面余额进行核对。（五）按照《中国金融工会固定资产管理暂行办法》的要求，对本单位工会的固定资产进行盘点清查，做到账实相符。（六）清理核对往来科目和代管经费科目。（七）认真核对总账和明细账，必须达到账账余额相符。

4. 未编制决算报告或编制不全。

如：未编制工会经费收支决算表、决算说明。

审计依据：《金融系统工会预算管理办法》（金工发〔2020〕8号）第四十五条 金融系统各级工会应在每一预算年度终了后，按照全国总工会、中国金融工会的有关规定编制本级工会收支决算草案和汇总下一级工会收支决算。

《金融系统工会决算报告制度》（金工财〔2020〕5号）第十七条 金融系统各级工会应当在全面清理收入、支出、资产、负债以及年终结账的基础上编制工会决算报告，做到数字真实准确、内容完整。 第四条 工会决算报告主要包括：决算报表和报表填报情况说明。 第六条 报表填报说明包括：决算报告说明以及对重要指标的分析。报表说明包括：单位基本情况、数据审核情况、年度主要收支指标增减变动情况以及因重大事项或特殊事项影响决算数据的说明。重要指标分析是对决算报表中的部分重要指标进行分析比较，揭示预算执行、会计核算和财务管理等方面的情况和问题。

5. 篡改财务报表。

审计依据：《金融系统工会财务会计管理规范实施细则》（金工发〔2014〕14号）第三十九条 任何人不得篡改或者授意、指使、强令他人篡改财务报告的有关数字。

6. 未对下级工会年度财务报表进行审核、核批、汇总。

审计依据：《工会会计制度》（财会〔2021〕7号）第六十三条 工会要负责对所属单位财务报表和下级工会报送的年度财务报表进行审核、核批和汇总工作，定期向本级工会领导和上级工会报告本级工会预算执行情况。

第四节 违反会计档案管理规定

一、未按规定整理归档会计档案

审计依据：《会计档案管理办法》（财政部 国家档案局令第79号）第六条 下列会计资料应当进行归档：（一）会计凭证，包括原始凭证、记账凭证；（二）会计账簿，包括总账、明细账、日记账、固定资产卡片及其他辅助性账簿；（三）财务会计报告，包括月度、季度、半年度、年度财务会计报告；（四）其他会计资料，包括银行存款余额调节表、银行对账单、纳税申报表、会计档案移交清册、会计档案保管清册、会计档案销毁清册、会计档案鉴定意见书及其他具有保存价值的会计资料。

《工会财务会计管理规范》（总工办发〔2013〕20号）第三十九条 会计凭证、会计账簿、会计报表和其它会计资料按照国家有关规定，定期整理归档，妥善保管，设立和销毁符合规定手续。

《金融系统工会财务会计管理规范实施细则》(金工发〔2014〕14号)第五十六条 各级工会要建立会计档案管理制度，做到专人管理、专柜存放、有序排列、方便查找，保证会计档案妥善保管、有序存放、方便查阅，严防毁损、散失和泄密。工会会计软件一经正式运行，系统中产生的全部资料均属于会计档案。

二、未按规定保管会计档案

1. **出纳人员保管会计档案。**

审计依据：《会计档案管理办法》(财政部 国家档案局令第79号)第十一条第二款 ……出纳人员不得兼管会计档案。

2. **未按规定利用会计档案。**

审计依据：《会计档案管理办法》(财政部 国家档案局令第79号)第十三条 单位应当严格按照相关制度利用会计档案，在进行会计档案查阅、复制、借出时履行登记手续，严禁篡改和损坏。单位保存的会计档案一般不得对外借出。确因工作需要且根据国家有关规定必须借出的，应当严格按照规定办理相关手续。会计档案借用单位应当妥善保管和利用借入的会计档案，确保借入会计档案的安全完整，并在规定时间内归还。

3. **违反会计档案保管期限规定。**

审计依据：《会计档案管理办法》(财政部 国家档案局令第79号)第十五条第一款 各类会计档案的保管期限原则上应当按照本办法附表执行，本办法规定的会计档案保管期限为最低保管期限。

附表1　　　　企业和其他组织会计档案保管期限表

序号	档案名称	保管期限	备注
一	会计凭证		
1	原始凭证	30年	
2	记账凭证	30年	
二	会计账簿		
3	总账	30年	
4	明细账	30年	
5	日记账	30年	
6	固定资产卡片		固定资产报废清理后保管5年
7	其他辅助性账簿	30年	
三	财务会计报告		
8	月度、季度、半年度财务会计报告	10年	
9	年度财务会计报告	永久	
四	其他会计资料		
10	银行存款余额调节表	10年	
11	银行对账单	10年	
12	纳税申报表	10年	
13	会计档案移交清册	30年	
14	会计档案保管清册	永久	
15	会计档案销毁清册	永久	
16	会计档案鉴定意见书	永久	

三、违规销毁会计档案

1. 擅自销毁尚在保管期限内的会计档案。

审计依据：同上条。

2. 未按规定对已到保管期限的会计档案进行鉴定。

审计依据：《会计档案管理办法》（财政部　国家档案局令第 79 号）第十六条　单位应当定期对已到保管期限的会计档案进行鉴定，并形成会计档案鉴定意见书。经鉴定，仍需继续保存的会计档案，应当重新划定保管期限；对保管期满，确无保存价值的会计档案，可以销毁。

3. 未按规定程序销毁会计档案。

审计依据：《会计档案管理办法》（财政部　国家档案局令第 79 号）第十八条　经鉴定可以销毁的会计档案，应当按照以下程序销毁：（一）单位档案管理机构编制会计档案销毁清册，列明拟销毁会计档案的名称、卷号、册数、起止年度、档案编号、应保管期限、已保管期限和销毁时间等内容。（二）单位负责人、档案管理机构负责人、会计管理机构负责人、档案管理机构经办人、会计管理机构经办人在会计档案销毁清册上签署意见。（三）单位档案管理机构负责组织会计档案销毁工作，并与会计管理机构共同派员监销。监销人在会计档案销毁前，应当按照会计档案销毁清册所列内容进行清点核对；在会计档案销毁后，应当在会计档案销毁清册上签名或盖章。电子会计档案的销毁还应当符合国家有关电子档案的规定，并由单位档案管理机构、会计管理机构和信息系统管理机构共同派员监销。

4. 擅自销毁保管期满但未结清的债权债务会计凭证和涉及其他未了事项的会计凭证。

审计依据：《会计档案管理办法》（财政部　国家档案局令第 79 号）第十九条　保管期满但未结清的债权债务会计凭证和涉及其他未了事项的会计凭证不得销毁，纸质会计档案应当单独抽出立卷，电子会计档案单独转存，保管到未了事项完结时为止。单独抽出立卷或转存的会计档案，应当在会计档案鉴定意见书、会计档案销毁清册和会计档案保管清册中列明。

第五章

预算管理方面的主要风险点

第一节　违反预算编制与审批管理规定

一、未编制年度收支预算

审计依据：《中国工会章程》第四十条　各级工会委员会按照规定编制和审批预算、决算，定期向会员大会或者会员代表大会和上一级工会委员会报告经费收支和资产管理情况，接受上级和同级工会经费审查委员会审查监督。

《工会预算管理办法》（总工办发〔2019〕26号）第二十五条　各级工会、各预算单位按照本办法规定的收支范围，依法、真实、完整、合理地编制年度收支预算。

《基层工会预算管理办法》（总工办发〔2020〕29号）第四条　基层工会应当根据统筹兼顾、勤俭节约、量力而行、讲求绩效和收支平衡的原则，统筹组织各项收入，合理安排各项支出，科学编制年度收支预算。

二、未按工会预算原则编制预算

1. 预算编制范围和项目不全面，各项收支未全部纳入预算。

审计依据：《工会预算管理办法》（总工办发〔2019〕26号）第十八条　预算由预算收入和预算支出组成。工会及所属预算单位的全部收入和支出都应当纳入预算。

《基层工会预算管理办法》（总工办发〔2020〕29号）第七条　基层工会预算由预算收入和预算支出组成。基层工会的全部收入和支出都应当纳入预算。

2. 存在虚假预算、虚构预算现象。

审计依据：《工会预算管理办法》（总工办发〔2019〕26号）第二十五条 各级工会、各预算单位按照本办法规定的收支范围，依法、真实、完整、合理地编制年度收支预算。

《基层工会预算管理办法》（总工办发〔2020〕29号）第四条 基层工会应当根据统筹兼顾、勤俭节约、量力而行、讲求绩效和收支平衡的原则，统筹组织各项收入，合理安排各项支出，科学编制年度收支预算。

3. 预算编制依据不合理。

如：预算编制未参考上一年预算执行情况、存量资产情况和绩效评价结果的要求编制。

审计依据：《工会预算管理办法》（总工办发〔2019〕26号）第二十四条 各级工会、各预算单位应当围绕党和国家工作大局，紧扣工会中心工作，参照国务院财政部门制定的政府收支分类科目、预算支出标准和预算绩效管理的规定，根据跨年度预算平衡的原则，参考上一年预算执行情况、存量资产情况和有关支出绩效评价结果，编制预算草案。

《基层工会预算管理办法》（总工办发〔2020〕29号）第十二条 基层工会应按照上级工会规定的经费开支标准，科学测算完成工作计划的资金需求，统筹落实各项收入，准确编制工会经费年度预算。

4. 预算编制未经充分论证和研究，基础数据和预算支出标准不明确。

如：项目支出预算的培训费、会议费、活动餐费、奖励费等有关支出标准不符合规定；基本支出预算未明确参照同级政府有关部门或同级行政的制度规定，也无明确的支出标准和人员编制核定等依据。基层工会的会员会费收入、拨缴经费收入预算标准不符合规定；对外投资收益、上级补助收入预算无依据。

审计依据：《工会预算管理办法》（总工办发〔2019〕26号）第

二十四条 各级工会、各预算单位应当围绕党和国家工作大局，紧扣工会中心工作，参照国务院财政部门制定的政府收支分类科目、预算支出标准和预算绩效管理的规定，根据跨年度预算平衡的原则，参考上一年预算执行情况、存量资产情况和有关支出绩效评价结果，编制预算草案。

《基层工会预算管理办法》（总工办发〔2020〕29号）第十三条 基层工会应根据本单位实有会员全年工资收入和全国总工会确定的缴交比例，计算会费收入，编制会费收入预算。 第十四条 基层工会应根据本单位全部职工工资总额的2%计算拨缴工会经费总额。其中：属于基层工会分成的拨缴经费列入本单位拨缴经费收入预算；属于应上缴上级工会的拨缴经费不纳入基层工会预算管理。 第十五条 基层工会应将对外投资收益、所属独立核算的企事业单位上缴的收入、非独立核算的企事业单位的各项收入和其他收入纳入预算管理。其中：对外投资收益和所属独立核算的企事业单位上缴的收入以双方协议约定金额为预算数。 第十六条 基层工会应根据上级工会确定的专项工作，参考上年经费补助标准，编列上级工会补助收入预算。

5. 预算材料不齐全。

如：未附文字说明或说明不清楚、不详尽，相关补充材料缺失等。

审计依据：《金融系统工会财务会计管理规范实施细则》（金工发〔2014〕14号）第二十条 预算报表要按规定的格式进行填报，封皮要素齐全，装订要整齐，对各项收支有详细说明。

《工会预算审查监督办法》（工审会发〔2016〕4号）第六条 预算草案审查程序：（二）……书面材料包括：预算草案、预算草案编制说明及有关明细资料。

6. 未将对下级工会的转移支付预计数提前下达下级工会，或未将上级工会提前下达的转移支付预计数编入本级预算。

审计依据：《金融系统工会预算管理办法》（金工发〔2020〕8号）第二十八条 ……金融系统基层以上各级工会应当将对下级工会的转移支付预计数提前下达下级工会。各级工会应当将上级工会提前下达的转移支付预计数编入本级预算。

7. 基层工会未按规定优先动用以前年度结余资金弥补当年收支缺口。

审计依据：《基层工会预算管理办法》（总工办发〔2020〕29号）第十七条 基层工会在会费收入、拨缴经费收入、上级工会补助收入、附属单位上缴收入、投资收益和其他收入等当年预算收入不能满足完成全年工作任务资金需求的情况下，应优先动用以前年度结余资金进行弥补。结余资金不足的，可向单位申请行政补助，编列基层工会行政补助收入预算。

8. 基层工会编制赤字预算。

审计依据：《基层工会预算管理办法》（总工办发〔2020〕29号）第十八条 基层工会不得编制赤字预算。

三、未按预算支出编制原则编制预算

1. 预算支出的编制未能紧扣工会中心工作，未把资金重点安排在维护职工权益、为职工服务和工会活动等方面。

审计依据：《金融系统工会预算管理办法》（金工发〔2020〕8号）第二十四条 金融系统各级工会支出预算的编制，应当贯彻勤俭节约的原则，优化经费支出结构，保障日常运行经费，从严控制"三公"经费和一般行政性支出，重点支持维护职工权益、为职工服务和工会活动等工会重点工作。

2. 工会办公和活动场所、设施的预算支出编制依据不足。

如：某单位以行政经费不足为由，拟用工会经费将行政提供的房屋改建为职工之家活动场所，工会编制预算时，未能提供行政出具的与事实相符理由充分的经费不足情况说明、工会集体研究决策的会议纪要、与行政协商形成的书面备忘文件等相关依据。

审计依据：《金融系统基层工会经费收支管理实施办法》（金工发〔2018〕3号）第十四条 根据《中华人民共和国工会法》的有关规定，基层工会专职工作人员的工资、奖励、补贴由所在单位承担，基层工会办公和开展活动必要的设施和活动场所等物质条件由所在单位提供。所在单位保障不足且基层工会经费预算足以保证的前提下，可以用工会经费适当弥补。具体弥补办法要与行政协商后形成书面备忘文件。

3. 项目支出预算有定额标准的，编制时未列出定额标准及计算公式。

如：培训、会议、文体活动等项目支出预算涉及课酬、食宿费、服装费、奖励费等有明确预算定额标准的，编制预算时未按规定列示定额标准及计算公式。

审计依据：《关于做好金融系统工会2023年度经费收支预算的通知》（金工财〔2023〕3号）附件2《2023年度工会经费收支预算表填报说明》一、总体要求 ……4. 预算表中"说明"栏内应将编制依据简要填列，有预算定额标准的项目，要列出定额标准及计算公式，以便审核。

4. 连续两年未用完的项目支出，未作为结余资金处理，未按照原预算渠道收回。

审计依据：《关于加强和改善金融系统工会结转结余资金使用管理的通知》（金工财〔2020〕4号）五、……年度预算执行结束时，尚未列支的基本支出结转下年继续使用。项目实施周期内，年度预算执行结束时，已批复的预算资金尚未列支的部分，作为结转资金管理，结转下年按原用途继续使用；连续两年未用完的项目支出，作为结余资金处理，按照原预算渠道收回。

5. 支出预算的编制未按基本支出、项目支出进行分类。

如：某基层以上工会将基本支出中的"50602 商品和服务支出"科目列入项目支出预算中。

审计依据：《金融系统工会预算管理办法》（金工发〔2020〕8号）第二十五条 支出预算的编制按基本支出、项目支出进行分类。基本支出是预算单位为保障其正常运转、完成日常工作任务而编制的年度基本支出计划，按其性质分为人员经费和日常公用经费。基本支出之外为完成特定任务和事业发展目标所发生的支出为项目支出。

四、违反对外举债的管理规定

审计依据：《金融系统工会预算管理办法》（金工发〔2020〕8号）第二十七条 ……金融系统各级工会不得对外举债。

五、未编制年度采购预算

审计依据：《金融系统工会预算管理办法》（金工发〔2020〕8号）第三十条 金融系统各级工会、各预算单位编制预算时，应根据政府采购或工会资金采购的相关规定，编制年度采购预算。

六、违规设置预备费

1. 基层工会设置预备费。
2. 基层以上工会预备费设置不符合相关规定。

审计依据：《金融系统工会预算管理办法》（金工发〔2020〕8号）第三十一条 金融系统基层以上各级工会可以按照本级预算支出额的百分之一至百分之三设置预备费，用于当年预算执行中因处理突发事件、政策性增支及其他难以预见的开支。

七、预算草案未履行审查审批备案程序，或审查审批备案程序不符合规定

1. 预算草案未经本级工会经费审查委员会审查通过。
2. 预算草案未经本级工会（工作）委员会审议通过。
3. 预算草案未按规定报上一级工会审批或备案。
4. 预算草案先由本级工会委员会审批，再经同级经审会审查。

审计依据：《金融系统工会预算管理办法》（金工发〔2020〕8号）第十二条 中国金融工会的职权：……（二）编制中国金融工会本级预（决）算草案，经中国金融工会经费审查委员会审查，审查通过后提交中国金融工会主席办公会议审议，审议通过后报全国总工会备案；…… 第十三条 总行（会、司）工会的职权：……（二）编制总行（会、司）工会本级预（决）算草案，经本级经费审查委员会、本级工会（工作）委员会审查、审议通过后报中国金融工会备案；…… 第十四条 省级金融工会的职权：（一）编制省级金融工会本级预（决）算草案，经本级经费审查委员会、本级工会（工作）委员会审查、审议通过后报中国金融工会备案；…… 第十五条 总行（会、司）工会以下、基层以上各级工会的职权：……（二）编制本级工会预（决）

算草案，经本级经费审查委员会、本级工会（工作）委员会审查、审议通过后报上级工会审批或备案；……　第十六条　基层工会的职责：（一）负责编制本级工会预（决）算草案和预算调整方案，经本级经费审查委员会审查后，由本级工会（工作）委员会审批，报上级工会审批或备案；……

八、未汇总辖内各级工会总预算报上一级工会

审计依据：《金融系统工会预算管理办法》（金工发〔2020〕8号）第二十条　金融系统各级工会应根据中国金融工会当年预算编制的有关要求，结合实际情况进行部署，编制本级预算，汇总下一级工会总预算，按规定时限报上一级工会。

九、未按规定时间上报预算

审计依据：根据上级工会当年通知要求。如：中国金融工会《关于做好金融系统工会2021年度经费收支预算的通知》（金工办发〔2021〕2号）要求各单位于2021年3月10日前在预决算申报系统填报预算（含项目补助申请），并上传正式文件报金融工会备案，各级工会总预算于2021年4月10日前完成汇总。

十、未根据上一级工会意见修订调整不符合要求的预算

审计依据：《金融系统工会预算管理办法》（金工发〔2020〕8号）第三十三条　上一级工会认为下一级工会预算与法律法规、上级工会预算编制要求不符的，有权提出修订意见，下级工会应予调整。

《工会预算管理办法》（总工办发〔2019〕26号）第四十条　上一级

工会认为下一级工会预算与法律法规、上级工会预算编制要求不符的，有权提出修订意见，下级工会应予调整。

《基层工会预算管理办法》（总工办发〔2020〕29号）第二十条 上一级工会认为基层工会预算与法律法规、上级工会预算编制要求不符的，有权提出修订意见，基层工会应予调整。

第二节 违反预算执行与调整管理规定

一、预算执行管理不到位

1. 无预算使用工会经费。

如：某工会组织开展全民健身活动列支了相关经费，但年初无计划无预算，年中也未做追加项目或预算调整。

审计依据：《金融系统基层工会经费收支管理实施办法》（金工发〔2018〕3号）第十六条 ……严禁无预算、超预算使用工会经费。

《基层工会预算管理办法》（总工办发〔2020〕29号）第二十一条 经批准的预算是基层工会预算执行的依据。基层工会不得无预算、超预算列支各项支出。

2. 超预算使用工会经费。

如：某工会组织开展职工体育运动会，实际支出超出年初预算，且未做预算调整。

审计依据：《金融系统基层工会经费收支管理实施办法》（金工发〔2018〕3号）第十六条 ……严禁无预算、超预算使用工会经费。

《基层工会预算管理办法》（总工办发〔2020〕29号）第二十一

条 经批准的预算是基层工会预算执行的依据。基层工会不得无预算、超预算列支各项支出。

3. 预算执行率低。

审计依据：《工会预算管理办法》（总工办发〔2019〕26 号）第四十六条 县级以上工会必须根据国家法律法规和全国总工会的相关规定，及时、足额拨付预算资金，加强对预算支出的管理和监督。……

《基层工会预算管理办法》（总工办发〔2020〕29 号）第二十二条 基层工会应根据经批准的年度支出预算和年度工作任务安排，合理安排支出进度，严格预算资金使用。

二、未按批准的预算执行各项收支

1. 未按规定合理安排支出进度。

审计依据：《基层工会预算管理办法》（总工办发〔2020〕29 号）第二十二条 基层工会应根据经批准的年度支出预算和年度工作任务安排，合理安排支出进度，严格预算资金使用。

2. 未按规定比例及时、足额收缴工会经费。

审计依据：《金融系统工会预算管理办法》（金工发〔2020〕8 号）第三十六条 金融系统各级工会应按照年度预算积极组织收入。按照规定的比例及时、足额拨缴工会经费，不得截留、挪用。

3. 擅自扩大支出范围，提高支出标准。

审计依据：《金融系统工会预算管理办法》（金工发〔2020〕8 号）第三十九条 ……各预算单位的支出必须按照预算执行，不得擅自扩大支出范围，提高开支标准，不得擅自改变预算资金用途，不得虚假列支。

4. 虚列收入和支出。

如：虚列支出，将剩余专项资金转至往来科目，留待次年使用。

审计依据：《金融系统工会预算管理办法》（金工发〔2020〕8号）第三十九条 ……各预算单位的支出必须按照预算执行，不得擅自扩大支出范围，提高开支标准，不得擅自改变预算资金用途，不得虚假列支。第五十五条 金融系统各级工会、各预算单位有下列行为之一的，责令改正；对负有直接责任的主管人员和其他直接责任人员追究行政责任。……（二）虚列收入和支出的；……

5. 擅自改变预算资金用途。

审计依据：《金融系统工会预算管理办法》（金工发〔2020〕8号）第三十九条 ……各预算单位的支出必须按照预算执行，不得擅自扩大支出范围，提高开支标准，不得擅自改变预算资金用途，不得虚假列支。

6. 虚报、冒领预算资金。

如：某工会以虚报预算项目和虚开发票的方式，冒领预算资金，用于发放工会办事人员的过节费、考核奖等。

审计依据：《金融系统工会预算管理办法》（金工发〔2020〕8号）第五十六条 金融系统各级工会、各预算单位及其工作人员存在下列行为之一的，责令改正；追回骗取、使用的资金；有违法所得的没收违法所得，对单位给予警告或者通报批评；对负有直接责任的主管人员和其他直接责任人员依法给予处分：（一）虚报、冒领预算资金的。……

7. 动用预备费未履行集体决策程序。

审计依据：《金融系统工会预算管理办法》（金工发〔2020〕8号）第四十条 当年预算执行中，金融系统基层以上工会因处理突发事件、政策性增支及其他难以预见的开支，需要增加预算支出的，可以由本级工会财务管理部门提出预备费的动用方案，报本级工会集体研究决定。

8. 预算支出未按预算科目执行，随意调剂项目间的预算资金。

审计依据：《金融系统工会预算管理办法》（金工发〔2020〕8号）第四十二条 金融系统各级工会、各预算单位的预算支出应当按照预算科目执行，严格控制不同预算科目、预算级次或项目间的预算资金调剂。确需调剂使用的，按照有关规定办理。

三、预算批准前未经集体研究决定提前使用预算资金

如：某基层工会在本年预算未批准前，仅通过签报形式请示了工会负责人或分管工会的行政领导，即列支了元旦、春节期间开展送温暖活动、举办新年联欢及发放会员节日慰问品等资金。

审计依据：《金融系统工会预算管理办法》（金工发〔2020〕8号）第三十七条 预算批准前，上一年结转的项目支出和必要的基本支出可以提前使用。送温暖支出、突发事件支出和本级工会已确定年度重点工作支出等需提前使用的，必须经集体研究决定。预算批准后，按照批准的预算执行。

四、预算调整不符合规定

1. 规定事项发生时，未编制预算调整方案。

审计依据：《金融系统工会预算管理办法》（金工发〔2020〕8号）第四十一条 金融系统各级工会预算一经批准，原则上不作调整。下列事项应当进行预算调整且只能调整一次：（一）需要增加或减少预算总支出的；（二）动用预备费仍不足以安排支出的；（三）需要调减预算安排的重点支出数额的；（四）动用预算稳定调节基金的。

2. 预算调整未按规定履行审批程序。

审计依据：《金融系统工会预算管理办法》（金工发〔2020〕8号）第四十一条 ……预算调整的程序按照预算编制的审批程序执行。

《工会预算管理办法》（总工办发〔2019〕26号）第四十八条 ……预算调整的程序按照预算编制的审批程序执行。……

《基层工会预算管理办法》（总工办发〔2020〕29号）第二十三条 基层工会预算一经批准，原则上不得随意调整。确因工作需要调整预算的，需详细说明调整原因、预算资金来源等，经必要的程序审查、批准后报上级工会备案。……

提示：《工会预算管理办法》（总工办发〔2019〕26号）第四十八条 ……在预算执行中，各级工会因上级工会和同级财政增加不需要本级工会提供配套资金的补助而引起的预算收支变化，不属于预算调整。

《基层工会预算管理办法》（总工办发〔2020〕29号）第二十三条 ……因上级工会增加不需要本工会配套资金的补助而引起的预算收支变化，不需要履行预算调整程序。 第二十四条 基层工会在预算执行过程中，对原实施方案进行调整优化，导致支出内容调整但不改变原预算总额的，不属于预算调整，不需要履行预算调整程序。

五、未经批准办理超预算、超计划的支出

审计依据：《金融系统工会预算管理办法》（金工发〔2020〕8号）第三十八条 金融系统各级工会应根据年度预算和用款计划安排支出。未经批准，不得办理超预算、超计划的支出。

六、未按规定设置和使用预算稳定调节基金

1. 基层以上工会未按规定设置和使用预算稳定调节基金。
2. 基层以上预算稳定调节基金变化情况未在决算说明中反映。
3. 基层工会设置了预算稳定调节基金。

审计依据：《工会预算稳定调节基金管理暂行办法》（总工办发〔2020〕28号）第二条 本办法所称工会预算稳定调节基金，是指县级以上工会为平衡年度预算设置的储备性资金。 第四条 县级以上工会拨缴经费收入预算的超收收入，应全部用于设置和补充预算稳定调节基金。

《金融系统工会预算管理办法》（金工发〔2020〕8号）第四十三条 金融系统基层以上各级工会在预算执行中有超收收入的，只能用于补充预算稳定调节基金。如在预算年度中出现短收，应通过减少支出、调入预算稳定调节基金来解决。以上变化情况应在决算说明中进行反映。

七、年度内多次调整预算

审计依据：《金融系统工会预算管理办法》（金工发〔2020〕8号）第四十一条 金融系统各级工会预算一经批准，原则上不作调整。下列事项应当进行预算调整且只能调整一次：（一）需要增加或减少预算总支出；（二）动用预备费仍不足以安排支出的；（三）需要调减预算安排的重点支出数额的；（四）动用预算稳定调节基金的。预算调整的程序按照预算编制的审批程序执行。

八、未按规定时间调整预算

审计依据：《金融系统工会财务会计管理规范实施细则》（金工发

〔2014〕14号）第二十三条 ……各级工会预算调整时间原则上不得迟于三季度末。

九、基层以上工会未组织对工会项目预算实施绩效管理

如：本级项目支出或对下项目补助立项缺乏科学认证，无绩效目标，对支出结果缺乏绩效评价等。

审计依据：《工会预算管理办法》（总工办发〔2019〕26号）第五十一条 县级以上工会和具备条件的基层工会应全面实施预算绩效管理。

《中国金融工会关于全面实施预算绩效管理的实施意见》（金工财〔2020〕8号）二（一）3.对工会项目预算实施绩效管理。将金融系统基层以上工会所有项目全面纳入绩效管理，从数量、质量、效益等方面，综合衡量项目预算资金使用效果。对实施期超过一年的重大项目实行全周期跟踪问效，建立动态评价调整机制，绩效低下的项目要及时清理退出。

第三节　违反决算管理规定

一、未按规定编制年度决算

1. 未编制年度收支决算草案。

审计依据：《工会预算管理办法》（总工办发〔2019〕26号）第五十二条 各级工会应在每一预算年度终了后，按照全国总工会的有关规定编制本级工会收支决算草案和汇总下一级工会收支决算。……

《基层工会预算管理办法》（总工办发〔2020〕29号）第二十六

条 年度终了基层工会应按照真实、准确、完整、及时的原则，根据上级工会的要求，编制本单位年度收支决算。……

《金融系统工会决算报告制度》（金工财〔2020〕5号）第十七条 金融系统各级工会应当在全面清理收入、支出、资产、负债以及年终结账的基础上编制工会决算报告，做到数字真实准确、内容完整。

2. 决算编制未做到收支真实、数字准确、内容完整。

审计依据：《工会预算管理办法》（总工办发〔2019〕26号）第五十三条 编制决算草案，必须符合法律法规和相关制度规定，做到收支真实、数据准确、内容完整、报送及时。

《基层工会预算管理办法》（总工办发〔2020〕29号）第二十六条 年度终了基层工会应按照真实、准确、完整、及时的原则，根据上级工会的要求，编制本单位年度收支决算。……

3. 决算编制中涉及的表格、科目等不符合规定要求。

审计依据：根据上级工会当年通知要求。如中国金融工会《关于做好2021年度工会决算工作的通知》（金工财〔2022〕1号）附件1《2021年度工会经费收支决算表（本级）》。

4. 未编制决算报表填报情况说明或决算报表填报情况说明内容不全。

审计依据：《金融系统工会决算报告制度》（金工财〔2020〕5号）第四条 工会决算报告主要包括：决算报表和报表填报情况说明。 第六条 报表填报情况说明包括：决算报表说明以及对重要指标的分析。报表说明包括：单位基本情况、数据审核情况、年度主要收支指标增减变动情况以及因重大事项或特殊事项影响决算数据的说明。重要指标分析是对决算报表中部分重要指标进行分析比较，揭示预算执行、会计核算和财务管理等方面的情况和问题。

二、决算草案未履行审查审批（备案）程序，或审查审批程序不符合规定

1. 决算草案未经本级工会经费审查委员会审查通过。

2. 决算草案未经本级工会委员会（或常委会、主席办公会）审议通过。

3. 决算草案未报上一级工会审批或备案。

审计依据：《金融系统工会决算报告制度》（金工财〔2020〕5号）第七条 ……金融工会本级决算须经中国金融工会经费审查委员会审查通过，并经主席办公会讨论通过，决算汇总须上报全国总工会财务部。 第八条 各总行（会、司）工会财务管理部门负责编制本级决算报告，并按要求汇总本级和所属各级工会的决算报告，同时报中国金融工会财务部备案。各总行（会、司）工会财务管理部门负责审批本级和本级所属事业单位的决算，本级工会决算须经同级经费审查委员会审查通过，并经同级工会委员会（或常委会、主席办公会）讨论通过。 第九条 各省（区、市）金融工会财务管理部门负责编制本级决算报告，同时报中国金融工会财务部备案。本级工会决算须经同级工会委员会（或常委会、主席办公会）讨论通过。 第十条 基层以上工会财务管理部门负责编制本级决算报告，并按要求汇总本级和所属各级工会的决算报告，同时报上一级工会财务管理部门。基层以上工会财务管理部门负责审批本级和本级所属事业单位的决算，本级工会决算须经同级经费审查委员会审查通过，并经同级工会委员会（或常委会、主席办公会）讨论通过。

《金融系统工会预算管理办法》（金工发〔2020〕8号）第四十七条第二款 基层工会决算草案经本级经费审查委员会审查后，由本级工会（工作）委员会审批，并报上级工会审批或备案。

三、未汇总编报本级及以下各级工会决算

审计依据：《金融系统工会决算报告制度》（金工财〔2020〕5号）第十六条 年度终了，金融系统各级工会应当按照中国金融工会财务部的统一部署和要求，根据"统一领导，分级管理"原则自下而上逐级编制、报送、汇总工会决算报告。

四、未按规定时间报送本级决算

审计依据：根据上级工会当年通知要求。如中国金融工会财务部《关于做好2021年度工会决算工作的通知》（金工财〔2022〕1号）要求各会员单位应于2022年2月28日前将决算报表正式文件上传至"中国金融工会补助申请、预决算管理系统"完成本级决算报送工作、各省级金融工会于2022年1月28日前在该系统填报决算报表并上传正式文件。

五、未按规定时间报送汇总的决算报告

审计依据：《金融系统工会决算报告制度》（金工财〔2020〕5号）第十九条 基层以上工会财务管理部门汇总的决算报告，应当在上级工会财务部门规定的时间内报送。各总行（会、司）工会和各省（区、市）金融工会财务管理部门汇总的决算报告，应在次年3月15日之前上报中国金融工会财务部。

六、汇总的决算报告未抵销上下级之间对应的重复项目

审计依据：《金融系统工会决算报告制度》（金工财〔2020〕5号）

第十九条 基层以上工会汇总决算报告时，应抵销上下级之间、平级单位之间对应的重复项目。

七、未根据上一级工会意见修订调整不符合要求的决算

审计依据：《工会预算管理办法》（总工办发〔2019〕26号）第五十七条 上一级工会认为下一级工会决算与法律法规、上级工会决算编制要求不符的，有权提出修订意见，下级工会应予调整。

《基层工会预算管理办法》（总工办发〔2020〕29号）第二十八条 上一级工会认为基层工会决算与法律法规、上级工会决算编制要求不符的，有权提出修订意见，下级工会应予调整。……

八、未对决算报告资料进行妥善归档保管

审计依据：《工会决算报告制度》（总工办发〔2019〕15号）第二十七条 各级工会组织应该按照《会计档案管理办法》对决算报告资料进行归类整理、建档保存。

《基层工会预算管理办法》（总工办发〔2020〕29号）第二十八条 ……基层工会应严格执行会计档案管理的有关规定，加强预算、决算的档案管理。

第四节　违反预决算监督管理规定

一、工会财务管理部门未对本级所属单位和下级工会预（决）算进行审核和监督

审计依据：《金融系统工会预算管理办法》（金工发〔2020〕8号）第五十二条　金融系统各级工会财务管理部门按照相关规定，对本级所属单位及下一级工会预（决）算进行财务监督。

二、工会经审会未对本级和下级工会预算执行情况进行审计审查监督

审计依据：《工会预算管理办法》（总工办发〔2019〕26号）第六十条　各级工会的预（决）算接受同级工会经费审查委员会的审查审计监督。预算执行情况同时接受上一级工会经费审查委员会的审计监督。第六十一条　金融系统各级工会预（决）算情况依法接受政府审计部门的审计监督。

《基层工会预算管理办法》（总工办发〔2020〕29号）第三十条　基层工会经费收支预（决）算编制和预算执行情况应接受同级工会经费审查委员会审查审计监督，同时接受上级工会和上级工会经费审查委员会的审计监督，并依法接受国家审计监督。

《工会预算审查监督办法》（工审会发〔2016〕4号）第三条　……经审会对本级工会及预算拨款单位和下一级工会预算执行情况进行审计，并将审计情况作为审查监督的重要依据。

《中国工会审计条例》（总工发〔2023〕6号）第二十二条　经审会对本级工会预算执行情况要每年审计，对下一级工会预算执行情况的审计

至少在本届任期内全覆盖。

三、经审会审议预算结果未形成会议纪要或审查报告

审计依据：《工会预算审查监督办法》（工审会发〔2016〕4号）第四条 经审会依照法律、法规和工会有关规定履行审查监督职能。对预算进行审议、评价，做出审查决议，并在会议后形成会议纪要或审查报告，责成有关部门、单位落实。

四、预决算未在规定范围内公开

审计依据：《金融系统工会预算管理办法》（金工发〔2020〕8号）第五十七条 金融系统基层以上工会预（决）算应在工会内部公开，经单位批准可向社会公开。基层工会预（决）算应向全体工会会员公开。涉密事项的预（决）算不得公开。

《工会预算管理办法》（总工办发〔2019〕26号）第六十四条 县级以上工会预（决）算应在工会内部公开，经单位批准可向社会公开。基层工会预（决）算应向全体工会会员公开。涉密事项的预（决）算不得公开。

《基层工会预算管理办法》（总工办发〔2020〕29号）第三十一条 基层工会预（决）算应向全体工会会员公开。

五、工会有以下违规行为之一的，未责令改正，也未对负有直接责任的主管人员和其他直接责任人员追究行政责任

1. 未按《工会预算管理办法》的规定编报本级预（决）算草案、预算调整方案和批复预（决）算的。
2. 虚列收入和支出的。

3. 截留、挪用、拖欠拨缴经费收入的。

4. 未经批准改变预算支出用途的。

审计依据：《金融系统工会预算管理办法》（金工发〔2020〕8号）第五十五条 金融系统各级工会、各预算单位有下列行为之一的，责令改正，对负有直接责任的主管人员和其他直接责任人员追究行政责任。（一）未按本办法规定编报本级预（决）算草案、预算调整方案和批复预（决）算的；（二）虚列收入和支出的；（三）截留、挪用、拖欠拨缴经费收入的；（四）未经批准改变预算支出用途的。

六、工会有以下违规行为之一的，未责令改正，未对骗取资金予以追回，未没收违法所得，也未对负有直接责任的主管人员和其他直接责任人员依法给予处分

1. 虚报、冒领预算资金的。

2. 违反规定扩大开支范围、提高开支标准的。

审计依据：《金融系统工会预算管理办法》（金工发〔2020〕8号）第五十六条 金融系统各级工会、各预算单位及其工作人员存在下列行为之一的，责令改正；追回骗取、使用的资金；有违法所得的没收违法所得，对单位给予警告或者通报批评；对负有直接责任的主管人员和其他直接责任人员依法给予处分：（一）虚报、冒领预算资金的。（二）违反规定扩大开支范围、提高开支标准的。

第六章

收入管理方面的主要风险点

第一节　未及时足额收缴各项收入

一、基层工会未按规定收缴会员会费

1. 未收缴工会全体会员会费。

如：一是未收取会员会费。二是当年会费未及时入账。三是交纳会费的会员实际人数少于应缴人数。

审计依据：《基层工会经费收支管理办法》（总工办发〔2017〕32号）第五条　基层工会应加强对各项经费收入的管理。要按照会员工资收入和规定的比例，按时收取全部会员应交的会费。……

《金融系统基层工会经费收支管理实施办法》（金工发〔2018〕3号）第五条　基层工会应加强对各项经费收入的管理。要按照"缴纳会费是会员应尽的义务"的要求，建立会费收缴管理制度，按照会员工资收入和规定的比例，按时收取全部会员应交的会费。　第二十三条（一）4. 严禁不收或少收工会会员会费。

2. 未按规定比例收缴会员会费。

如：收缴会费的标准高于或低于本人基本工资（不含奖金、津贴、稿费等）的5‰。

审计依据：《金融系统基层工会经费收支管理实施办法》（金工发〔2018〕3号）第四条（一）会费收入。会费收入是指工会会员依照全国总工会规定，按本人工资收入的5‰向所在基层工会缴纳的会费。工资收入包括：机关工会会员（不含工人）的职务工资、级别工资、基础工资、工龄工资；事业单位工会会员的职务工资、等级工资；机关事业单位工会会员的岗位工资、等级工资；企业工会会员作为工资发给的，应计算交纳会费，作为津贴奖金发给的，不计算交纳会费。会员工资收入合计尾数不足10元部分和各种津贴、补贴、奖金等收入，均不计算交纳会费。 第二十三条（一）4. 严禁不收或少收工会会员会费。

3. 未按规定由会员本人缴纳会费，而是由单位出资代其缴纳。

审计依据：《金融系统基层工会经费收支管理实施办法》（金工发〔2018〕3号）第五条第二款 要按照"缴纳会费是会员应尽的义务"的要求，建立会费收缴管理制度，按照会员工资收入和规定的比例，按时收取全部会员应交的会费。

二、未及时足额计提拨缴工会经费

1. 未足额计拨工会经费。

如：一是单位行政未将全部职工工资总额纳入拨缴工会经费计提基数。二是计拨比例高于或低于2%。

审计依据：《工会法》第四十三条 工会经费的来源：……（二）建立工会组织的用人单位按每月全部职工工资总额的百分之二向工会拨缴的经费。

《金融系统基层工会经费收支管理实施办法》（金工发〔2018〕3号）第二十三条（一）1. 严禁不按照工资总额的2%比例计提或少提工会经费。

2. 未按经费分成比例规定足额收缴下级工会经费。

审计依据：《中国金融工会经费管理办法》（金工发〔2000〕3号）三、工会经费留成比例。基层工会在收到行政按每月全部职工工资总额的2%拨交的工会经费后，自留60%，并向所在地总工会上解10%，其余30%上解地、市行（司）工会。地、市行（司）工会自留5%，其余25%上解省、自治区、直辖市行（司）工会。省、自治区、直辖市行（司）工会自留10%，并负责向省总工会上解5%，其余10%上解给各总行（司）工会。各总行（司）工会自留 2%，其余 8% 上解中国金融工会。中国金融工会自留 3%，向全国总工会财务部上解 5%。

三、未成立工会的单位未向上级工会拨缴建会筹备金

《中华全国总工会办公厅关于规范建会筹备金收缴管理的通知》（厅字〔2021〕20 号）一、……自上级工会批准筹建工会的次月起，筹建单位每月按全部职工工资总额的 2% 向上级工会拨缴建会筹备金。

四、上级工会在批准筹建单位成立工会前，将筹建单位交来的建会筹备金按比例分成

审计依据：《中华全国总工会办公厅关于规范建会筹备金收缴管理的通知》（厅字〔2021〕20 号）第二条 ……上级工会批准筹建单位成立工会之前，上级工会收取的建会筹备金不得按比例分成。

五、基层以上工会未将拨缴经费收入预算的超收收入全部用于设置和补充预算稳定调节基金

审计依据：《工会预算稳定调节基金管理暂行办法》（总工办发〔2020〕28 号）第四条 县级以上工会拨缴经费收入预算的超收收入，应全部用于设置和补充预算稳定调节基金。 第五条 政府补助收入预算不得设置预算稳定调节基金。

六、未将其他收入及时足额入账

如：工会取得的资产盘盈、固定资产处置净收入、接受捐赠收入、

银行存款利息收入等,未及时足额计收或未及时进行账务处理。

审计依据:《工会会计制度》(财会〔2021〕7号)第五十七条 工会各项收入应当按照实际发生额入账。

第二节　违反收入管理规定

一、将与工会无关的经费以行政补助名义纳入工会经费账户管理

审计依据:《金融系统基层工会经费收支管理实施办法》(金工发〔2018〕3号)第五条第四款 要统筹安排行政补助收入,按照预算确定的用途开支。不得将与工会无关的经费以行政补助名义纳入工会经费账户管理。

二、未按规定将各项收入全额入账,以现金或其他方式存放形成"小金库"

如:会费收入、上级工会给予的补助款项、单位行政拨付的补助收入、对外投资所产生的收益、捐赠收入、处置固定资产取得的净收入等未按对应科目全额入账,形成"小金库"。

审计依据:《工会会计制度》(财会〔2021〕7号)第五十七条 工会各项收入应当按照实际发生额入账。

《金融系统基层工会经费收支管理实施办法》(金工发〔2018〕3号)第二十三条(一)2. 严禁将应计入收入的经费在往来科目核算,形成"小金库"。

第三节 收入类科目使用不准确

一、会费收入核算不准确

如：收到会员缴纳的会费未记入"会费收入"科目。

审计依据：《工会会计制度》（财会〔2021〕7号）第401号科目 会费收入 一、本科目核算基层工会会员依照规定向工会组织缴纳的会费。

二、拨缴经费收入核算不准确

1. 属于本级工会收缴的经费未记入"拨缴经费收入"科目。
2. 应缴上级工会的经费未记入"应付上级经费"科目。
3. 将行政补助收入记入"拨缴经费收入"科目。

审计依据：《工会会计制度》（财会〔2021〕7号）第402号科目 拨缴经费收入 一、本科目核算基层单位行政拨缴、下级工会按规定上缴及上级工会按规定转拨的工会拨缴经费中归属于本级工会的经费。 第211号科目 应付上级经费 一、本科目核算工会按规定应上缴的工会拨缴经费。 第405号科目 行政补助收入 一、本科目核算基层工会取得的所在单位行政方面按照工会法和国家的有关规定给予工会的补助款项，包括工会收到行政拨付的劳动竞赛经费、工会开展活动的费用补助等，不包括行政方面按规定向工会拨缴的工会经费。

三、上级补助收入核算不准确

1. 上级工会对本级工会的项目补助未记入"上级补助收入"科目。
如：将上级工会补助记入"其他应付款"科目。

审计依据：《工会会计制度》（财会〔2021〕7号）第403号科目 上级补助收入 一、本科目核算本级工会收到的上级工会补助的款项。 第215号科目 其他应付款 一、本科目核算工会除应付上下级经费之外的其他应付及暂存款项，包括工会按规定收取的下级工会的建会筹备金、应支付的税金等。

2. 上级工会委托本级工会代发的慰问款或奖金，未记入"其他应付款"科目。

如：将上级工会划来的委托本级工会代发的元旦春节"送温暖"活动慰问款记入了"上级补助收入—专项转移支付补助"科目。

审计依据：《工会会计制度》（财会〔2021〕7号）第215号科目 其他应付款 一、本科目核算工会除应付上下级经费之外的其他应付及暂存款项，包括工会按规定收取的下级工会的建会筹备金、应支付的税金等。 40302专项转移支付补助：核算上级工会拨付的指定专门用途的项目补助，包括帮扶困难职工的补助、用于开展向困难职工和家庭送温暖活动的补助、救灾补助等。

四、行政补助收入核算不准确

如：将单位行政划来的，应记入"拨缴经费收入"或"代管经费"等科目的款项记入了"行政补助收入""其他应付款"等科目；收到所在单位行政给予工会的补助款项，未记入"行政补助收入"科目。

审计依据：《工会会计制度》（财会〔2021〕7号）第402号科目 拨缴经费收入 一、本科目核算基层单位行政拨缴、下级工会按规定上缴及上级工会按规定转拨的工会经费中归属于本级工会的经费。 第221号科目 代管经费 一、本科目核算其他组织委托工会代管的有指定用途的、不属于工会收入的资金，如代管的社团活动费、职工互助保险等。第 405 号科目 行政补助收入 一、本科目核算基层工会取得的所在单位行政方面按照工会法和国家的有关规定给予工会的补助款项。包括工会收到行政拨付的劳动竞赛经费、工会开展活动的费用补助等，不包括行政方面按规定向工会拨缴的工会经费。

五、投资收益核算不准确

如：工会对外投资发生的损益未记入"投资收益"科目。

审计依据：《工会会计制度》（财会〔2021〕7号）第 407 号科目 投资收益 一、本科目核算工会对外投资发生的损益。

六、其他收入核算不准确

如：工会资产盘盈、固定资产处置净收入、接受捐赠收入、银行存款利息收入等，未记入"其他收入"科目；将所在单位行政提供工会使用的资产的处置收入记入"其他收入"科目。

审计依据：《工会会计制度》（财会〔2021〕7号）第 408 号科目 其他收入 一、本科目核算除上述收入以外的各项收入，如资产盘盈、固定资产处置净收入、接受捐赠收入、银行存款利息收入等。

第四节 违反工会经费收入专用收据管理规定

一、违反专用收据领用规定

1. 未指定专人负责工会经费收入专用收据的领用及保管工作。

审计依据:《工会经费收入专用收据使用管理暂行办法》(工财字〔2010〕119号)第十三条 各级工会应当建立专用收据管理制度,使用全总财务部组织开发的《工会经费收入专用收据软件》,由专人负责专用收据的印制计划、领购、使用与保管等,并按规定向上级工会及时报送专用收据的领购、使用、结存等情况。

2. 保管的专用收据有缺页、号码错误、毁损等情况,未按规定及时查明并交回上级工会。

审计依据:《工会经费收入专用收据使用管理暂行办法》(工财字〔2010〕119号)第十四条 各级工会领到专用收据时,应当检查是否有缺页、号码错误、毁损等情况,一经发现应当及时交回上级工会,并由全国总工会交回财政部财政票据监管中心处理。

二、违反专用收据的使用规定

1. 超范围使用专用收据。

如:收到应付性质的暂收款项,开具工会经费收入专用收据。

审计依据:《工会经费收入专用收据使用管理暂行办法》(工财字〔2010〕119号)第七条 工会取得以下工会经费收入,使用专用收据:(一)工会会员缴纳的会费;(二)建立工会组织的企业、事业单位、机关和其他社会组织按每月全部职工工资总额的百分之二向工会拨缴的经费或者建会筹备金；（三）工会所属的企业、事业单位上缴的收入；（四）人民政府和企业、事业单位、机关和其他社会组织的补助；（五）其他收入。 第十条 各级工会必须严格按照本办法第七条规定的收入范围开具专用收据，不得超范围使用专用收据。

2. 取得的相关经费收入未开具专用收据。

如：收到会费、行政拨缴的经费、建会筹备金、所属企事业单位上缴的收入等，未开具专用收据，而是使用自购的普通收款收据。

审计依据：《工会经费收入专用收据使用管理暂行办法》（工财字〔2010〕119号）第七条 工会取得以下工会经费收入，使用专用收据：（一）工会会员缴纳的会费；（二）建立工会组织的企业、事业单位、机关和其他社会组织按每月全部职工工资总额的百分之二向工会拨缴的经费或者建会筹备金；（三）工会所属的企业、事业单位上缴的收入；（四）人民政府和企业、事业单位、机关和其他社会组织的补助；（五）其他收入。

3. 专用收据填写（填制）不规范。

如：未做到字迹清楚，内容完整、真实，印章齐全；各联次专用收据内容和金额不一致；因填写错误等原因作废的专用收据，未加盖作废戳记或者注明"作废"字样。

审计依据：《工会经费收入专用收据使用管理暂行办法》（工财字〔2010〕119号）第十一条 各级工会应当按专用收据号段顺序使用专用收据，填写手写和机打专用收据时做到字迹清楚，内容完整、真实，印章齐全，各联次内容和金额一致。填写错误的，应当另行填写。因填写错误等原因作废的专用收据，应当加盖作废戳记或者注明"作废"字样，并完整保存全部联次，不得私自销毁。

4. 转让、出借、代开、买卖、销毁、涂改专用收据，或专用收据与其他财政票据、税务发票互相串用。

审计依据：《工会经费收入专用收据使用管理暂行办法》（工财字〔2010〕119号）第十二条 各级工会不得转让、出借、代开、买卖、销毁、涂改专用收据，不得将专用收据与其他财政票据、税务发票互相串用。

三、违反专用收据保管规定

1. 随意销毁因填写错误等原因作废的专用收据，未按规定"作废"并完整保存。

审计依据：《工会经费收入专用收据使用管理暂行办法》（工财字〔2010〕119号）第十一条 ……因填写错误等原因作废的专用收据，应当加盖作废戳记或者注明"作废"字样，并完整保存全部联次，不得私自销毁。

2. 专用收据遗失，未按规定程序及时上报处理。

如：未及时在县以上相关媒体声明作废，并将遗失原因等有关情况以书面形式报告上级工会。

审计依据：《工会经费收入专用收据使用管理暂行办法》（工财字〔2010〕119号）第十五条 专用收据遗失，应当及时在县以上相关媒体上声明作废，同时将遗失原因等有关情况，以书面形式报告上级工会，并由全国总工会报送财政部财政票据监管中心备案。

3. 未妥善保管开具的专用收据存根，收据存根保存期限不符合规定。

审计依据：《工会经费收入专用收据使用管理暂行办法》（工财字〔2010〕119号）第十六条 各级工会应当妥善保管开具的专用收据存根，

收据存根保存期限一般为 5 年。保存收据存根确有困难的，经财政部财政票据监管中心、全国总工会批准后，可缩短为 3 年。

四、违反专用收据销毁规定

如：一是私自销毁作废的专用票据。二是对保存期满需要销毁的专用收据存根和未使用的需要作废销毁的专用收据，未登记造册，并按规定逐级上报后统一销毁。

审计依据：《金融系统工会财务会计管理规范实施细则》（金工发〔2014〕14 号）第五十一条 各级工会不得私自销毁专用收据，保存期满后由上级工会负责统一收集整理、造册登记，填写《中央单位财政票据销毁申请表》并做书面说明逐级上报，待财政部票据监管中心核准后组织统一销毁。

第七章

支出管理方面的主要风险点

第一节　制度建设不完善不规范

一、未制定涉及工会经济事项的管理制度

1. 未建立重大事项集体决策制度。

如：未把预算管理、经费收支业务管理、资产购置处置管理、评先表彰、送温暖、专项资金、重大会议、大型活动管理以及内部管理制度的建立健全等内容纳入工会重大经济事项集体决策范围，明确具体的认定标准及相关控制流程，在涉及工会"三重一大"时，未经有权决策机构履行集体决策程序。

审计依据：《中华全国总工会关于加强工会财务管理、资产监督管理和经费审查审计监督的意见》（总工发〔2016〕38号）一（一）……要建立重大事项决策、重大项目安排和大额度资金使用事项集体研究、民主决策机制，强化责任追究。 二（七）……严格执行"三重一大"决策制度，重要事项必须经领导班子以会议形式集体决策，形成会议纪要，并按程序报批。

《行政事业单位内部控制规范（试行）》（财会〔2012〕21号）第十四条　单位经济活动的决策、执行和监督应当相互分离。单位应当建立健全集体研究、专家论证和技术咨询相结合的议事决策机制。重大经济事项的内部决策，应当由单位领导班子集体研究决定。重大经济事项的认定标准应当根据有关规定和本单位实际情况确定，一经确定，不得随意变更。

《金融系统工会预算管理办法》（金工发〔2020〕8号）第三十七条　预算批准前，上一年结转的项目支出和必要的基本支出可以提前使用。送温暖支出、突发事件支出和本级工会已确定年度重点工作支出等需提前使用的，必须经集体研究决定。预算批准后，按照批准的预算执行。

《基层工会预算管理办法》（总工发〔2020〕29号）第二十二条 ……基层工会各项支出实行工会委员会集体领导下的主席负责制，重大收支须集体研究决定。

2. 未制定财务管理制度。

如：未制定授权审批制度、大额支出审批制度、大宗物品和服务集中采购制度等。

审计依据：《工会财务会计管理规范》（修订）（总工办发〔2013〕20号）第七条 各级工会应当根据财务会计业务的需要，建立健全内部财务会计管理制度。主要包括：收支预算、决算制度，货币资金管理制度，票据管理制度，财务收支管理制度，专项资金管理制度，债权债务管理制度，账务处理程序制度，内部会计控制制度，经费定额管理制度，财产清查制度，财务会计分析制度，岗位责任制度，会计档案管理制度等。 第三十二条 建立严格的经费开支程序和授权批准制度，明确授权批准的范围、权限、程序、责任和相关控制措施，做到申请、经办、证明、验收、审核、签批等经费开支手续完备，原始凭证合法有效，相关附件齐全。

3. 未制定本级工会经费收支管理制度并履行报备程序。

审计依据：《金融系统基层工会经费收支管理实施办法》（金工发〔2018〕3号）第二十五条 各总行（会、司）工会应根据本办法的规定，结合本系统工作实际，制定相关制度规定，报中国金融工会备案。

4. 未制定送温暖管理制度并履行报备程序。

审计依据：《金融系统工会送温暖资金使用管理办法（试行）》（金工发〔2020〕2号）第十八条 金融系统各总行（会、司）工会和各省（区、市）金融工会根据本办法规定，结合本地区、本行业和本系统工作实际，制定具体实施细则，细化支出范围，明确开支标准，确定审批权限，规范活动开展。各总行（会、司）工会和各省（区、市）金融工会制定的实施细则，须经本级工会的民主程序讨论审议通过后，报中国金融工会备案。基层工会制定的相关办法须报上一级工会备案。

5. 未制定职工活动、困难员工慰问、送温暖活动、技能竞赛奖励等支出的具体标准及范围。

如：未制定开展职工活动所需的支出标准，如服装费、裁判费、伙食补贴等；未制定会员本人及家庭因大病、意外事故等原因致困的慰问具体标准及范围；未制定开展送温暖活动的慰问标准；以提高职工素质为目的的技能竞赛，用工会经费奖励的，未制定奖励标准；基层工会组织的会员集体福利项目未制定慰问标准；等等。

审计依据：《行政事业单位内部控制规范（试行）》（财会〔2012〕21号）第二十九条第一款 单位应当建立健全支出内部管理制度，确定单位经济活动的各项支出标准，明确支出报销流程，按照规定办理支出事项。

《金融系统基层工会经费收支管理实施办法》（金工发〔2018〕3号）第九条（四）困难职工帮扶费。……具体慰问标准由各总行（会、司）工会制定。（五）送温暖费。……具体慰问标准由各总行（会、司）工会制定。 第十条（三）专项业务费。……对工会组织开展的，以提高职工素质为目的的技能竞赛，可用工会经费进行奖励，奖励办法及标准由各总行（会、司）工会制定。 第二十五条 各总行（会、司）工会应根据本办法的规定，结合本系统工作实际，制定相关制度规定，报中国金融工会备案。

二、制度的建立程序不符合规定

如：建立的工会经费支出制度和办法未经工会会员（代表）大会或

工会委员会（常委会）集体讨论通过，或建立的制度未印发正式公文。

审计依据：《金融系统基层工会经费收支管理实施办法》（金工发〔2018〕3号）第十五条 要坚持实行"统一领导，分级管理"体制，认真落实各项开支实行工会委员会集体领导下的主席负责制，重大收支须集体研究决定。

《国务院办公厅关于加强行政规范性文件制定和监督管理工作的通知》（国办发〔2018〕37号）二（七）坚持集体审议。制定行政规范性文件要实行集体研究讨论制度，防止违法决策、专断决策、"拍脑袋"决策。……集体审议要充分发扬民主，确保参会人员充分发表意见，集体讨论情况和决定要如实记录，不同意见要如实载明。

《规章制定程序条例》（修订）（国务院令第695号）第二十七条第一款 部门规章应当经部务会议或者委员会会议决定。

三、建立的制度与国家法律法规和上级规章制度相抵触，或超出规定限制标准，没有遵循"上位法优于下位法"的基本原则

1. 制定的会员年节、生日、婚育、生病、住院、去世、离岗退休等会员福利项目超出金融系统制度标准；或依据当地总工会制度的较高标准。

2. 按职务、层级制定福利、慰问等活动标准。

3. 讲课费、劳务费、优秀学员奖励标准、职工活动用餐标准、文体活动服装购置费、劳模疗养等费用标准高于规定标准。

4. 制定的制度设置的经费支出内容超出工会经费使用范围。如：劳模疗休养管理制度将范围扩大到离退休劳模、业务单项先进个人等；制定的开支内容包括职工体检费、工装洗涤费、理发室/医务室/职工食堂费用、离退休人员活动和年节慰问费用；等等。

审计依据：《金融系统工会财务会计管理规范实施细则》（金工发〔2014〕14号）第十六条 各级工会制定内部会计管理制度应当遵循下列原则：（一）执行国家的法律法规以及中华全国总工会和中国金融工会的有关要求。

《审计法》第三十五条 审计机关认为被审计单位所执行的上级主管部门有关财政收支、财务收支的规定与法律、行政法规相抵触的，应当建议有关主管部门纠正。

《中国金融工会关于工会经费使用有关问题的补充规定》（金工发〔2023〕8号） 32．工会经费不得列支职工食堂相关支出。根据《财政部关于企业加强职工福利费财务管理的通知》《人力资源社会保障部财政部关于做好国有企业津贴补贴和福利管理工作的通知》规定，职工食堂、职工浴室、理发室、医务所、托儿所、疗养院、集体宿舍等集体福利部门设备、设施的折旧、维修保养支出以及集体福利部门工作人员的人工费用、自办职工食堂经费补贴等，应由单位行政承担。 43．根据《中国工会章程》第十一条有关"产业工会实行产业工会和地方工会双重领导，以产业工会领导为主"的规定，中国金融工会系统各级工会经费开支标准应执行中国金融工会相关文件规定，不得同时执行中国金融工会和地方工会出台的文件。特殊事项须报经中国金融工会审批。

《人力资源社会保障部 财政部关于做好国有企业津贴补贴和福利管理工作的通知》（人社部发〔2023〕13号） 二、规范福利管理。企业应按照国家规定并结合实际制定完善福利制度，明确福利项目名称、适用范围、确定程序、发放标准、监督办法等。国家规定的福利项目主要包括：（一）……离退休人员统筹外费用等对职工出现特定情形的补偿性福利。

第二节 违反党风廉政建设规定和工会经费支出八不准规定

一、违规购买、发放党风廉政建设和国家机关严令禁止使用公款购置的物品

1. 违规购买、印制、邮寄、赠送贺年卡、明信片、年历等物品。

审计依据：中央纪委《关于严禁公款购买印制寄送贺年卡等物品的通知》（中纪发〔2013〕8号）：各级党政机关、国有企事业单位和金融机构，严禁用公款购买、印制、邮寄、赠送贺年卡、明信片、年历等物品。

2. 违规购买发放烟花爆竹、烟酒等年货节礼作为会员的节日慰问品。

审计依据：中央纪委《关于严禁元旦春节期间公款购买赠送烟花爆竹等年货节礼的通知》（中纪发〔2013〕9号）：各级党政机关、人民团体、国有企事业单位和金融机构，严禁用公款购买赠送烟花爆竹、烟酒、花卉、食品等年货节礼（慰问困难群众职工不在此限）。

二、违规使用工会经费请客送礼

如：某基层工会副主席参加某会员婚礼，用工会经费送红包。

审计依据：《基层工会经费收支管理办法》（总工办发〔2017〕32号）第二十二条（一）不准使用工会经费请客送礼。

三、违反规定滥发津补贴和奖励

1. 在工资薪酬范围以外，违规发放工作人员通讯费、加班费、交通费、考核奖、绩效奖、年终奖等补贴或奖励。

审计依据：《中华全国总工会办公厅关于加强工会经费财务管理和审计监督切实管好用好工会经费的通知》（总工办发〔2013〕51号）四、……严禁以各种名义年终突击花钱和滥发津贴、补贴、奖金、实物，严禁报销与公务活动无关的费用，……

《金融系统基层工会经费收支管理实施办法》（金工发〔2018〕3号）第二十三条（二）6.严禁以组织职工活动为名向本单位工作人员发放任何形式的现金补贴。

2. 借举办大型活动或节日庆祝之机，以活动名义用工会经费向全体会员职工变相发放钱款、有价证券或各类纪念品。

审计依据：《基层工会经费收支管理办法》（总工办发〔2017〕32号）第二十二条（二）不准违反工会经费使用规定，滥发奖金、津贴、补贴。

《党政机关厉行节约反对浪费条例》（中发〔2013〕13号）第三十三条第二款 经批准的节会、庆典、论坛、博览会、展会、运动会、赛会等活动，应当严格控制规模和经费支出，不得向下属单位摊派费用，不得借举办活动发放各类纪念品，……

3. 违规以购买健身课程的名义支付其他消费项目费用，变相为职工滥发津贴补贴。

如：基层工会为职工个人购买健身App普通会员健身课程，鼓励职工结合自身情况灵活开展健身锻炼，但健身课程费用还可用于App内其他消费项目，变相为职工滥发津贴补贴，违规用工会经费给职工购买发放消费卡、充值卡、预付卡、代金券等商业预付卡。

审计依据：《中国金融工会关于工会经费使用有关问题的补充规定》（金工发〔2023〕8号）11. 根据中共中央办公厅、国务院办公厅《关于构建更高水平的全民健身公共服务体系的意见》和全总办公厅《关于进一步规范全民健身等相关工会经费管理的通知》的相关规定，基层工会可以为职工集体租用健身场地。租用场地须履行规定的决策程序、采购程序，凭实际使用记录、合同、发票等必要单据对公结算。不得将工会经费用于高尔夫、马术以及私教课等高消费项目。基层工会可以为职工个人购买健身App普通会员健身课程，鼓励职工结合自身情况灵活开展健身锻炼。健身课程支付费用不得用于其他消费项目，严禁变相为职工滥发津贴补贴。不得用工会经费给职工购买发放除此之外的消费卡、充值卡、预付卡、代金券等商业预付卡。

4. 违规以购买观影券、网络观影资源名义滥发津贴补贴。

如：基层工会使用会员会费购买并发放观影券和网络观影资源，但观影券和网络观影资源可用于其他消费项目，变相以购买观影券、网络观影资源名义滥发津贴补贴。

审计依据：《中国金融工会关于工会经费使用有关问题的补充规定》（金工发〔2023〕8号）15. 根据《金融系统基层工会经费收支管理实施办法》，基层工会可以用会费组织会员观看电影、文艺演出和体育比赛、开展春秋游、购买当地公园年票等活动，会费不足部分可以用工会经费弥补，弥补部分不超过基层工会当年会费收入的三倍。基层工会可根据自身实际情况统筹安排各项活动的支出。基层工会可以使用会员会费购买并发放观影券和网络观影资源，不得变相购买其他消费项目。严禁以购买观影券、网络观影资源名义滥发津贴补贴。

四、违规用工会经费支付高消费娱乐、健身活动

包括但不限于：各种形式的俱乐部会员资格，高尔夫球、歌厅、舞厅、夜总会、桑拿浴等。

如：将工会经费用于高尔夫、马术、私教课等高消费项目；将加入某酒店（曾举办过会议、培训）高尔夫球俱乐部会员的费用，一并混在培训费或会议费等相关科目列支。

审计依据：《金融系统基层工会经费收支管理实施办法》（金工发〔2018〕3号）第二十三条（四）3.严禁借会议、培训名义组织高消费娱乐、健身活动。

《基层工会经费收支管理办法》（总工办发〔2017〕32号）第二十二条（三）不准使用工会经费从事高消费性娱乐和健身活动。

《中国金融工会关于工会经费使用有关问题的补充规定》（金工发〔2023〕8号） 11.根据中共中央办公厅、国务院办公厅《关于构建更高水平的全民健身公共服务体系的意见》和全总办公厅《关于进一步规范全民健身等相关工会经费管理的通知》的相关规定，基层工会可以为职工集体租用健身场地。租用场地须履行规定的决策程序、采购程序，凭实际使用记录、合同、发票等必要单据对公结算。不得将工会经费用于高尔夫、马术以及私教课等高消费项目。

五、违规用工会经费组织职工公款旅游

1. 在党中央、国务院明令禁止的21个风景名胜区组织召开会议、举办培训班或开展活动等。

审计依据：中共中央办公厅、国务院办公厅印发《关于严禁党政机关到风景名胜区开会的通知》（厅字〔2014〕50号）一、各级党政机关一律不得到八达岭—十三陵、承德避暑山庄外八庙、五台山、太湖、普

陀山、黄山、九华山、武夷山、庐山、泰山、嵩山、武当山、武陵源（张家界）、白云山、桂林漓江、三亚热带海滨、峨眉山—乐山大佛、九寨沟—黄龙、黄果树、西双版纳、华山 21 个风景名胜区召开会议，禁止召开会议的区域范围以风景名胜区总体规划确定的核心景区地域范围为准。

《金融系统基层工会经费收支管理实施办法》（金工发〔2018〕3号）第二十三条（二）4.严禁到有关部门明令禁止的风景名胜区安排相关活动。

2. 以组织职工会员进行团队建设或开展春秋游活动为名公款旅游。

如：列支住宿费（春秋游活动）、明令禁止的风景名胜区（景点）门票费等；基层工会组织会员春秋游活动，除开支景区的一级门票外，还开支了景区内的二级门票；或旅行社出具的团费、旅游费、学习交流费等旅游服务发票，变相公款旅游。

审计依据：《中共中央关于党风廉政建设八项禁令五十二条规定》第三条 ……不准有下列行为：……（四）用公款旅游或者变相用公款旅游。

《金融系统基层工会经费收支管理实施办法》（金工发〔2018〕3号）第二十三条（二）4.严禁到有关部门明令禁止的风景名胜区安排相关活动。

中共中央办公厅、国务院办公厅印发《关于严禁党政机关到风景名胜区开会的通知》（厅字〔2014〕50号）一、各级党政机关一律不得到八达岭—十三陵、承德避暑山庄外八庙、五台山、太湖、普陀山、黄山、九华山、武夷山、庐山、泰山、嵩山、武当山、武陵源（张家界）、白云山、桂林漓江、三亚热带海滨、峨眉山—乐山大佛、九寨沟—黄龙、黄果树、西双版纳、华山 21 个风景名胜区召开会议，禁止召开会议的区域范围以风景名胜区总体规划确定的核心景区地域范围为准。

《中国金融工会关于工会经费使用有关问题的补充规定》（金工发〔2023〕8号） 16．基层工会组织会员春秋游活动，仅限开支景区的一级门票，不得开支景区内的二级门票。除门票外，春秋游活动还可根据实际开支租车费、用餐费、讲解费、保险费、活动用品等活动相关支出。已为会员购买的公园年票中包含景区门票的，不再报销门票支出。不得到有关部门明令禁止的风景名胜区开展春游秋游活动。

3. 会议或培训期间组织公款旅游。

如：在会议或培训期间，委托当地酒店或旅行社以参观考察的名义，组织参会、参训人员前往旅游景区（景点）游玩，将相关费用列入会议费或培训费支出。

审计依据：《中央和国家机关会议费管理办法》（财行〔2016〕214号）第二十七条第三款 ……不得组织会议代表旅游和与会议无关的参观；……

《中央和国家机关培训费管理办法》（财行〔2016〕540号）第十四条 严禁借培训名义安排公款旅游；……

4. 以职工文化采风活动为名组织公款旅游。

如：工会组织成立的摄影、书画、音乐等职工文体协会开展采风活动及组织先进职工疗休养活动中，违规列支风景名胜景点门票或旅行社出具的团费、考察费等旅游服务发票，变相公款旅游。

审计依据：《中共中央关于党风廉政建设八项禁令五十二条规定》第三条 ……不准有下列行为：……（四）用公款旅游或者变相用公款旅游。

六、组织会议违规发放纪念品、礼品或组织高消费娱乐健身活动

如：某工会在召开会议期间，购买纪念品、礼品、土特产向参会人员发放，或会议期间组织高消费娱乐、健身活动。

审计依据：《中央和国家机关会议费管理办法》（财行〔2016〕214号）第十六条第二款 会议费由会议召开单位承担，不得向参会人员收取，不得以任何方式向下属机构、企事业单位、地方转嫁或摊派。 第二十七条第三款 ……不得组织会议代表旅游和与会议无关的参观；严禁组织高消费娱乐、健身活动；严禁以任何名义发放纪念品；不得额外配发洗漱用品。

七、违反规定为职工购买商业保险

如：某工会为本单位全体会员职工购买保险公司的重大疾病保险、人寿保险、家财保险等商业保险。

审计依据：《中共中央关于党风廉政建设八项禁令五十二条规定》第三条 ……不准有下列行为：……（六）违反规定用公款购买商业保险，缴纳住房公积金，滥发津贴、补贴、奖金等。

八、虚列支出，套取工会经费形成"小金库"

如：虚构职工活动和培训，通过虚开发票、虚列培训课酬、伪造签收单等方式套取工会经费，以现金形式存放或存入个人银行账户，形成"小金库"；虚增职工活动费、困难职工慰问金、伪造签收单冒领奖励费后，以现金形式存放或存入个人银行账户，形成"小金库"；以补助下级工会的方式转移、隐匿支出项目，套取工会经费形成"小金库"；将体育比赛、文艺汇演等各类活动或会议、培训的结余费用以现金存放、

存入个人账户或存在承办单位等方式形成"小金库"。

审计依据：《工会财务会计管理规范》（修订）（总工办发〔2013〕20号）第十二条 严肃财经纪律，没有"小金库"或账外设账行为。

《关于在党政机关和事业单位开展"小金库"专项治理工作的实施办法》（中纪发〔2009〕7号）一、专项治理的范围和内容（一）专项治理范围。此次专项治理范围是全国党政机关和事业单位，……党政机关包括各级党的机关、人大机关、行政机关、政协机关、审判机关、检察机关以及工会、共青团、妇联等人民团体。（二）专项治理内容……"小金库"主要表现形式包括：1. 违规收费、罚款及摊派设立"小金库"；2. 用资产处置、出租收入设立"小金库"；3. 以会议费、劳务费、培训费和咨询费等名义套取资金设立"小金库"；4. 经营收入未纳入规定账簿核算设立"小金库"；5. 虚列支出转出资金设立"小金库"；6. 以假发票等非法票据骗取资金设立"小金库"；7. 上下级单位之间相互转移资金设立"小金库"。

九、改变行政补助资金用途

如：某工会将单位行政拨付、用途为工会举办职工运动会费用不足的补助款项，用于职工困难补助支出。

审计依据：《金融系统基层工会经费收支管理实施办法》（金工发〔2018〕3号）第五条第四款 要统筹安排行政补助收入，按照预算确定的用途开支。

《工会会计制度》（财会〔2021〕7号）第二十二条 工会应当对指定用途的资金按规定的用途专款专用，并单独反映。

《中华全国总工会关于加强工会财务管理、资产监督管理和经费审查审计监督的意见》（总工发〔2016〕38号）一（七）加强经费监管。各级工会要对工会经费实行全面监管，决不允许任何转移、截留、挪用、改变资金用途等违法违纪违规问题的发生。

十、举办文艺汇演和晚会、体育比赛或运动会等大型活动的费用支出不符合有关规定

如：使用工会经费违规举办营业性文艺晚会；向下属单位或工会摊派活动费用；以举办活动等名义发放纪念品；超出规定标准支付邀请名人、明星参与活动的费用；等等。

审计依据：中宣部、财政部、文化部、审计署、国家新闻出版广电总局《关于制止豪华铺张、提倡节俭办晚会的通知》（中宣发〔2013〕19号）二、严格控制党政机关举办文艺晚会。……不得使用财政资金举办营业性文艺晚会。不得使用财政资金高价请演艺人员，……原则上不得使用财政资金为公祭、旅游、历史文化、特色物产、行政区划变更、工程奠基或竣工等节庆活动举办文艺晚会。不得与企业联名举办文艺晚会和节庆演出。…… 四、……不得借举办晚会之机发放礼品、贵重纪念品，防止利用晚会为单位和个人谋取私利。

《金融系统基层工会经费收支管理实施办法》（金工发〔2018〕3号）第二十三条（六）1. 严禁列支超出工会经费使用范围的费用。

十一、职工之家建设和业务调研存在铺张浪费问题

如：基层工会职工之家、女职工关爱室列支高档耗材费用。

审计依据：《党政机关厉行节约反对浪费条例》（中发〔2013〕13号）第三条 本条例所称浪费，是指党政机关及其工作人员违反规定进行不必要的公务活动，或者在履行公务中超出规定范围、标准和要求，不当使用公共资金、资产和资源，给国家和社会造成损失的行为。第四条 党政机关厉行节约反对浪费，应当遵循下列原则：坚持从严从简，

勤俭办一切事业，降低公务活动成本；……

《中国金融工会关于工会经费使用有关问题的补充规定》（金工发〔2023〕8号） 30．基层工会可以列支职工之家、女职工关爱室等场地内的普通运行耗材支出，不得变相列支高档耗材支出。

十二、向下属单位转嫁、摊派费用或者收取参会人员费用

如：某工会组织运动会，费用由下辖工会承担或者其他单位承担；某工会组织会议，向参会人员收取资料费、纪念品费用；等等。

审计依据：《党政机关厉行节约反对浪费条例》（中发〔2013〕13号）第三十三条第二款 经批准的节会、庆典、论坛、博览会、展会、运动会、赛会等活动，应当严格控制规模和经费支出，不得向下属单位摊派费用，……

《中央和国家机关会议费管理办法》（财行〔2016〕214号）第十六条第二款 会议费由会议召开单位承担，不得向参会人员收取，不得以任何方式向下属机构、企事业单位、地方转嫁或摊派。

《中华全国总工会办公厅关于贯彻落实过"紧日子"要求进一步加强工会预算管理的通知》（厅字〔2020〕30号）三、……严禁开展未经批准的评比表彰，从严从紧控制各类节庆、晚会、展览、文体等活动支出，严格控制文体活动服装购置支出，严禁滥发奖金、补贴，严禁摊派、转嫁相关支出。

十三、违规使用工会经费参与非法集资活动，或为非法集资活动提供经济担保

审计依据：《中华全国总工会关于严禁工会组织参与非法集资活动的通知》（工发电〔2014〕4号）二、各级工会组织必须严格执行《中华

人民共和国工会法》《中国工会章程》和国家有关规定，不得以任何形式参与或动员工会会员参与未经有关监管部门依法批准的集资活动，不得为非法集资活动提供工会银行账户、工会公章，不得以工会经费或资产为非法集资活动提供经济担保。

《基层工会经费收支管理办法》（总工办发〔2017〕32号）第二十二条（七）不准用工会经费参与非法集资活动，或为非法集资活动提供经济担保。

第三节　费用开支超出工会经费支出范围

一、列支离退休人员相关费用

1. 列支离退休人员法定节日慰问、生日慰问、生病住院慰问费用。

审计依据：《中国金融工会关于工会经费使用有关问题的补充规定》（金工发〔2023〕8号）26. 基层工会不得使用工会经费对离退休人员开展节日、生日、生病住院慰问，不得使用工会经费列支离退休人员开展文体活动支出。离退休职工保留会籍期间，免交会费，不再享有工会会员的选举、被选举、表决等权利，也不再履行工会会员义务；且根据财政部和国家统计局有关规定，职工离退休费不列入原单位职工工资总额，基层单位行政每月按照职工工资总额2%拨交工会经费的基数，不包括离退休职工的离退休费。根据《人力资源社会保障部　财政部关于做好国有企业津贴补贴和福利管理工作的通知》《财政部关于企业加强职工福利费财务管理的通知》，离退休人员福利费、活动费应由所在单位行政列支。……

《人力资源社会保障部　财政部关于做好国有企业津贴补贴和福利

管理工作的通知》（人社部发〔2023〕13号）二、规范福利管理。企业应按照国家规定并结合实际制定完善福利制度，明确福利项目名称、适用范围、确定程序、发放标准、监督办法等。国家规定的福利项目主要包括：（一）……离退休人员统筹外费用等对职工出现特定情形的补偿性福利。

2. 列支离退休人员开展活动的费用。

如：列支离退休人员观影、开展文体等各类活动的费用。

审计依据：《中国金融工会关于工会经费使用有关问题的补充规定》（金工发〔2023〕8号）26. 基层工会不得使用工会经费对离退休人员开展节日、生日、生病住院慰问，不得使用工会经费列支离退休人员开展文体活动支出。……根据《人力资源社会保障部 财政部关于做好国有企业津贴补贴和福利管理工作的通知》《财政部关于企业加强职工福利费财务管理的通知》，离退休人员福利费、活动费应由所在单位行政列支。

3. 列支对非困难离退休人员"送温暖"活动慰问费用。

如：元旦春节期间开展送温暖活动，包含非困难的离退休人员等。

审计依据：全国总工会、财务部《关于离退休行员管理活动经费不能从工会经费中列支的复函》（工财字〔2000〕46号）：根据财政部和国家统计局的规定，离退休职工的离退休费不列入工资总额组成范围，也不计提工会经费，又据工会财务制度规定，工会经费中不开支离退休行员管理委员会部门的各项费用。

全国总工会组织部、财务部《关于离、退休职工会籍管理问题的复函》（工组字〔1993〕231号）：根据财政部和国家统计局的有关规定，职工离、退休以后，不再是原单位在职职工，本人所得离退休费，也不列入原单位职工工资总额，原单位行政也不向工会计拨这部分会员的工会经费，因此，工会用这项经费开展的一些活动，也不再包括离、退休会员，……

《金融系统工会送温暖资金使用管理办法（试行）》（金工发〔2020〕2号）第八条 ……在行政补助充足、送温暖资金宽裕的情况下，两节期间走访慰问的群体可适当考虑生活困难的离休、退休和病退职工。

二、列支不应由工会经费负担的党、团活动费用

1. 列支本单位党委、团委组织开展系列专题讲座时发生的聘请教师、购买资料等相关费用。
2. 列支本单位团委举办的"五四"演讲比赛等各类活动的评审费、奖励费、餐费、水费、化妆费等相关费用。
3. 列支本单位党组织慰问困难党员、开展党员家访等活动的费用。

审计依据：《金融系统基层工会经费收支管理实施办法》（金工发〔2018〕3号）第二十三条（六）1. 严禁列支超出工会经费使用范围的费用。

《基层工会经费收支管理办法》（总工办发〔2017〕32号）第二十二条（八）不准用工会经费报销与工会活动无关的费用。

三、列支应由行政负担的相关费用

1. 列支非工会组织的劳动竞赛费用和奖金。

如：某单位为推广业务，普及提高职工业务知识，组织信用卡知识和营销竞赛活动，在工会经费中列支组织费用及奖金；某基层工会开展劳动技能竞赛，评奖标准与市场拓展绩效、业务指标挂钩。

审计依据：《全国总工会 财政部 劳动部关于劳动竞赛奖金列支渠道的通知》（总工发〔1994〕12号）：在企业职工中开展劳动竞赛，是提高质量、增进效益、发展生产的有效措施，是《工会法》所规定的。因此，企业工会在组织职工开展劳动竞赛时，应与企业行政密切配合，

企业行政应予支持，劳动竞赛奖金从企业依照国家规定提取的工资总额中支付，具体支付办法由企业工会与行政商定。

《中国金融工会关于工会经费使用有关问题的补充规定》（金工发〔2023〕8号）28.工会组织或行政联合工会组织的合理化建议、技术革新、发明创造、岗位练兵、技术比武、技术培训的劳动和技能竞赛，均属于工会组织的劳动和技能竞赛，所需经费可以从工会经费中列支。各类有关业务发展、市场拓展的绩效类、业务指标类比赛、考核、考评等竞赛，不属于工会技能竞赛，所需经费不得从工会经费中列支。工会受行政委托承办的其他竞赛活动，所需经费也应由行政承担。工会组织劳动和技能竞赛可以发放奖励，奖励形式要以精神鼓励为主、物质奖励为辅。奖励所需经费应积极争取行政支持，确需由工会经费列支的，须结合实际，制定奖励办法，明确奖励标准，要根据奖励层级和行业特点，严格控制奖励范围，最高奖励不高于上级工会同类竞赛的奖励标准。

2. 列支劳动保护用品购置费或职工体检费。

如：某工会开展以关心职工健康为主题的慰问活动，列支为办公场所购置空气净化器的费用，列支职工（女职工）体检费及组织体检的相关费用。

审计依据：《金融系统基层工会经费收支管理实施办法》（金工发〔2018〕3号）第九条（二）劳动保护费。用于开展群众性安全生产和职业病防治活动、加强职工安全监督管理队伍建设、开展职工心理健康维护等促进安全健康工作、保护职工生命安全为宗旨开展职工劳动保护发生的支出等。劳动保护费只适用于劳动保护宣传、教育发生的费用支出，不能列支劳保用品。

《用人单位劳动防护用品管理规范》（安监总厅安健〔2018〕3号）第六条 用人单位应当安排专项经费用于配备劳动防护用品，不得以货币或者其他物品替代。该项经费计入生产成本，据实列支。

《关于企业加强职工福利费财务管理的通知》（财企〔2009〕242号）一、企业职工福利费……包括发放给职工或为职工支付的以下各项现金补贴和非货币性集体福利：（一）为职工卫生保健、生活等发放或支付的各项现金补贴和非货币性福利，……

《关于企业女职工妇科检查费用列支问题的批复》（财工字〔1997〕469号）：企业女职工妇科疾病检查应视同企业职工一般的体检，检查费用由企业职工福利费开支，不得列入劳动保护费用。

《人力资源社会保障部 财政部关于做好国有企业津贴补贴和福利管理工作的通知》（人社部发〔2023〕13号）二、规范福利管理。企业应按照国家规定并结合实际制定完善福利制度，明确福利项目名称、适用范围、确定程序、发放标准、监督办法等。国家规定的福利项目主要包括：……（三）工作服装（非劳动保护性质工服）、体检、职工疗养、自办食堂或无食堂统一供餐等集体福利。

3. 列支职工伙食费、职工食堂、理发室、医务所、集体宿舍等单位集体福利部门费用。

如：以开展职工之家建设等活动为名，列支职工食堂、理发室、医务所、集体宿舍（休息室）等费用；列支职工食堂购置的冰箱、微波炉、锅碗瓢盆等设备或用品；补贴职工伙食费、集体福利部门工作人员工资薪金、社会保险费、住房公积金、劳务费等人工费用。

审计依据：《基层工会经费收支管理办法》（总工办发〔2017〕32号）第二十二条（二）不准违反工会经费使用规定，滥发奖金、津贴、补贴。……（八）不准用工会经费报销与工会活动无关的费用。

《关于企业加强职工福利费财务管理的通知》（财企〔2009〕242号）一、企业职工福利费……包括发放给职工或为职工支付的以下各项现金补贴和非货币性集体福利：（一）为职工卫生保健、生活等发放或支付的各项现金补贴和非货币性福利，包括……自办职工食堂经费补贴或未办职工食堂统一供应午餐支出、符合国家有关财务规定的供暖费补贴、防暑降温费等。（二）企业尚未分离的内设集体福利部门所发生的设备、设施和人员费用，包括职工食堂、职工浴室、理发室、医务所、托儿所、疗养院、集体宿舍等集体福利部门设备、设施的折旧、维修保养费用以及集体福利部门工作人员的工资薪金、社会保险费、住房公积金、劳务费等人工费用。

《人力资源社会保障部 财政部关于做好国有企业津贴补贴和福利管理工作的通知》（人社部发〔2023〕13号）二（四）……福利项目支出列入职工福利费管理，其中集体福利设备设施管理经费列入职工福利费管理，但与企业建立劳动关系的集体福利部门职工的工资性收入纳入工资总额管理。工会福利、职工教育经费、社会保险及住房公积金有关费用列支按照国家相关规定管理。

《中国金融工会关于工会经费使用有关问题的补充规定》（金工发〔2023〕8号） 32.工会经费不得列支职工食堂相关支出。根据《财政部关于企业加强职工福利费财务管理的通知》《人力资源社会保障部 财政部关于做好国有企业津贴补贴和福利管理工作的通知》规定，职工食堂、职工浴室、理发室、医务所、托儿所、疗养院、集体宿舍等集体福利部门设备、设施的折旧、维修保养支出以及集体福利部门工作人员的人工费用、自办职工食堂经费补贴等，应由单位行政承担。

4. 列支职工防暑降温费。

如：某工会以夏日送清凉的名义，向全体职工发放防暑降温费。

审计依据：《金融系统基层工会经费收支管理实施办法》（金工发〔2018〕3号）第九条（五）送温暖费。用于开展夏送清凉、冬送温暖、对法定节日坚守岗位职工慰问等活动发生的支出。夏送清凉不能列支防暑降温费。

《人力资源社会保障部　财政部关于做好国有企业津贴补贴和福利管理工作的通知》（人社部发〔2023〕13号）二、规范福利管理。企业应按照国家规定并结合实际制定完善福利制度，明确福利项目名称、适用范围、确定程序、发放标准、监督办法等。国家规定的福利项目主要包括：（一）丧葬补助费、抚恤金、独生子女费、职工异地安家费、探亲假路费、防暑降温费、离退休人员统筹外费用等对职工出现特定情形的补偿性福利。

5. 列支职工代表大会费用。

如：某工会召开职工代表大会，在"会议支出"科目中核算召开职工代表大会所产生的餐费、住宿等费用。

审计依据：《关于职工代表大会的费用由谁担负的通知》（工财字〔1981〕29号）：职工代表大会的工作是整个企业的工作，其开支费用应由企业负担。

6. 列支非工会组织的植树节活动费用。

如：某工会在"职工活动支出"或"其他支出"科目下，列支地方政府要求单位组织职工参加的植树节植树活动产生的树种（树苗）费、交通费、植树工具费、餐费等相关费用。

审计依据：《金融系统工会财务会计管理规范实施细则》（金工发〔2014〕14号）第九条　坚持为职工服务原则。工会经费不得用于非工会活动的开支。

7. 列支行政或工会组织职工义务献血补贴或慰问品。

审计依据：《中国金融工会关于工会经费使用有关问题的补充规定》（金工发〔2023〕8号）35.结合中国金融工会系统实际，各级行政或工会组织职工义务献血的，不得用工会经费发放献血补贴或慰问品。

《金融系统工会财务会计管理规范实施细则》（金工发〔2014〕14 号）第九条　坚持为职工服务原则。工会经费不得用于非工会活动的开支。

《金融系统基层工会经费收支管理实施办法》（金工发〔2018〕3 号）第六条　基层工会经费主要用于为职工和会员服务、开展工会活动。第二十三条（六）1. 严禁列支超出工会经费使用范围的费用。

8. 列支劳模疗养休养活动的往返交通费。

如：工会列支非困难劳模的疗休养交通费，或未经审批列支困难劳模参加疗休养活动的交通费。

审计依据：《金融系统基层工会经费收支管理实施办法》（金工发〔2018〕3 号）第八条（五）……劳动模范和先进职工疗休养补贴是指所在单位行政保障不足且基层工会预算足以保证的前提下，可以对工会组织的疗休养活动中的住宿费和伙食费给予适当补贴。

《全国总工会关于进一步加强和规范劳模疗休养工作的意见》（总工办发〔2019〕21 号）三（四）4. 往返路费由所在单位承担，有条件的派出工会可按规定协助承担劳模往返路费，确有经济困难的经申请、批准后，由组织疗休养的工会承担。

9. 列支组织本单位职工疗休养活动的费用。

如：基层工会列支职工疗休养活动的支出。

审计依据：《财政部关于企业加强职工福利费财务管理的通知》（财企〔2009〕242 号）一、企业职工福利费……包括发放给职工或为职工支付的以下各项现金补贴和非货币性集体福利：（一）……职工疗养费用、自办职工食堂经费补贴或未办职工食堂统一供应午餐支出、符合国家有关财务规定的供暖费补贴、防暑降温费等。

《关于深入开展优秀技术工人休疗养活动的意见》（总工办发〔2023〕12 号）四（二）构建长效机制。各级工会要指导企业提高职工福利待遇，将职工疗养列入国家规定的企业职工集体福利项目，给予经费保障和工作支持。

《中国金融工会关于工会经费使用有关问题的补充规定》（金工发〔2023〕8号） 14．工会不应列支职工疗休养活动的支出。根据《财政部关于企业加强职工福利费财务管理的通知》《人力资源社会保障部财政部关于做好国有企业津贴补贴和福利管理工作的通知》规定，职工疗养支出属于职工福利费的开支范围，应由单位行政承担。

10．列支应由单位行政负担的购置必要设施和工会活动场所建设费用。

如：某工会用工会经费购置了办公用桌椅、办公区域空气清新机等办公设备；某基层工会列支职工之家、职工小家场地建设中属于基础设施建设的费用。

审计依据：《金融系统基层工会经费收支管理实施办法》（金工发〔2018〕3号）第十四条　根据《中华人民共和国工会法》的有关规定，……基层工会办公和开展活动必要的设施和活动场所等物质条件由所在单位提供。所在单位保障不足且基层工会经费预算足以保证的前提下，可以用工会经费适当弥补。具体弥补办法要与行政协商后形成书面备忘文件。

《中国金融工会关于工会经费使用有关问题的补充规定》（金工发〔2023〕8号） 29．根据中国金融工会系统各级工会实际，职工之家、职工小家场地建设中属于基础设施建设的支出，应由所在单位行政承担；属于服务设施、设备配置的支出，应首先争取所在单位行政支持，必要时可由工会经费列支。

11．列支职工工装的置装费和洗涤费。

审计依据：《人力资源社会保障部　财政部关于做好国有企业津贴

补贴和福利管理工作的通知》（人社部发〔2023〕13号）二、规范福利管理。企业应按照国家规定并结合实际制定完善福利制度，明确福利项目名称、适用范围、确定程序、发放标准、监督办法等。国家规定的福利项目主要包括：……（三）工作服装（非劳动保护性质工服）、体检、职工疗养、自办食堂或无食堂统一供餐等集体福利。

《金融系统基层工会经费收支管理实施办法》（金工发〔2018〕3号）第六条 基层工会经费主要用于为职工和会员服务、开展工会活动。 第二十三条（六）1.严禁列支超出工会经费使用范围的费用。

四、违规列支捐赠费用

1. 基层工会列支系统以外的对外捐赠或慰问费用。

如：在"职工活动支出"或"其他支出"科目中，列支了工会组织开展的慰问驻地部队官兵、武警、公安、海关等的慰问品费用，或列支了工会组织开展的对希望小学、社会福利机构（儿童福利院、敬老院）等爱心捐赠活动中产生的以单位或工会名义的捐款或捐赠品费用。

审计依据：《中国金融工会关于工会经费使用有关问题的补充规定》（金工发〔2023〕8号） 42.基层工会经费主要用于为职工服务和开展工会活动，不得对外捐赠。

《金融系统基层工会经费收支管理实施办法》（金工发〔2018〕3号）第六条 基层工会经费主要用于为职工和会员服务、开展工会活动。 第二十三条（六）1.严禁列支超出工会经费使用范围的费用。

《金融系统工会固定资产管理办法》（金工办发〔2018〕13号）第二十七条第七款……固定资产原则上不对外捐赠，捐赠行为只能发生在金融系统工会之间。

2. 基层以上工会列支大额捐赠事项审批程序不规范。

如：某基层以上工会在"其他支出"科目中列支对突发自然灾害、公共卫生事件等的社会捐赠资金未经过集体决策，超过500万元的，未向金融工会履行审批程序。

审计依据：《中国金融工会关于工会经费使用有关问题的补充规定》（金工发〔2023〕8号）42. 基层以上工会在突发自然灾害、事故灾难、公共卫生事件、社会安全事件以及国家重大战略等情况下，经集体研究，并履行审批程序后，可通过慈善组织捐赠、直接捐赠等形式向有关地区（单位）提供物资、资金等支援。其中，按照中国金融工会关于工会行政事业性资产管理审批权限规定，500万元及以上金额的捐赠事项，须报中国金融工会履行审批程序。

五、列支与工会活动无关的应由个人负担的费用

1. 违规列支接待费。

如：某工会在组织职工活动、会议、培训中，核算接待与工作无关人员所发生的餐费，或直接发生的接待费用。

审计依据：《中共中央关于党风廉政建设八项禁令五十二条规定》第三条 ……不准有下列行为：（一）用公款报销或者支付应由个人负担的费用。

2. 违规列支活动费。

如：某工会在组织开展的劳模、先进工作者疗休养活动中，列支医药费等费用。

审计依据：《关于组织企业少数劳动模范、先进工作者短期休养活动经费开支问题的答复》（工财字〔1982〕152号）四、劳模休养期间的医药费，由原单位行政在医药费中报销。

第四节　费用开支超出本级工会经费支出范围

一、在基层以上工会中列支应由基层工会承担的费用

如：在基层以上工会账户列支了会员生日、婚丧嫁娶、退休离岗、生病住院、本人去世或直系亲属去世慰问等支出；列支组织会员开展春秋游、观看电影等集体活动费用。

审计依据：《金融系统基层工会经费收支管理实施办法》（金工发〔2018〕3号）第二十三条（六）2.严禁列支非本级工会应支付的费用。

二、在基层工会中列支应由基层以上工会承担的费用

如：基层工会列支基层以上工会组织开展的全系统职工乒乓球比赛的费用；基层工会列支基层以上工会组织全系统开展的送温暖活动支出；基层工会列支基层以上工会购置物品、器具、书籍等费用。

审计依据：《金融系统基层工会经费收支管理实施办法》（金工发〔2018〕3号）第二十三条（六）2.严禁列支非本级工会应支付的费用。

第五节　超标准、超范围、超预算列支工会经费

一、超范围、超标准发放奖励或纪念品

1. 超范围、超标准发放优秀学员奖励。

如：某基层工会举办80人参加的培训班，评出优秀学员30人，每

人奖励1 000元。

审计依据:《金融系统基层工会经费收支管理实施办法》(金工发〔2018〕3号)第八条(一)……对优秀学员予以适当奖励,奖励应以精神鼓励为主、物质激励为辅。物质激励实行一次性标准,每人不超过500元,奖励比例控制在参训人员的20%以内。

2. 超范围、超标准发放文体活动奖励。

如:某基层工会举办书法比赛,参赛人员30人,获奖人数超过20人,个人最高名次奖励2 000元。

审计依据:《金融系统基层工会经费收支管理实施办法》(金工发〔2018〕3号)第八条(二)……文体活动奖励应以精神鼓励为主、物质激励为辅。奖励范围不得超过参与人数的三分之二,个人最高名次奖励标准每人每项不超过1 000元,集体最高名次奖励标准每人每项不超过600元。不设置奖项的,可为参加者每人发放价值不超过200元的纪念品。

3. 违反规定重复设置奖项。

如:某工会举办健步走活动设置一、二、三等奖奖励的同时,为全部参加者普发180元的纪念品。

审计依据:《金融系统基层工会经费收支管理实施办法》(金工发〔2018〕3号)第八条(二)……文体活动奖励应以精神鼓励为主、物质激励为辅。奖励范围不得超过参与人数的三分之二,个人最高名次奖励标准每人每项不超过1 000元,集体最高名次奖励标准每人每项不超过600元。不设置奖项的,可为参加者每人发放价值不超过200元的纪念品。

4. 违反规定合并活动次数发放纪念品。

基层工会将多次文体活动的纪念品购置标准额度合并使用,再按每人实际参加活动的次数,全年一次性向多次参加活动人员发放纪念品。

如：某会员全年参加 5 次文体活动，每次活动未设奖项，最后一次，该会员所在工会为其集中发放价值 1 000 元的纪念品。

审计依据：《中国金融工会关于工会经费使用有关问题的补充规定》（金工发〔2023〕8 号） 2. 基层工会组织开展多次文体活动需发放纪念品的，应根据活动开展情况发放纪念品，即举办 1 次活动发放 1 次纪念品，不得将多次活动纪念品额度标准合并发放纪念品。

5. 超范围发放文体活动纪念品。

如：某基层工会举办登山活动未设置奖项，职工 300 人，实际参加活动 200 人，发放纪念品 300 份，发放范围包含未参加活动人员。

审计依据：《金融系统基层工会经费收支管理实施办法》（金工发〔2018〕3 号）第八条（二）……文体活动奖励应以精神鼓励为主、物质激励为辅。……不设置奖项的，可为参加者每人发放价值不超过 200 元的纪念品。

6. 超范围列支"六一"儿童节活动纪念品。

如：某基层工会"六一"儿童节期间组织全体职工开展"追忆童年"活动，活动内容为展示职工个人童年照片，工会向参加活动的每位职工发放了纪念品。根据规定，"六一"儿童节活动对象应为有 14 周岁以下子女的职工。

审计依据：《中华全国总工会财务部对云南省总工会关于基层工会经费开支有关问题的复函》（工财函〔2022〕38 号）二、基层工会用工会经费列支"六一"儿童节慰问支出的基本要求是：必须组织活动，慰问范围必须是参加活动并且有 14 周岁以下儿童的职工，必须有明确标准。基层工会不得不组织活动直接使用工会经费购买发放"六一"儿童节慰问品。

7. 未举办活动直接发放奖品或纪念品。

如：某基层工会以"六一"儿童节活动名义，在未实际组织开展活动的情况下，对本单位有14岁以下儿童的职工每人发放200元纪念品。

审计依据：《中国金融工会关于工会经费使用有关问题的补充规定》（金工发〔2023〕8号）27. 基层工会组织"六一"儿童节活动可以发放慰问品，标准执行《金融系统基层工会经费收支管理实施办法》中不设置奖项的文体活动纪念品标准，每人不超过200元。按参加活动的儿童人数发放（不含家长），不参加活动的不发放，不得不组织活动直接发放。具体发放形式由基层工会根据实际需要研定。

8. 超范围、超标准发放知识竞赛、演讲比赛和线上答题活动奖励或纪念品。

如：工会为举办的知识竞赛、演讲比赛或线上答题活动发放奖励或纪念品的范围和标准超过了本级工会文体活动发放奖励的范围和标准。

审计依据：《中国金融工会关于工会经费使用有关问题的补充规定》（金工发〔2023〕8号）13. 中国金融工会系统各级工会可以参照文体活动标准，为举办的知识竞赛、线上答题、演讲比赛等宣传活动设置奖励或纪念品。

9. 超标准列支工会组织或行政联合工会组织的劳动和技能竞赛奖励。

如：某单位工会开展职工业务技能大赛活动，奖励标准超过上级工会同类项目的奖励标准。

审计依据：《中国金融工会关于工会经费使用有关问题的补充规定》（金工发〔2023〕8号）28. ……工会组织劳动和技能竞赛可以发放奖励，奖励形式要以精神鼓励为主、物质奖励为辅。奖励所需经费应积极争取行政支持，确需由工会经费列支的，须结合实际，制定奖励办法，明确奖励标准，要根据奖励层级和行业特点，严格控制奖励范围，最高奖励不高于上级工会同类竞赛的奖励标准。

10. 超标准发放优秀工会干部和积极分子奖励。

如：某基层工会年度内评选优秀工会干部，每人奖励 2 000 元。

审计依据：《金融系统基层工会经费收支管理实施办法》（金工发〔2018〕3 号）第十条（四）……对优秀工会干部和积极分子的奖励，要遵循精神鼓励为主、物质激励为辅的原则。优秀工会干部表彰数应控制在专、兼职工会干部的 30%以内，奖金或奖品标准不超过 1 000 元。

二、超范围、超标准列支餐费

1. 超标准开支活动工作餐。

如：某基层工会组织演讲比赛，统一安排工作餐，标准超过所在单位差旅费中的伙食补助标准；某基层以上工会组织先进事迹巡回宣讲活动，统一安排工作餐，标准超过所在单位行政最低一档会议用餐标准。

审计依据：《金融系统基层工会经费收支管理实施办法》（金工发〔2018〕3 号）第八条（二）……文体活动中开支的伙食补助费，不得超过所在单位差旅费伙食补助标准，发放现金补助或就餐报账，二者不能兼得。……

《中国金融工会关于工会经费使用有关问题的补充规定》（金工发〔2023〕8 号） 7．中国金融工会系统的基层工会组织会员春秋游及职工文体活动、宣传活动、劳动和技能竞赛，可安排工作餐或发放伙食补助，二者不可兼得，标准不得超过所在单位差旅费中的伙食补助标准。中国金融工会系统的基层以上工会组织职工文体活动、宣传活动、劳动和技能竞赛，可安排工作餐或发放伙食补助，二者不可兼得。安排工作餐的，标准不得超过所在单位行政最低一档会议用餐标准，所在单位行政的会议费管理制度仅明确综合定额标准而未明确单项用餐标准的，不得超过财政部规定的最低一档会议用餐标准。发放伙食补助的，不得超过所在单位差旅费中的伙食补助标准。职工文体协会、俱乐部、兴趣小组等组织的活动不适用此项规定。

2. 超标准发放伙食补助。

如：某工会组织运动会未统一安排工作餐，按照每人每天200元的标准发放伙食补助，超出所在单位差旅费伙食补助标准。

审计依据：《金融系统基层工会经费收支管理实施办法》（金工发〔2018〕3号）第八条（二）……文体活动中开支的伙食补助费，不得超过所在单位差旅费伙食补助标准，发放现金补助或就餐报账，二者不能兼得。……

《中国金融工会关于工会经费使用有关问题的补充规定》（金工发〔2023〕8号） 7. 中国金融工会系统的基层工会组织会员春秋游及职工文体活动、宣传活动、劳动和技能竞赛，可安排工作餐或发放伙食补助，二者不可兼得，标准不得超过所在单位差旅费中的伙食补助标准。中国金融工会系统的基层以上工会组织职工文体活动、宣传活动、劳动和技能竞赛，可安排工作餐或发放伙食补助，二者不可兼得。……发放伙食补助的，不得超过所在单位差旅费中的伙食补助标准。职工文体协会、俱乐部、兴趣小组等组织的活动不适用此项规定。

3. 违反规定在提供工作餐的同时发放伙食补助。

如：某工会组织文体活动，在提供工作餐的同时，又按每人每天100元的标准发放伙食补助。

审计依据：《中国金融工会关于工会经费使用有关问题的补充规定》（金工发〔2023〕8号） 7. 中国金融工会系统的基层工会组织会员春秋游及职工文体活动、宣传活动、劳动和技能竞赛，可安排工作餐或发放伙食补助，二者不可兼得，标准不得超过所在单位差旅费中的伙食补助标准。中国金融工会系统的基层以上工会组织职工文体活动、宣传活动、劳动和技能竞赛，可安排工作餐或发放伙食补助，二者不可兼得。……

4. 超范围、超标准列支职工文体兴趣协会餐费等。

如：某基层工会职工文体协会、俱乐部、兴趣小组等除列支活动耗材、场地租赁、聘请教练的支出外，还列支了活动餐费、除饮用水外的食品饮料费、奖励和其他劳务费。

审计依据：《中国金融工会关于工会经费使用有关问题的补充规定》（金工发〔2023〕8号） 12. 基层工会的职工文体协会、俱乐部、兴趣小组等（以下统称小组）应根据小组特点制定管理制度，内容包括：小组成立的最低人数要求、加入和退出程序、活动形式、活动频次、考勤管理等。小组应为全体职工服务，全体职工均可自主选择加入或退出。小组活动可以开支活动耗材、场地租赁、聘请教练等支出，不得开支餐费、食品饮料费（饮用水除外）、奖励和其他劳务费。

三、超范围、超标准列支活动费用

1. 超范围、超标准列支文体活动服装费。

如：工会组织开展文体活动将鞋、帽、袜作为运动装备发放，未将其与其他服装一并控制在置装费标准内进行开支；基层工会组织体育比赛，为现场进行组织协调服务的工作人员、赛事服务志愿者购置服装。

审计依据：《金融系统基层工会经费收支管理实施办法》（金工发〔2018〕3号）第八条（二）……文体活动确需购置服装的，按每人不超过1 000元的标准购买，所购服装应以节俭、实用为原则，同一人在一年内参加同类活动不得重复购买。

《中国金融工会关于工会经费使用有关问题的补充规定》（金工发〔2023〕8号）3．工会组织开展文体活动发放的鞋、帽、袜均属于服装，所需开支应与其他服装一并控制在置装费标准内。4．根据体育比赛要求，需要统一着装的，工会可以为参赛队的领队和教练购买服装。工会组织职工参加上级举办的体育比赛，需要统一着装的，可为确需随队在现场进行组织协调服务的工作人员购买服装。服装费标准执行《金融系统基层工会经费收支管理实施办法》等有关规定，每人不超过1 000元、且不超过该项比赛的参赛人员服装费标准。5．基层工会组织体育比赛，不得为赛事服务志愿者统一购买服装；基层以上工会组织体育比赛，经集体研究确有需要的，可为志愿者统一购买服装，置装费标准不超过500元/人。

2．超范围、超标准为参赛（加）人员配备背包。

如：某基层工会本级组织文体活动，违规为参加人员购置背包；参加上级工会组织的体育比赛，违规为参赛人员购置高档背包。

审计依据：《中国金融工会关于工会经费使用有关问题的补充规定》（金工发〔2023〕8号）6．各级工会组织职工参加本级或上级举办的体育比赛，确有需要的可以为参赛人员购买护膝、护腕等防护用具。参加上级工会举办的体育比赛，确有需要的，可以给参赛人员配备背包；参加本级工会举办的体育比赛，不得购买背包。护具、背包支出不计入活动置装费限额标准，参赛人员使用后可以不收回入库。各级工会应以勤俭节约、经济适用为原则，不得变相购买高档用品，履行采购、领用等管理程序。各级工会组织职工参加本级或上级举办的体育比赛，具有运动伤害风险的，可以为参赛人员购买短期一次性意外伤害保险。

3．超范围、超标准支付工会活动劳务费。

如：超过300元/人/天标准支付文体活动外聘劳务人员劳务费；超

范围列支工会部门人员担任工会活动裁判、教练、评委的劳务费；超过 100 元/人/半天标准列支本单位人员在非工作日期间承担工会活动现场服务工作的劳务费，或者在已经发放加班费的情况下，重复发放本单位人员在非工作日期间承担工会活动现场服务工作的劳务费。

审计依据：《金融系统基层工会经费收支管理实施办法》（金工发〔2018〕3 号）第八条（二）……文体活动、比赛如需聘请专业教练、裁判、评委，可参照授课人员酬金标准执行。外聘劳务人员每人每天支付劳务费不超过 300 元。

《中国金融工会关于工会经费使用有关问题的补充规定》（金工发〔2023〕8 号） 10. 工会部门人员担任裁判、教练、评委的，不得发放劳务费；工会部门之外人员担任裁判、教练、评委的，可参照授课人员劳务费标准发放劳务费。在非工作日期间，承担了工会活动现场服务任务的人员（含工会部门、非工会部门的人员），可按不超过 100 元/人/半天标准发放劳务费，但不得与加班费重复发放；在工作日期间，承担了工会活动现场服务任务的，不得为其发放劳务费。职工文体协会、俱乐部、兴趣小组等组织的活动不适用此项规定。

4. 超范围列支已领取车改补贴的工会工作人员交通费。

如：列支已领取车改补贴的工会工作人员使用私家车外出公干或组织工会活动产生的燃油费、停车费等机动车支出。

审计依据：《中国金融工会关于工会经费使用有关问题的补充规定》（金工发〔2023〕8 号） 41. 各级工会应严格执行国家机关、中央企业公务用车改革的有关规定。已实行车改的单位，不得为个人报销燃油、停车费等机动车支出。未实行车改的，参照所在单位行政有关规定标准执行。

5. 超标准弥补会员会费。

如：某基层工会用经费弥补会员观看电影、文艺演出和体育比赛等活动费用超过基层工会当年会费收入的三倍以上。

审计依据：《金融系统基层工会经费收支管理实施办法》（金工发〔2018〕3号）第八条（二）基层工会可以用会费组织会员观看电影、文艺演出和体育比赛等，开展春游秋游，为会员购买当地公园年票。会费不足部分可以用工会经费弥补，弥补部分不超过基层工会当年会费收入的三倍。

四、超范围、超标准发放法定节日、会员生日、结婚、生育慰问品

1. 超标准发放会员法定节日慰问品。

如：执行绝对值标准的，每人每年支出总额超过2 000元；执行比例标准的，每年支出总额不符合控制在当年经费收入25%~35%的规定。

审计依据：《金融系统基层工会经费收支管理实施办法》（金工发〔2018〕3号）第八条（四）职工和会员集体福利支出。……节日类项目指法定节日可以向全体会员发放节日慰问品，按绝对值或比例控制两个标准，选定一项掌握每人每年支出总额，以绝对值标准执行，则每人每年支出总额不超过2 000元；以比例标准执行，则每年支出总额控制在当年经费收入的25%~35%。

提示：在不违反中国金融工会规定标准的前提下，若本系统或本级工会结合自身实际制定发放标准的，以其制定的标准为审计依据。

2. 超出国家法定节日范围发放会员节日慰问品。

如：某工会将元宵节、三八节、六一节、重阳节、未经自治区以上人民政府批准设立的少数民族节日等非法定节日也纳入节日慰问的时间

节点。又如：某工会在八一建军节前夕，对本单位复员、转业、退伍军人发放了慰问金（或慰问品）。

审计依据：《金融系统基层工会经费收支管理实施办法》（金工发〔2018〕3号）第八条（四）职工和会员集体福利支出。用于基层工会节日类项目和慰问类项目。……节日类项目指法定节日可以向全体会员发放节日慰问品，……法定节日，即新年、春节、清明节、劳动节、端午节、中秋节和国庆节和经自治区以上人民政府批准设立的少数民族节日。

3. 超出符合中国传统节日习惯的用品和职工群众必需的生活用品范围购置节日慰问品。

如：某基层工会采用超市提货券或网上商城购买方式发放会员节日慰问品时未按规定指定品目，导致部分会员在提货时领取了平板电脑、高档化妆品、酒水、香烟等物品。

审计依据：《金融系统基层工会经费收支管理实施办法》（金工发〔2018〕3号）第八条（四）……节日慰问品原则上为符合中国传统节日习惯的用品和职工群众必需的生活用品等，可结合实际采取便捷灵活的发放方式，不得以发放节日慰问品为名为职工办理购物卡。若采用提货券或网上商城购买方式，需指定商家、品目和金额。

《中国金融工会关于工会经费使用有关问题的补充规定》（金工发〔2023〕8号） 18．基层工会可以根据自身财力等实际情况，将年度节日慰问额度集中在少数节日集中使用。基层工会发放的节日慰问品原则上为符合中国传统节日习惯的用品和职工群众必需的生活用品，不得超范围发放慰问品或高档用品。基层工会可以根据实际情况发放实物或自行提货。采用提货券或网上商城购买等方式发放节日慰问品的，需集体研究确定物品范围，并确定合理的提货期限。基层工会凭采购合同、采购产品清单、发票等凭证及时办理对公结算。

4. 超标准发放会员生日、结婚、生育慰问品。

如：基层工会未依据会员生育次数进行慰问，一次生育多胎给予多倍标准的慰问品。

审计依据：《金融系统基层工会经费收支管理实施办法》（金工发〔2018〕3号）第八条（四）……会员生日慰问可以发放符合中国传统特色的实物慰问品，也可发放指定店面的蛋糕券，标准每人不超过300元，严禁以现金形式发放。会员结婚和生育（包括男会员）均可给予一定金额的慰问品，慰问标准每人不超过1 000元。

《中国金融工会关于工会经费使用有关问题的补充规定》（金工发〔2023〕8号）19. 会籍在同一工会的男女会员结婚、生育时，基层工会可以对双方会员进行慰问。20. 会员生育慰问依据生育次数进行慰问，一次生育慰问一次，一次生育多胎不可以给予多倍标准的慰问品。

提示：在不违反中国金融工会规定标准的前提下，若本系统或本级工会结合自身实际制定发放标准的，以其制定的标准为审计依据。

5. 违反规定用现金形式发放法定节日或会员生日、结婚、生育慰问品。

审计依据：《金融系统基层工会经费收支管理实施办法》（金工发〔2018〕3号）第八条（四）……法定节日可以向全体会员发放节日慰问品……会员生日慰问可以发放符合中国传统特色的实物慰问品，也可发放指定蛋糕店的蛋糕券……会员结婚和生育（包括男会员）均可给予一定金额的慰问品…… 第二十三条（二）3. 严禁对明文规定发放慰问品的以现金代替。……（五）2. 严禁以现金形式发放节日慰问品。3. 严禁以现金形式发放生日蛋糕、电影券等。

五、超标准或超范围发放职工、会员重病及住院、去世慰问金或慰问品

如：某基层工会发放会员配偶的父母重病及住院、去世慰问金或慰问品；某基层工会列支对非重大疾病在家休养职工的慰问品。

审计依据：《金融系统基层工会经费收支管理实施办法》（金工发〔2018〕3号）第八条（四）……职工、会员重病及住院可给予一定金额的慰问金和慰问品。重大疾病（社会医保统筹的界定标准）保守治疗在家休养或住院治疗的慰问标准每人不超过3 500元，非重大疾病需住院治疗的慰问标准每人不超过1 500元，同一人同一病种一年只慰问一次。职工、会员本人或其直系亲属（限于配偶、父母、子女）去世时，可给予一定金额的慰问金。慰问本人标准不超过5 000元，慰问直系亲属标准不超过3 000元。

《中国金融工会关于工会经费使用有关问题的补充规定》（金工发〔2023〕8号）21. 根据《金融系统基层工会经费收支管理实施办法》规定，非重大疾病仅慰问住院职工。

提示：在不违反中国金融工会规定标准的前提下，若本系统或本级工会结合自身实际制定发放标准的，以其制定的标准为审计依据。

六、超标准或超范围发放会员退休离岗慰问品

如：某工会对调离本单位的会员发放慰问品，或对退休离岗会员发放的慰问品金额超过规定标准。

审计依据：《金融系统基层工会经费收支管理实施办法》（金工发〔2018〕3号）第八条（四）……会员退休离岗（不含调动、辞职），可组织座谈会予以欢送，座谈会可购买适当的干鲜水果等食品，同时可为本人发放不超过2 000元的纪念品；退休人员在职期间荣获过全国劳

动模范、先进工作者，全国金融劳动模范，全国五一劳动奖章和全国金融五一劳动奖章，地方省级劳动模范、先进工作者和省级五一劳动奖章的，以及在工会岗位任职满 15 年且被上级工会表彰为优秀工会工作者的，可为本人发放不超过 3 000 元的纪念品。

提示：在不违反中国金融工会规定标准的前提下，若本系统或本级工会结合自身实际制定发放标准的，以其制定的标准为审计依据。

七、超标准或违规用现金形式发放离退休人员去世慰问品

审计依据：《中国金融工会关于工会经费使用有关问题的补充规定》（金工发〔2023〕8 号）26. ……基层工会可以对离退休人员去世给予一定金额的慰问品，慰问标准每人不超过 600 元。

八、超标准或超范围发放挂职、交流、借调人员法定节日、生日等工会集体福利

1. 重复发放挂职、交流、借调人员法定节日、生日、重病及住院等慰问品（金）。

如：挂职、交流、借调人员享受劳动和人事关系所在单位的工会集体福利的同时，重复享受现服务单位的工会集体福利。

审计依据：《中国金融工会关于工会经费使用有关问题的补充规定》（金工发〔2023〕8 号）23. 结合中国金融工会系统实际情况，挂职、交流、借调人员的节日慰问、生日慰问、生病住院慰问支出原则上由劳动和人事关系所在单位基层工会承担。确因实际工作需要，且该人员未在原单位领取的情况下，可由现服务单位的工会经费列支。此类人员去世、退休离岗慰问等所需经费应由劳动和人事关系所在单位的基层工会承担。

2. 超范围对挂职、交流、借调人员发放去世慰问、退休离岗慰问。

如：基层工会列支挂职、交流、借调人员去世慰问金或退休离岗慰问品；基层工会对挂职、交流、借调人员中的困难职工进行慰问并列支慰问金或慰问品。

审计依据：《中国金融工会关于工会经费使用有关问题的补充规定》（金工发〔2023〕8号）23. 结合中国金融工会系统实际情况，挂职、交流、借调人员的节日慰问、生日慰问、生病住院慰问支出原则上由劳动和人事关系所在单位基层工会承担。确因实际工作需要，且该人员未在原单位领取的情况下，可由现服务单位的工会经费列支。此类人员去世、退休离岗慰问等所需经费应由劳动和人事关系所在单位的基层工会承担。

九、超范围向未具备发放条件的劳务派遣工发放法定节日、会员生日等工会集体福利

如：工会向既未加入本单位工会也未加入劳务派遣单位工会、或虽加入劳务派遣单位工会但劳务派遣单位工会未委托本单位工会代管的劳务派遣制员工发放法定节日、会员生日等节日类和慰问类慰问品（金）。

审计依据：《金融系统基层工会经费收支管理实施办法》（金工发〔2018〕3号）第八条（四）职工和会员集体福利支出。用于基层工会节日类项目和慰问类项目……节日类项目指法定节日可以向全体会员发放节日慰问品……慰问类项目包括对会员生日、结婚、生育、重病及住院、去世、因退休离岗的慰问。

《中华全国总工会关于组织劳务派遣工加入工会的规定》（总工发〔2009〕21号）1. 劳务派遣单位和用工单位都应当依法建立工会组织，吸收劳务派遣工加入工会，任何组织和个人不得阻挠和限制。劳务派遣工应首先选择参加劳务派遣单位工会，劳务派遣单位工会委员会中

应有相应比例的劳务派遣工会员作为委员会成员。劳务派遣单位没有建立工会组织的,劳务派遣工直接参加用工单位工会。2.在劳务派遣工会员接受派遣期间,劳务派遣单位工会可以委托用工单位工会代管。劳务派遣单位工会与用工单位工会签订委托管理协议,明确双方对会员组织活动、权益维护等的责任与义务。3.劳务派遣工的工会经费应由用工单位按劳务派遣工工资总额的百分之二提取并拨付劳务派遣单位工会,属于应上缴上级工会的经费,由劳务派遣单位工会按规定比例上缴。用工单位工会接受委托管理劳务派遣工会员的,工会经费留用部分由用工单位工会使用或由劳务派遣单位工会和用工单位工会协商确定。

十、违反规定按职级区别发放慰问金（品）

如：某工会按职务高低区别发放法定节日、会员生日、结婚、生育、职工和会员重病及住院、去世、会员退休离岗的慰问金（品）。

审计依据：《金融系统基层工会经费收支管理实施办法》（金工发〔2018〕3号）第二十三条（五）4．严禁按职务级别划分发放标准。

十一、以消费帮扶名义，在现行制度规定的节日慰问、生日慰问、文体活动和其他相关工会活动开支范围和标准之外，额外购买发放脱贫地区产品

审计依据：《中国金融工会办公室关于转发全总办公厅〈关于加大工会经费投入助力疫情防控与经济社会发展的若干措施〉的通知》（金工办发〔2022〕14号）三、……金融系统各级工会开展的文体活动，在严格按照有关规定确需发放纪念品时，同等条件下可优先采购脱贫地区产品。基层工会按照规定组织节日慰问、生日慰问或其他相关工会活动时，同等条件下可优先采购脱贫地区产品。……

《中国金融工会关于工会经费使用有关问题的补充规定》（金工发〔2023〕8号） 40．中国金融工会系统各级工会不得以消费帮扶名义，在现行制度规定范围和标准之外，额外发放脱贫地区产品。根据《中国金融工会办公室关于转发全总办公厅〈关于加大工会经费投入助力疫情防控与经济社会发展的若干措施〉的通知》，中国金融工会系统各级工会开展的文体活动，在按照有关规定可发放纪念品时，同等条件下可优先采购脱贫地区产品作为纪念品发放。基层工会按照规定组织节日慰问、生日慰问或其他相关工会活动时，同等条件下可优先采购脱贫地区产品。

十二、超标准、超范围列支培训费、会议费、差旅费

1. 超标准支付培训老师讲课费。

审计依据：《中央和国家机关培训费管理办法》（财行〔2016〕540号）第十条 师资费在综合定额标准外单独核算。（一）讲课费（税后）执行以下标准：副高级技术职称专业人员每学时最高不超过500元，正高级技术职称专业人员每学时最高不超过1 000元，院士、全国知名专家每学时一般不超过1 500元。讲课费按实际发生的学时计算，每半天最多按4学时计算。其他人员讲课费参照上述标准执行。同时为多班次一并授课的，不重复计算讲课费。

《中国金融工会关于工会经费使用有关问题的补充规定》（金工发〔2023〕8号） 37．对于只有行政职务没有技术职称的授课老师，工会所在单位行政明确了行政职务人员讲课费标准的，可按照行政规定执行。所在单位行政未明确行政职务人员讲课费标准的，应按照财政部对党政机关工作人员规定的讲课费标准执行。财政部对党政机关工作人员规定的讲课费标准（税后）为：副高级技术职称专业人员（处级及以下人员）每学时不超过500元，正高级技术职称专业人员（司局级人员）每学时不超过1 000元，院士、全国知名专家（省部级人员）每学时不

超过1 500元。讲课费按实际发生的学时计算，每半天最多按4学时计算。对于既没有技术职称、也无法对应行政职务的社会团体或培训教育机构等任职人员，工会所在单位行政明确了对此类授课老师讲课费标准的，可按照行政规定执行，所在单位行政规定的讲课费标准中未对此类情况作出明确的，按照行政规定的最低一档讲课费标准执行，所在单位行政没有规定讲课费标准的，工会按照财政部规定的最低一档讲课费标准执行。

2. 超范围支付培训老师讲课费。

如：列支工会部门人员为本单位工会举办培训班或活动授课的讲课费。

审计依据：《中国金融工会关于工会经费使用有关问题的补充规定》（金工发〔2023〕8号） 38. 结合中国金融工会系统实际，各级工会举办培训班邀请本单位工会部门以外的其他部门人员授课可以发放讲课费，工会部门人员为本单位工会举办培训班或活动授课的，不得发放讲课费。所在单位还有其他规定的，按要求执行。

3. 超标准列支培训、会议接待费。

如：超标准安排宾馆房间、额外配发洗漱用品、会议餐配备高档菜肴或烟酒、会场提供水果等问题。

审计依据：《中央和国家机关培训费管理办法》（财行〔2016〕540号）第十四条第二款 培训住宿不得安排高档套房，不得额外配发洗漱用品；培训用餐不得上高档菜肴，不得提供烟酒；除必要的现场教学外，7日以内的培训不得组织调研、考察、参观。

《中央和国家机关会议费管理办法》（财行〔2016〕214号）第二十七条第二款 各单位应严格执行会议用房标准，不得安排高档套房；会议用餐严格控制菜品种类、数量和份量，安排自助餐，严禁提供高档菜肴，不安排宴请，不上烟酒；会议会场一律不摆花草，不制作背景板，不提供水果。

《中国金融工会关于工会经费使用有关问题的补充规定》（金工发〔2023〕8号） 36. 所在单位行政明确规定会议费、培训费（含讲课费）、差旅费开支标准或明确适用标准的，工会按照行政规定执行。所在单位行政没有制定明确标准和适用标准的，工会按照财政部相关标准执行。

4. 超范围列支培训费、会议费。

如：使用培训费或会议费在"培训支出""会议支出"科目列支购置电脑、复印机、打印机、传真机等固定资产及其他公务接待费。

审计依据：《中央和国家机关培训费管理办法》（财行〔2016〕540号）第十四条第一款 ……严禁使用培训费购置电脑、复印机、打印机、传真机等固定资产以及开支与培训无关的其他费用。

《中央和国家机关会议费管理办法》（财行〔2016〕214号）第二十七条第三款 不得使用会议费购置电脑、复印机、打印机、传真机等固定资产以及开支与本次会议无关的其他费用。

《中国金融工会关于工会经费使用有关问题的补充规定》（金工发〔2023〕8号） 36. 所在单位行政明确规定会议费、培训费（含讲课费）、差旅费开支标准或明确适用标准的，工会按照行政规定执行。所在单位行政没有制定明确标准和适用标准的，工会按照财政部相关标准执行。

5. 超范围、超标准列支差旅费。

在工会经费账户报销的差旅费标准超过了国家或同级行政规定的标准，如：应坐二等座的乘坐报销了一等座或商务座的车票，应坐经济舱的乘坐报销了头等舱或商务舱的机票等；住宿费标准超过了本人应该报销的额度等。或者基层工会列支了应在当地组织的职工教育活动、文体活动、宣传活动、劳动和技能竞赛等各类活动差旅费。

审计依据：《中央国家机关差旅费管理办法》（财行〔2013〕531号）

《中央和国家机关差旅费管理办法有关问题的解答》（财办行〔2014〕90号）等关于相关人员出差标准的规定，或同级行政关于出差标准的管理规定。

《中国金融工会关于工会经费使用有关问题的补充规定》（金工发〔2023〕8号） 9. 基层工会应在当地组织职工教育活动、文体活动、宣传活动、劳动和技能竞赛等各类活动。原则上不安排住宿，确有需要的，可安排午休房。各级工会参加上级工会组织的活动、基层以上工会组织活动，确需自付差旅费的，应积极争取所在单位行政支持，所在单位行政无法保障的，可以按照单位行政规定的差旅费标准，从工会经费中据实列支。单位行政没有规定的，执行财政部有关差旅费标准。

十三、超范围、超标准、超规模组织劳模疗休养活动

1. 未经上级工会批准组织劳模疗休养。

如：某工会组织劳模疗休养未经上一级工会批准同意。

审计依据：《全国总工会关于进一步加强和规范劳模疗休养工作的意见》（总工办发〔2019〕21号）三、组织实施。……企事业单位工会组织劳模疗休养须经上一级工会批准同意。

2. 超范围组织劳模疗休养活动。

如：某工会在组织本单位劳模疗休养活动时，将企业评选出来的优秀职工、先进职工一并纳入活动对象等。

审计依据：《全国总工会关于进一步加强和规范劳模疗休养工作的意见》（总工办发〔2019〕21号）三（一）疗休养对象。工会组织的劳模疗休养，参加对象应是经主管部门批准表彰的地市级及以上劳动模范和先进工作者（含享受待遇者）及五一劳动奖章获得者（以下通称为劳模）。其他表彰奖励获得者、企业优秀职工等人员的疗休养活动不属于

工会组织的劳模疗休养范畴。1.……企事业单位工会组织劳模疗休养须经上一级工会批准同意。每年疗休养总规模原则上不超过 65 岁以下劳动模范和先进工作者（含享受待遇者）、五一劳动奖章获得者总数的五分之一。

3. 超标准列支劳模疗休养费用和安排随队服务的工作人员。

如：某工会未制定本级工会劳模疗休养费用标准，在实际工作中，仅以签报形式经工会主席同意，人均每天支出 1 500 元。且在组织劳模疗休养活动时，40 名劳模参加活动，随队服务工作人员有 6 人，其费用也在劳模疗休养活动费用中列支。

审计依据：《全国总工会关于进一步加强和规范劳模疗休养工作的意见》（总工办发〔2019〕21 号）三、组织实施（一）疗休养对象。……2. 从严安排随队服务的工作人员。原则上派出 10 名以下劳模的不安排工作人员，派出 20 名以内的可安排 1 人，每超过 20 名可增加 1 名工作人员，其食宿等费用从疗休养经费中列支。……（四）疗休养经费。全国总工会组织的劳模疗休养费用标准一般每人不超过 6 000 元，平均每人每天不超过 1 000 元，根据经济社会发展水平动态调整，经费由中央财政全国劳模专项补助资金和全国总工会本级工会经费共同列支。各级工会可根据劳模荣誉层级参照制定相应疗休养费用标准并向上一级工会报备，积极争取经费由财政和本级工会经费共同列支。

十四、超标准列支优秀技术工人疗休养费用

如：基层工会组织优秀技术工人疗休养，开支标准高于本级工会和上级工会组织的劳模疗休养标准。

审计依据：《中国金融工会关于工会经费使用有关问题的补充规定》（金工发〔2023〕8 号） 14.……根据《中华全国总工会办公厅关于印

发〈关于深入开展优秀技术工人休疗养活动的意见〉的通知》，中国金融工会系统各级工会可组织优秀技术工人休疗养，标准不超过本级工会组织的劳模疗休养标准和上级工会组织的劳模疗休养标准。优秀技术工人休疗养支出原则上由优秀技术工人所在单位承担，工会可按照《金融系统基层工会经费收支管理实施办法》和总行（会、司）工会制定的实施细则或实施办法明确的补助内容、标准，对优秀技术工人休疗养活动予以补助。

十五、超范围使用送温暖资金

1. 送温暖活动慰问对象包括本单位挂职、交流、借调人员中的困难职工。
2. 送温暖活动慰问对象包括非困难的离退休职工。

审计依据：《金融系统工会送温暖资金使用管理办法（试行）》（金工发〔2020〕2号）第七条 送温暖资金的使用对象：1. 因家庭收入水平明显偏低、子女教育费用负担过重等原因造成家庭生活困难的职工。2. 本人或家庭成员因患大病、遭受各类灾害或突发意外等情况造成生活困难的职工。3. 工伤与职业病致残的职工和因公去世职工的家属；因重大疾病手术、住院的职工。4. 长期在高（低）温、高空、有毒有害等环境中和苦脏累险艰苦岗位上工作的一线职工。5. 重大灾害期间坚守抗灾一线的职工；元旦春节期间坚守在工作一线以及直接面向群众服务的基层岗位干部职工；在重大项目和重大工程中做出突出贡献的职工；基层一线涌现出来的先进模范人物。6. 因组织需要长期异地工作或服从组织需要赴外地、基层工作的扶贫和驻村等派驻挂职干部。

《中国金融工会关于工会经费使用有关问题的补充规定》（金工发〔2023〕8号） 24. 中国金融工会系统挂职、交流、借调人员为困难职工的，应由劳动和人事关系所在单位的基层工会建档慰问。

《金融系统工会送温暖资金使用管理办法（试行）》（金工发〔2020〕2号）第八条 ……在行政补助充足、送温暖资金宽裕的情况下，两节期间走访慰问的群体可适当考虑生活困难的离休、退休和病退职工。……

3. 超范围对全体职工开展普惠性冬送温暖、夏送清凉慰问等。

审计依据：《关于转发〈中华全国总工会办公厅关于开展"工会送清凉、防暑保安康"活动的通知〉的通知》（金工办发〔2023〕11号）：基层工会可对在高温、严寒、严重雾霾等恶劣条件下工作的一线职工进行慰问，购买用于防暑降温、防寒保暖、防雾霾用品及食品饮料，具体慰问标准由各总行（会、司）工会、各省（区、市）金融工会制定。不可对全体职工开展普惠性质的冬送温暖、夏送清凉慰问。

《中国金融工会关于工会经费使用有关问题的补充规定》（金工发〔2023〕8号） 34. 基层工会可对在高温、严寒、严重雾霾等恶劣条件下工作的一线职工进行慰问，为其购买用于防暑降温、防寒保暖、防雾霾用品，不可对全体职工开展普遍性的冬送温暖、夏送清凉慰问。具体慰问标准由总行（会、司）工会结合实际情况制定。

十六、违规发放职工子女托管、托育补贴

如：某工会以开展职工子女托管、托育活动名义，直接发放职工子女托管、托育补贴。

审计依据：《中华全国总工会财务部对云南省总工会关于基层工会经费开支有关问题的复函》（工财函〔2022〕38号）三、基层工会开展子女托管、托育等职工关爱活动，应当体现组织行为，不得直接用工会经费为符合托管、托育条件的职工发放补贴。

十七、超范围对不符合规定条件的兼职工会工作人员发放补贴

如：某工会为刚刚兼任工会会计记账工作不到两个月的人员发放补贴；重复发放兼职工会干部补贴；为兼职同一工会多个岗位的人员发放多份补贴；等等。

审计依据：《中国金融工会关于工会经费使用有关问题的补充规定》（金工发〔2023〕8号）39. 根据相关管理规定，党员领导干部不得兼职取酬。除此之外，各总行（会、司）工会可结合自身实际，研究制定兼职工会工作人员劳务费发放管理办法，明确本系统各级工会具体的发放主体、对象及发放标准，每半年向符合条件的兼职工会工作人员发放劳务费，发放标准每人每半年最高不超过3 000元（税后），为引导建立相对稳定的兼职工会工作人员队伍，兼职承担工会工作满半年方可发放劳务费。兼职工会工作人员劳务费原则上由所兼职的工会发放，根据实际情况也可由上级工会统一发放，但不得重复发放。对于同时为系统内不同层级工会兼职承担工作的，可分别计发劳务费；为同一工会多个岗位兼职承担工作的，不分别计发劳务费。省（区、市）金融工会兼职工会工作人员补贴的相关制度由中国金融工会制定。

"党员领导干部"以中央纪委认定的范围为准。

十八、超预算列支工会经费

如：某工会举办职工体育运动会，实际支出超出该预算项目的核定预算数。

审计依据：《金融系统基层工会经费收支管理实施办法》（金工发〔2018〕3号）第十六条 ……严禁无预算、超预算使用工会经费。

《基层工会预算管理办法》（总工办发〔2020〕29号）第二十一条 经批准的预算是基层工会预算执行的依据。基层工会不得无预算、

超预算列支各项支出。

《中华全国总工会关于加强工会财务管理、资产监督管理和经费审查审计监督的意见》（总工发〔2016〕38号）一（三）严格预算管理。各级工会……要加强预算执行管理，严禁无预算、超预算支出。

第六节　违反工会财务管理相关制度

一、未执行集体决策制度

如：送温暖资金分配和使用方案、评先表彰决议以及举办大型活动等重大事项或大额支出，未履行事前会议集体研究决定程序，仅通过签报形式请示了工会负责人或分管工会的行政领导；在年度预算批准前，未经集体决策审批程序，提前支用非上一年结转的文体活动项目资金。

审计依据：《金融系统工会送温暖资金使用管理办法（试行）》（金工发〔2020〕2号）第十二条……工会权益保障部门每年要制定送温暖工作计划，会同财务部门科学合理提出资金分配和使用方案，经同级工会领导集体研究通过后实施；……

《金融系统基层工会经费收支管理实施办法》（金工发〔2018〕3号）第十五条　要坚持实行"统一领导、分级管理"体制，认真落实各项开支实行工会委员会集体领导下的主席负责制，重大收支须集体研究决定。

《中华全国总工会关于加强工会财务管理、资产监督管理和经费审查审计监督的意见》（总工发〔2016〕38号）二（七）落实责任追究制度。坚持"谁主管，谁负责"的原则，各级工会领导班子及企事业单位要切实履行管好用好工会资产的主体责任，严格执行"三重一大"决策制度，重要事项必须经领导班子以会议形式集体决策，形成会议纪要，并按程序报批。

《工会预算管理办法》(总工发〔2019〕26号)第四十四条 预算批准前,上一年结转的项目支出和必要的基本支出可以提前使用。送温暖支出、突发事件支出和本级工会已确定年度重点工作支出等需提前使用的,必须经集体研究决定。预算批准后,按照批准的预算执行。

《中国金融工会关于工会经费使用有关问题的补充规定》(金工发〔2023〕8号) 1.在年度预算批准之前,各级工会需要提前组织文体活动的,须经本级工会委员会(常委会)或主席办公会集体研究决定,履行审批程序后使用资金。如为上一年结转的项目支出,可以提前使用,不受前述限制。

二、未严格实行"一支笔"审批制度

1. 未经工会主席授权,审批工会经费。
2. 支出凭证未见有权审批人签批。
3. 由行政(部门)领导代替工会审批经费。

审计依据:《中华全国总工会办公厅关于印发〈工会财会工作归口管理的规定〉的通知》(工厅财字〔1991〕50号)七、遵照国家财经管理"一支笔"的审批原则,各级工会均应由一名主要负责同志分管工会财务工作,在集体领导和分工负责的原则下,实行"一支笔"审批。

《中华全国总工会办公厅关于加强工会经费财务管理和审计监督切实管好用好工会经费的通知》(总工办发〔2013〕51号)六、加大工会经费使用管理责任追究。全面落实工会经费使用管理工作责任,坚持主要领导负总责,预算内收支严格执行"一支笔"审批,重大支出决策集体研究决定。

《金融系统基层工会经费收支管理实施办法》(金工发〔2018〕3号)第十五条 ……基层工会主席对基层工会会计工作和会计资料的真实性、完整性负责。工会经费审批权不得交由本单位行政负责人执行。

三、违反采购相关规定

1. 购置列入集中采购项目目录范围或达到集中采购标准的大宗物品及服务未按规定进行集中采购；采用化整为零的方式规避集中采购。

如：将节日类、生日类慰问品交由各分工会或工会小组在额度内分散自行采购报销。

审计依据：《工会行政事业性资产管理办法》（总工办发〔2017〕5号）第十二条 各级工会行政事业单位购置资产，应按照《中华人民共和国政府采购法》及其实施细则的规定执行。

《政府采购法》第二十八条 采购人不得将应当以公开招标方式采购的货物或者服务化整为零或者以其他任何方式规避公开招标采购。

《政府采购法实施条例》第二十八条 在一个财政年度内，采购人将一个预算项目下的同一品目或者类别的货物、服务采用公开招标以外的方式多次采购，累计资金数额超过公开招标数额标准的，属于以化整为零方式规避公开招标，但项目预算调整或者经批准采用公开招标以外方式采购除外。

《中华全国总工会办公厅关于加强工会经费财务管理和审计监督切实管好用好工会经费的通知》（总工办发〔2013〕51号）四、……严格执行集中采购制度，……

《中国金融工会关于工会经费使用有关问题的补充规定》（金工发〔2023〕8号） 17. 基层工会采购节日类、生日类慰问品时，同一预算项目应集中采购，应按照采购制度确定具体采购方式并履行相应采购程序，不得拆分采购额度由各分工会或工会小组分散采购。

2. 集中采购档案资料不全。

审计依据：《工会会计制度》（财会〔2021〕7号）第十六条 工会提供的会计信息应当符合工会管理工作的要求，满足会计信息使用者的需要，满足本级工会加强财务管理的需要。 第十七条 工会应当以实际发生的经济业务或者事项为依据进行会计处理，如实反映工会财务状况和收支情况等信息，保证会计信息真实可靠、内容完整。第十八条 工会提供的会计信息应当清晰明了，便于理解和使用。

3. 购买社会组织服务的承接主体不符合相关规定。

如：承接工会购买社会组织服务的主体未取得相关登记注册资格，承接工会购买社会组织服务的主体成立的时间未达到要求。

审计依据：《中华全国总工会关于工会购买社会组织服务的意见》（总工发〔2019〕25号）（六）确定承接主体。承接工会购买社会组织服务的主体是具备服务职工能力、依法在各级民政部门登记注册的社会组织。

4. 购买社会组织服务的程序不合规。

如：某工会在购买社会组织服务时，对达到采购标准的未执行相关采购制度，重大购买服务项目支出未执行集体决策制度。

审计依据：《中华全国总工会关于工会购买社会组织服务的意见》（总工发〔2019〕25号）（八）规范方式程序。健全完善工会购买社会组织服务的方式和程序，确保购买过程合法合规、科学高效。……使用工会经费或其他非财政资金购买社会组织服务的，应当符合政府采购法律和政府财政部门规定要求，采购限额标准以上的原则上参照招标方式进行，采购限额标准以下或因技术、服务性质、承接对象等因素无法通过招标方式进行的，也可根据政府采购法律政策和工会经费管理使用规定采取其他适当方式进行。

5. 合同主体与履行主体不一致。

如：某工会举办某大型活动支付相关活动款项，但凭证所附合同为单位行政与供应商签订，加盖单位行政的合同章（或公章）。

审计依据：《民法典》第四百六十五条 依法成立的合同，受法律保护。依法成立的合同，仅对当事人具有法律约束力，但是法律另有规定的除外。

6. 采购项目设定的采购需求、采购报价、评标要求与实际采购需求不一致。

如：某工会以竞争性谈判方式采购当年工会活动服务供应商，向候选供应商发出的《需求说明》显示，采购需求包括平台服务及货物采购，具体包括：会员节日慰问品、开展各种知识竞赛答题活动及奖品发放、健步走活动组织及奖品发放、读书活动组织（图书心得或视频的上传及投票）及图书、奖品的采购发放等，同时，设定竞争性谈判的标的价为一年期平台服务费用。采购小组按此报价进行评审打分，最终报价0.3万元的候选供应商中标。采购合同仅明确一年期平台服务费用，无货物销售价格内容。最终工会通过该中标供应商采购节日慰问品及活动奖品10次，合计金额70万元。

【案例分析】此项采购多以采购货物为主，但采购需求及签订的合同均未体现有关货物销售价格的定价及优惠等采购比价的核心要素，因此机关工会以一年期平台服务费为采购标的价去采购货物及服务供应商存在不公允的问题。

审计依据：《中华全国总工会办公厅关于加强工会经费财务管理和审计监督切实管好用好工会经费的通知》（总工办发〔2013〕51号）四、……严格执行集中采购制度，……

7. 采购合同关键内容缺失或要素不全。

如：合同或协议未载明数量、质量、价款、履行期限，无工会签章或授权代表签字，无合同签署日期等。

审计依据：《民法典》合同编 第四百七十条 合同的内容由当事

人约定，一般包括下列条款：（一）当事人的姓名或者名称和住所；（二）标的；（三）数量；（四）质量；（五）价款或者报酬；（六）履行期限、地点和方式；（七）违约责任；（八）解决争议的方法。第四百九十条第一款 当事人采用合同书形式订立合同的，自当事人均签名、盖章或者按指印时合同成立，……

8. 框架协议内的单次采购项目未与供应商签订具体执行合同。

审计依据：《民法典》合同编 第四百七十条 合同的内容由当事人约定，一般包括下列条款：（一）当事人的姓名或者名称和住所；（二）标的；（三）数量；（四）质量；（五）价款或者报酬；（六）履行期限、地点和方式；（七）违约责任；（八）解决争议的方法。

四、费用支出的支持性附件不全

如：费用支出只有发票，未说明用途；会议费支出没有会议通知、实际参会人员签到表、会议服务单位提供的费用原始明细单据等；培训费支出没有培训通知、日程安排、实际参训人员签到表、培训机构出具的收款票据、费用明细等；开展活动支出未附活动通知、方案、合同或协议、集中采购纪要、预算以及有权人签批的立项签报；发放钱款（奖金、慰问金、补助、劳务费等）或物品（奖品、纪念品、慰问品、服装等）无发放签领清单或银行回单，无法证明钱款或物品是否发到本人；购买实物无验收证明；发放送温暖资金无实名制发放清单、慰问品或以现金形式发放的慰问金由工会财务人员或经办人员签收、采用转账方式发放慰问金未附银行回单、银行回单仅显示银行代发总金额的未附银行出具的具体收款人清单、委托下级工会代为发放送温暖资金未见下级工会反馈的签领单或转入被慰问者银行账户的银行回单；等等。

审计依据：《工会财务会计管理规范》（修订）（总工办发〔2013〕

20号）第三十二条 建立严格的经费开支程序和授权批准制度，明确授权批准的范围、权限、程序、责任和相关控制措施，做到申请、经办、证明、验收、审核、签批等经费开支手续完备，原始凭证合法有效，相关附件齐全。

《中央和国家机关会议费管理办法》（财行〔2016〕214号）第十七条 各单位在会议结束后应当及时办理报销手续。会议费报销时应当提供会议审批文件、会议通知及实际参会人员签到表、定点会议场所等会议服务单位提供的费用原始明细单据、电子结算单等凭证。

《关于〈中央和国家机关会议费管理办法〉的补充通知》（财行〔2023〕86号）六、各单位在会议结束后应当及时办理会议费报销手续。线下费用按照《办法》有关规定进行报销。线上费用应当提供费用清单和使用相关应用系统所开具的合法票据，签署服务合同的，须一并提供相关合同。

《中央和国家机关培训费管理办法》（财行〔2016〕540号）第十七条 报销培训费，综合定额范围内的，应当提供培训计划审批文件、培训通知、实际参训人员签到表以及培训机构出具的收款票据、费用明细等凭证；师资费范围内的，应当提供讲课费签收单或合同，异地授课的城市间交通费、住宿费、伙食费按照差旅费报销办法提供相关凭据；执行中经单位主要负责同志批准临时增加的培训项目，还应提供单位主要负责同志审批材料。

《金融系统基层工会经费收支管理实施办法》（金工发〔2018〕3号）第二十条 工会开展活动要有具体活动方案，并按规定办理审批手续；购物发票要符合会计制度要求，并附购物清单及参与人员名单；奖励物品发放要有签领名单，集体活动用餐要有用餐人员名单。 第二十三条（六）5.严禁工会经费支出经济事项与发票内容不符、使用虚假发票、发票无明细、支出无明细、无发放记录或发放记录无本人或代领人签字、白条入账等不规范财务行为。

《会计基础工作规范》（财政部令第98号）第四十八条（三）……购买实物的原始凭证，必须有验收证明。……

《金融系统工会送温暖资金使用管理办法（试行）》（金工发〔2020〕2号）第九条 送温暖资金发放的形式与要求：1. 走访慰问职工要坚持实名制发放……4. 资金使用后，应按照工会会计制度规定，留存实名制汇总表、转账回单及发放慰问品签收单等相关票据凭证作为会计档案存档。

《中国金融工会关于工会经费使用有关问题的补充规定》（金工发〔2023〕8号） 33. 工会送温暖资金直接转入慰问对象本人银行账户的，可依据银行转账凭证直接列支，不必本人签收。

五、发放奖金、个人劳务报酬等，未代扣代缴个人所得税

如：某工会发放运动会奖金、培训班请外单位师资支付的课酬等，未代扣代缴个人所得税，或仅列明类似"个人所得税自理"等字样。

审计依据：《个人所得税法》第九条第一款 个人所得税以所得人为纳税人，以支付所得的单位或个人为扣缴义务人。

提示：《个人所得税法》第四条规定，省级人民政府、国务院部委和中国人民解放军军以上单位，以及外国组织、国际组织颁发的科学、教育、技术、文化、卫生、体育、环境保护等方面的奖金，以及福利费、救济金免征个人所得税。

《个人所得税法实施条例》（国务院令第707号）第十一条规定，个人所得税法第四条第一款第四项所称福利费，是指根据国家有关规定，从企业、事业单位、国家机关、社会组织提留的福利费或者工会经费中支付给个人的生活补助费；所称救济金，是指各级人民政府民政部门支付给个人的生活困难补助费。

六、擅自改变专项资金用途

如：未按规定用途专款专用，擅自改变专项资金用途，列支与专项资金用途无关的支出。

审计依据：《工会预算管理办法》（总工办发〔2019〕26号）第四十六条 ……各预算单位的支出必须按照预算执行，不得擅自扩大支出范围，提高开支标准，不得擅自改变预算资金用途，不得虚假列支。

《工会会计制度》（财会〔2021〕7号）第二十二条 工会应当对指定用途的资金按规定的用途专款专用，并单独反映。

《中华全国总工会办公厅关于贯彻落实过"紧日子"要求进一步加强工会预算管理的通知》（厅字〔2020〕30号）三、……严格依照批复的预算做好预算执行工作，严禁任何无预算、超预算的支出。加强支出审核，任何人、任何单位不得突破规定的范围和标准随意列支相关支出。……

七、支出依据文件不符合隶属管理条线规定

如：某工会未经金融工会批准，部分开支标准执行地方工会收支管理办法标准。

审计依据：《中国金融工会关于工会经费使用有关问题的补充规定》（金工发〔2023〕8号） 43.根据《中国工会章程》第十一条有关"产业工会实行产业工会和地方工会双重领导，以产业工会领导为主"的规定，中国金融工会系统各级工会经费开支标准应执行中国金融工会相关文件规定，不得同时执行中国金融工会和地方工会出台的文件。特殊事项须报经中国金融工会审批。

八、会计核算不准确

1. 将工会组织职工培训发生的费用错记入"文体活动支出"科目。

审计依据：应记入"职工教育支出"科目。《工会会计制度》(财会〔2021〕7号) 50102 文体活动支出：核算工会开展职工业余文体活动的各项支出。 50101 职工教育支出：核算工会开展职工教育活动的各项支出。

2. 将工会举办工会专兼职干部培训班所产生的费用错记入"职工教育支出"科目。

审计依据：应记入"培训支出"科目。《工会会计制度》(财会〔2021〕7号) 50101 职工教育支出：核算基层工会用于开展政治、法律、科技、业务等专题培训和职工技能培训所需的教材资料、教学用品、场地租金等方面的支出，用于支付职工教育活动聘请授课人员的酬金，用于基层工会开展的职工素质提升补助和职工教育培训优秀学员的奖励。 50501 培训支出：核算工会干部、积极分子培训等支出。

3. 将本级工会组织开展的元旦春节"送温暖"活动慰问困难职工的支出错记入"困难职工帮扶支出"科目。

审计依据：应记入"送温暖支出"科目。《工会会计制度》(财会〔2021〕7号)第504号科目 维权支出 一、本科目核算工会用于维护职工权益的支出。 50405 送温暖支出：核算工会用于开展春送岗位、夏送清凉、金秋助学和送温暖等活动发生的支出。

4. 将工会组织召开文联会议支出记入"文体活动支出"科目。

审计依据：应记入"会议支出"。《工会会计制度》(财会〔2021〕7号) 50102 文体活动支出：核算工会开展职工业余文体活动的各项支出。 50502 会议支出：核算工会用于工会会员大会或会员代表大会、委员会、常委会、经费审查委员会以及其他专业工作会议的各项支出。

5. 将对下级工会职工之家建设的经费补助款记入"专项业务支出"科目。

审计依据：应记入"补助下级支出"科目。《工会会计制度》（财会〔2021〕7号）第508号科目 补助下级支出 一、本科目核算工会为解决下级工会经费不足或根据有关规定给予下级工会的各类补助款项。 50503 专项业务支出：核算工会用于开展组织建设、专题调研、专项工作、劳模津贴、劳模专项补助、扶贫活动及外事活动的支出。

6. 基层工会将购置日常办公用品、支付银行转账汇划手续费、购置支票工本费、工会干部差旅费等支出记入"行政支出"科目。

审计依据：应记入"50504 其他业务支出"科目。《金融系统基层工会经费收支管理实施办法》（金工发〔2018〕3号）第十条（四）其他业务支出。……用于基层工会必要的办公费、差旅费，用于基层工会购买银行票据、支付账户管理费及汇划手续费、支付代理记账、中介机构审计等方面的支出。

《工会会计制度》（财会〔2021〕7号）第506号科目 行政支出 一、本科目核算县级以上工会为行政管理、后勤保障等发生的各项日常支出。

7. 未按规定将同批次采购总金额达到1 000元的职工图书室图书记入固定资产。

审计依据：《工会会计制度》（财会〔2021〕7号）第三十二条 ……工会固定资产一般分为六类：房屋及构筑物；专用设备；通用设备；文物和陈列品；图书、档案；家具、用具、装具及动植物。通用设备单位价值在1 000元以上，专用设备单位价值在1 500元以上的，应当确认为固定资产。单位价值虽未达到规定标准，但是使用时间超过 1 年（不含 1 年）的大批同类物资，应当按照固定资产进行核算和管理。

《中国金融工会关于工会经费使用有关问题的补充规定》（金工发〔2023〕8 号） 31. 各类职工图书室购买的图书，同批次采购的总金额达到 1 000 元的，应纳入固定资产管理并核算。各基层工会应结合本单位实际，制定图书管理制度，规范图书登记、保管、借阅，明确图书资产管理和处置。

第八章

货币资金管理方面的主要风险点

第一节　违反货币资金管理内部控制基本要求

一、未建立执行严格的货币资金管理监督制度

1. 未建立执行货币资金开支授权审批制度。

审计依据：《工会财务会计管理规范》（修订）（总工办发〔2013〕20号）第三十二条　建立严格的经费开支程序和授权批准制度，明确授权批准的范围、权限、程序、责任和相关控制措施，做到申请、经办、证明、验收、审核、签批等经费开支手续完备，原始凭证合法有效，相关附件齐全。

2. 未严格执行货币资金对账制度。

如：库存现金未日清月结，逐日核对账款相符；银行存款未至少每月与开户行对账，对差额未编制"银行存款余额调节表"。

审计依据：《现金管理暂行条例（修订）》（国务院令第588号）第十二条　开户单位应当建立健全现金账目，逐笔记载现金支付。账目应当日清月结，账款相符。

《工会会计制度》（财会〔2021〕7号）第102号科目　银行存款　五、各级工会应当按照开户银行、存款种类分别设置"银行存款日记账"，由出纳人员根据收付款凭证，按照业务的发生顺序逐笔登记，每日终了应结出余额。"银行存款日记账"应当定期与银行对账，至少每月核对一次，如有差额，应当编制"银行存款余额调节表"，调节相符。

3. 未建立执行票据管理制度。

如：未建立并严格执行收据、银行票据的申领、保管、领用程序，未设置登记簿进行记录，以及保管、处理不当等。

审计依据：《工会财务会计管理规范》（修订）（总工办发〔2013〕20号）第三十五条 发票、收据等各种票据由不直接经办货币资金收付的人员保管，申领、启用、核销、销毁履行规定手续。 第三十六条 发票、收据做到手续清、账目清、责任清；使用专柜、专账、专表；防火、防盗、防霉烂损毁、防虫蛀鼠咬、防丢失；不准相互转借、转让，不准擅自处理空白联和其他质量残次的无效联。 第三十七条 银行票据明确购买、保管、领用、背书转让、注销等环节的职责权限和程序，设置登记簿进行记录。

二、货币资金管理不相容岗位未相互分离、制约和监督

1. 出纳人员兼任稽核、会计档案保管和收入、支出、费用、债权债务账目的登记工作。

审计依据：《工会财务会计管理规范》（修订）（总工办发〔2013〕20号）第二十九条 按照不相容职务相分离的原则，明确相关岗位的职责权限，确保不相容岗位相互分离、制约和监督。 第三十条 出纳人员不得兼任稽核、会计档案保管和收入、支出、费用、债权债务账目的登记工作。

2. 由一人办理货币资金业务的全过程。

审计依据：《工会财务会计管理规范》（修订）（总工办发〔2013〕20号）第三十一条 单位不得由一人办理货币资金业务的全过程。

3. 由一人保管支付款项所需的全部印章。

审计依据：《工会财务会计管理规范》（修订）（总工办发〔2013〕20号）第三十四条 财务专用章由专人保管，个人名章由本人或其授权人保管。严禁一人保管支付款项所需的全部印章。

4. 直接经办货币资金收付的人员保管收据。

审计依据：《工会财务会计管理规范》（修订）（总工办发〔2013〕20号）第三十五条 发票、收据等各种票据由不直接经办货币资金收付的人员保管，申领、启用、核销、销毁履行规定手续。

第二节　违反现金管理有关规定

一、库存现金超限额

如：利用化整为零分期提取现金等方法，规避开户行核定给本单位工会日常零星开支所需现金限额。

审计依据：《现金管理暂行条例（修订）》（国务院令第588号）第九条 开户银行应当根据实际需要，核定开户单位3天至5天的日常零星开支所需的库存现金限额。边远地区和交通不便地区的开户单位的库存现金限额，可以多于5天，但不得超过15天的日常零星开支。 第十条 经核定的库存现金限额，开户单位必须严格遵守。需要增加或者减少库存现金限额的，应当向开户银行提出申请，由开户银行核定。

二、超范围使用现金

如：除出差人员必须携带的差旅费外，存在超过1 000元的开支使用现金支付的情况。

审计依据：《现金管理暂行条例（修订）》（国务院令第588号）第五条 开户单位可以在下列范围内使用现金：（一）职工工资、津贴；（二）个人劳务报酬；（三）根据国家规定颁发给个人的科学技术、文化艺术、体育等各种奖金；（四）各种劳保，福利费用以及国家规定的对个人的其他支出；（五）向个人收购农副产品和其他物资的价款；（六）出差人员必须随身携带的差旅费；（七）结算起点以下的零星支出；（八）中国人民银行确定需要支付现金的其他支出。前款结算起点定为1 000元。结算起点的调整，由中国人民银行确定，报国务院备案。 第六条 除本条例第五条第（五）、（六）项外，开户单位支付给个人的款项，超过使用现金限额的部分，应当以支票或者银行本票支付；确需全额支付现金的，经开户银行审核后，予以支付现金。前款使用现金限额，按本条例第五条第二款的规定执行。

三、违反现金收支相关规定

1. 收入现金未当日送存银行。
2. 从本单位的现金收入中直接支付现金（即坐支）。
3. 提取现金未履行审批手续。

审计依据：《现金管理暂行条例（修订）》（国务院令第588号）第十一条 开户单位现金收支应当依照下列规定办理：（一）开户单位现金收入应当于当日送存开户银行。当日送存确有困难的，由开户银行确定送存时间；（二）开户单位支付现金，可以从本单位库存现金限额中支付或者从开户银行提取，不得从本单位的现金收入中直接支付（即坐支）。因特殊情况需要坐支现金的，应当事先报经开户银行审查批准，由开户银行核定坐支范围和限额。坐支单位应当定期向开户银行报送坐支金额和使用情况；（三）开户单位根据本条例第五条和第六条的规定，从开户银行提取现金，应当写明用途，由本单位财会部门负责人签字盖章，经开户银行审核后，予以支付现金；（四）因采购地点不固定，交通不便，生产或者市场急需，抢险救灾以及其他特殊情况必须使用现金的，开户单位应当向开户银行提出申请，由本单位财会部门负责字盖章，经开户银行审核后，予以支付现金。

四、库存现金会计核算不准确

审计依据：《工会会计制度》（财会〔2021〕7号）第101号科目 库存现金 三、库存现金的主要账务处理如下：（一）从银行等金融机构提取现金，按照实际提取的金额，借记本科目，贷记"银行存款"科目；将现金存入银行等金融机构，按照实际存入的金额，借记"银行存款"科目，贷记本科目。（二）因支付内部职工出差等原因所需的现金，按照实际借出的金额，借记"其他应收款"科目，贷记本科目；收到出差人员交回的差旅费剩余款并结算时，按照实际收回的现金，借记本科目，按照应报销的金额，借记"行政支出"等有关科目，按照实际借出的现金，贷记"其他应收款"科目。（三）因其他业务收到现金，按照实际收到的金额，借记本科目，贷记有关科目；支出现金，按照实际支出的金额，借记有关科目，贷记本科目。（四）收到受托代管的现金时，按照实际收到的金额，借记本科目（代管经费），贷记"代管经费"科目；支付受托代管的现金时，按照实际支付的金额，借记"代管经费"科目，贷记本科目（代管经费）。

五、库存现金未日清月结、账实不符

1. 现金日记账未逐笔记载现金收支，逐日结出余额，也未将每日终了余额与实际库存现金进行核对，做到账款相符。

审计依据：《现金管理暂行条例（修订）》（国务院令第588号）第十二条 开户单位应当建立健全现金账目，逐笔记载现金支付。账目应当日清月结，账款相符。

《工会会计制度》（财会〔2021〕7号）第101号科目 库存现金 四、

本科目应设置"现金日记账",由出纳人员根据收付款凭证,按照业务发生顺序,逐笔登记,每日终了,应计算当日的现金收入合计数、支出合计数和结余数,并将结余数与实际库存数进行核对,做到账款相符。……

2. 每日终了结算现金收支、财产清查等发现的现金短缺或溢余,应及时查明原因,并根据管理权限,报经批准后,在期末结账前处理完毕。

审计依据:《工会会计制度》(财会〔2021〕7号)第101号科目 库存现金 四、……每日账款核对中发现有待查明原因的现金短缺或溢余的,应当通过"待处理财产损溢"科目核算。属于现金短缺的,应当按照实际短缺的金额,借记"待处理财产损溢"科目,贷记本科目;属于现金溢余的,应当按照实际溢余的金额,借记本科目,贷记"待处理财产损溢"科目。待查明原因后及时进行账务处理,具体内容参见"待处理财产损溢"科目。 第182号科目 待处理财产损溢 四、(一)账款核对时发现短缺或溢余的库存现金。1. 每日账款核对中发现现金短缺或溢余,属于现金短缺的,按照实际短缺的金额,借记本科目,贷记"库存现金"科目;属于现金溢余的,按照实际溢余的金额,借记"库存现金"科目,贷记本科目。2. 如为现金短缺,属于应由责任人等赔偿的,借记"其他应收款"科目,贷记本科目;属于无法查明原因的,报经批准核销时,借记"其他支出"科目,贷记本科目。3. 如为现金溢余,属于应支付给有关人员或单位的,借记本科目,贷记"其他应付款"科目;属于无法查明原因的,报经批准后,借记本科目,贷记"其他收入"科目。

3. 库存现金账实不符。

如:库存现金与会计账簿余额不相符,或存在白条抵库现象等。

审计依据:《会计基础工作规范》(财政部令第98号)第六十二条 各单位应当定期对会计账簿记录的有关数字与库存实物、货币资金、有价证券、往来单位或者个人等进行相互核对，保证账证相符、账账相符、账实相符。

《现金管理暂行条例（修订）》（国务院令第588号）第二十一条 开户单位有下列情形之一的，开户银行应当依照中国人民银行的规定，予以警告或者罚款；情节严重的，可在一定期限内停止对该单位的贷款或者停止对该单位的现金支付：……（四）用不符合财务会计制度规定的凭证顶替库存现金的。

第三节　违反银行存款管理有关规定

一、违反银行结算账户管理相关规定

1. 未开立独立的工会银行结算账户。

如：一是基层以上工会与机关工会，或上级工会与下级工会使用同一个银行结算账户，出现了既有会费收入，又有下级上缴经费收入；既有会员活动支出费用，又有全系统职工活动支出的状况。二是被并入本单位行政财务或党、团等其他组织的银行结算账户。

审计依据：《金融系统工会财务会计管理规范实施细则》（金工发〔2014〕14号）第三条 坚持经费独立管理原则，建立独立的银行账户。

《中国工会章程》第三十八条第三款 具备社团法人资格的工会应当依法设立独立经费账户。

《基层工会经费收支管理办法》（总工办发〔2017〕32号）第二十二条（五）不准将工会账户并入单位行政账户，使工会经费开支失去控制。

《中华全国总工会办公厅关于加强工会经费财务管理和审计监督切实管好用好工会经费的通知》（总工办发〔2013〕51号）四、……各行

政事业单位、企业基层工会要依法做好工会经费独立核算工作,加强工会账户管理,严禁将工会账户并入单位行政账户,严禁单位行政将相关资金转入工会账户,作为单位的"小金库"支配使用。

《中华全国总工会办公厅关于进一步做好工会经费独立核算工作的通知》(总工办发〔2008〕20号)二、……各级地方工会和基层工会应当根据经费独立原则,单独开立账户,独立进行核算,不允许与本单位行政财务或党、团等其他组织财务合并账户集中核算,也不允许将工会财务纳入当地会计结算中心管理。凡已经合并或纳入的,应当予以纠正。

2. 擅自多头开立银行结算账户。

审计依据:《人民币银行结算账户管理办法》(中国人民银行令〔2003〕第5号)第四条 单位银行结算账户的存款人只能在银行开立一个基本存款账户。

《工会财务会计管理规范》(修订)(总工办发〔2013〕20号)第二十八条 没有下列违反人民币银行结算账户管理规定的行为:擅自多头开设银行结算账户;将单位款项以个人名义在金融机构存储;出租、出借银行账户。

3. 将工会货币资金以个人名义存放金融机构。

审计依据:《工会财务会计管理规范》(修订)(总工办发〔2013〕20号)第二十八条 没有下列违反人民币银行结算账户管理规定的行为:擅自多头开设银行结算账户;将单位款项以个人名义在金融机构存储;出租、出借银行账户。

4. 违规使用银行结算账户。

如:出租、出借银行结算账户(包括用工会银行结算账户办理与工会业务无关的货币资金收付业务，收取个人现金并用工会银行结算账户为其办理非工会正常业务的个人资金划转，出租或出借银行结算账户为其他单位或个人转移资金、违规开支提供条件等）；将行政资金转入工会账户，作为单位的"小金库"支配使用。

审计依据：《工会财务会计管理规范》（修订）（总工办发〔2013〕20号）第二十八条 没有下列违反人民币银行结算账户管理规定的行为：擅自多头开设银行结算账户；将单位款项以个人名义在金融机构存储；出租、出借银行账户。

《人民币银行结算账户管理办法》（中国人民银行令〔2003〕第5号）第八条 银行结算账户的开立和使用应当遵守法律、行政法规，不得利用银行结算账户进行偷逃税款、逃废债务、套取现金及其他违法犯罪活动。 第四十五条 存款人应按照本办法的规定使用银行结算账户办理结算业务。存款人不得出租、出借银行结算账户，不得利用银行结算账户套取银行信用。

《基层工会经费收支管理办法》（总工办发〔2017〕32号）第二十二条（四）不准单位行政利用工会账户，违规设立"小金库"。

《中华全国总工会办公厅关于加强工会经费财务管理和审计监督切实管好用好工会经费的通知》（总工办发〔2013〕51号）四、……各行政事业单位、企业基层工会要依法做好工会经费独立核算工作，加强工会账户管理，严禁将工会账户并入单位行政账户，严禁单位行政将相关资金转入工会账户，作为单位的"小金库"支配使用。

5. 预留银行印鉴管理不到位。

审计依据：《人民币银行结算账户管理办法》（中国人民银行令〔2003〕第5号）第六十三条 存款人应加强对预留银行签章的管理。单位遗失预留公章或财务专用章的，应向开户银行出具书面申请、开户登记证、营业执照等相关证明文件；更换预留公章或财务专用章时，应向开户银行出具书面申请、原预留签章的式样等相关证明文件。个人遗失或更换预留个人印章或更换签字人时，应向开户银行出具经签名确认的书面申请，以及原预留印章或签字人的个人身份证件。银行应留存相应的复印件，并凭以办理预留银行签章的变更。

6. 未及时变更银行结算账户信息。

审计依据：《人民币银行结算账户管理办法》（中国人民银行令〔2003〕第5号）第四十六条 存款人更改名称，但不改变开户银行及账号的，应于5个工作日内向开户银行提出银行结算账户的变更申请，并出具有关部门的证明文件。 第四十七条 单位的法定代表人或主要负责人、住址以及其他开户资料发生变更时，应于5个工作日内书面通知开户银行并提供有关证明。

7. 未按规定撤销银行结算账户。

审计依据：《人民币银行结算账户管理办法》（中国人民银行令〔2003〕第5号）第四十九条 有下列情形之一的，存款人应向开户银行提出撤销银行结算账户的申请：（一）被撤并、解散、宣告破产或关闭的。（二）注销、被吊销营业执照的。（三）因迁址需要变更开户银行的。（四）其他原因需要撤销银行结算账户的。存款人有本条第一、第二项情形的，应于5个工作日内向开户银行提出撤销银行结算账户的申请。本条所称撤销是指存款人因开户资格或其他原因终止银行结算账户使用的行为。

8. 超限额公对私转账。

审计依据：《人民币结算账户管理办法》（中国人民银行令〔2003〕第5号发布）第四十条 单位从其银行结算账户支付给个人银行结算账户的款项，每笔超过5万元的，应向其开户银行提供下列付款依据：

（一）代发工资协议和收款人清单。（二）奖励证明。（三）新闻出版、演出主办等单位与收款人签订的劳务合同或支付给个人款项的证明。（四）证券公司、期货公司、信托投资公司、奖券发行或承销部门支付或退还给自然人款项的证明。（五）债权或产权转让协议。（六）借款合同。（七）保险公司的证明。（八）税收征管部门的证明。（九）农、副、矿产品购销合同。（十）其他合法款项的证明。

《人民币结算账户管理办法》（中国人民银行令〔2003〕第 5 号发布）第四十二条 单位银行结算账户支付给个人银行结算账户款项的，银行应按第四十条、第四十一条规定认真审查付款依据或收款依据的原件，并留存复印件，按会计档案保管。未提供相关依据或相关依据不符合规定的，银行应拒绝办理。

《人民币结算账户管理办法》（中国人民银行令〔2003〕第 5 号发布）第六十五条 存款人使用银行结算账户，不得有下列行为：（一）违反本办法规定将单位款项转入个人银行结算账户……非经营性的存款人有上述所列一至五项行为的，给予警告并处以 1 000 元罚款；存款人有上述所列第六项行为的，给予警告并处以 1 000 元的罚款。

二、银行存款会计核算不准确

审计依据：《工会会计制度》（财会〔2021〕7 号）第 102 号科目 银行存款 三、银行存款的主要账务处理如下：（一）将现金存入银行等金融机构，按照实际存入的金额，借记本科目，贷记"库存现金"科目。从银行等金融机构提取现金，按照实际提取的金额，借记"库存现金"科目，贷记本科目。（二）通过银行转账方式取得工会拨缴经费和其他相关收入，按照实际收到的金额，借记本科目，按照应确认收入的金额，贷记"拨缴经费收入"、"上级补助收入"、"政府补助收入"、"行政补助收入"等科目，按照应付上下级工会的金额，贷记"应付上级经费"、"应付下级经费"科目。(三)通过银行转账方式支付各项支出,按照实际支出的金额,借记"职工活动支出"、"维权支出"、"业务支出"等科目,贷记本科目。(四)收到银行存款利息,按照实际收到的金额,借记本科目,贷记"其他收入"科目。(五)收到受托代管的银行存款时,按照实际收到的金额,借记本科目(代管经费),贷记"代管经费"科目;支付受托代管的银行存款时,按照实际支付的金额,借记"代管经费"科目,贷记本科目(代管经费)。

三、未逐日逐笔登记银行存款日记账并定期与开户行对账(至少每月一次),对不符情况未编制银行存款余额调节表

审计依据:《工会会计制度》(财会〔2021〕7号)第二十九条 货币资金应当按照实际发生额入账。工会应当设置库存现金和银行存款日记账,按照业务发生顺序逐日逐笔登记。库存现金应当做到日清月结,其账面余额应当与库存数相符;银行存款的账面余额应当与银行对账单定期核对,如有不符,应当编制银行存款余额调节表调节相符。

《工会会计制度》(财会〔2021〕7号)第102号科目 银行存款 五、各级工会应当按照开户银行、存款种类分别设置"银行存款日记账",由出纳人员根据收付款凭证,按照业务的发生顺序逐笔登记,每日终了应结出余额。"银行存款日记账"应当定期与银行对账,至少每月核对一次,如有差额,应当编制"银行存款余额调节表",调节相符。

四、违反资金存放相关规定

1. 资金存放单位选择方式不合规。

审计依据:《关于进一步加强工会资金存放管理的指导意见》(总工发〔2019〕21号)二、严格规范资金存放银行的选择方式。资金存放单

位应当建立集体决策机制，成立由人事、账户管理、政府采购、内部审计、纪检监察等部门组成的工作小组，负责资金存放管理相关工作。除国家政策已明确存放银行和涉密等有特殊存放管理要求的资金外，按照规定采取竞争性方式或集体决策方式选择资金存放银行。

《关于进一步加强工会资金存放管理的指导意见》（总工发〔2019〕21号）第四条（五）银行结算账户内的资金在扣除日常支付需要后有较大规模余额的，可以转出开户银行进行定期存款，银行的选择应当采取竞争性方式。到期后不需要收回使用的定期存款可以在原定期存款银行续存，累计存期不超过两年。

2. 闲置资金违规购买理财产品。

审计依据：《关于进一步加强工会资金存放管理的指导意见》（总工发〔2019〕21号）第五条（三）资金存放单位不得采取购买理财产品的方式存放资金。

五、未有效提高工会资金存放效益

审计依据：《关于进一步加强工会资金存放管理的指导意见》（总工发〔2019〕21号）一（一）……建立健全科学规范、公正透明的工会资金存放管理机制，防范资金存放安全风险和廉政风险，提高资金存放综合效益。 五（四）……资金存放单位应按照财政部和全国总工会的有关规定，盘活银行账户内的存量资金，提高资金使用效益。

第九章

资产管理方面的主要风险点

第一节　违反资产监督管理基本要求

一、未建立权力、义务和责任相统一的资产监督管理体制

1. 未设立或明确工会资产监督管理部门、岗位及具体责任人。

如：未按照账实分管的原则落实资产实物归口管理岗位及责任人，并明确其对资产进行归口管理的相关职责，对所管资产的安全与完整负责；未按规定明确工会资产监督管理机构，对所辖工会企业资产进行监督管理。

审计依据：《金融系统工会固定资产管理办法》（金工办发〔2018〕13号）第八条　固定资产管理要做到职责明确，分工清晰，责任到人，监督制衡。　第九条　各级工会组织应设立资产管理部门（岗），负责对固定资产实物统一管理。

《行政事业单位内部控制规范（试行）》（财会〔2012〕21号）第四十四条　单位应当加强对实物资产和无形资产的管理，明确相关部门和岗位的职责权限，强化对配置、使用和处置等关键环节的管控。（一）对资产实施归口管理。明确资产使用和保管责任人，落实资产使用人在资产管理中的责任。

《工会企业资产管理办法》（总工办发〔2019〕22号）第四条　依据工会"统一所有、分级监管、单位使用"的资产管理体制，全总资产监督管理部负责对全国工会企业资产进行监督管理，县级以上工会组织（含县级）应落实分级管理工会资产责任，明确工会资产监督管理机构，对所辖工会企业资产进行监督管理。各级工会依法履行本级工会企业出资人职责，对本级工会企业资产进行统一监督管理。

---

① 本章不包括货币资金管理方面的内容，货币资金管理方面的主要风险点见第八章。

2. 未建立健全工会资产各项管理制度。

如：未按照合理配备、有效使用、合规处置资产有关要求制定工会资产管理实施办法，明确资产从配置标准、编制采购预算、集中采购、验收入库、设置卡片登记簿、登记入账、领用交还、维修保养及处置等各环节的实物管理和财务核算审批制度。

审计依据：中国金融工会关于转发《中华全国总工会关于加强工会财务管理、资产监督管理和经费审查审计监督的意见》和《中华全国总工会办公厅关于印发〈工会行政事业性资产管理办法〉的通知》（金工发〔2017〕4号）二（二）根据全国总工会《工会行政事业性资产管理办法》相关规定，细化完善资产管理制度，建立资产管理与预算管理、财务管理相结合的机制，对资产管理所涉及的工作环节进行程序化规范，做到资产配置有标准、资产使用有登记、资产处置有条件，实现资产管理全流程管控。

《工会行政事业性资产管理办法》（总工办发〔2017〕5号）第七条 工会资产监督管理机构的主要职责是：（一）贯彻执行国家和全总有关行政事业性资产管理的法律、法规和政策；（二）制定各级工会行政事业性资产管理的规章制度，并对执行情况进行监督检查；……

《工会企业资产管理办法》（总工办发〔2019〕22号）第十三条 主管工会指导所属企业健全完善资产监督制度。依照国家有关规定，建立健全企业内部监督管理、风险控制、投资、资产出租出借等制度。工会企业不得整体出租、承包和委托经营，部分出租、承包和委托经营的期限原则上不得超过5年。

3. 工会资产管理人员工作调整、调动未及时办理交接手续。

审计依据：《金融系统工会固定资产管理办法》（金工办发〔2018〕13号）第二十五条第三款 人员调离时，应协助资产管理部门（岗）办理固定资产移交手续，移交手续办理完毕后，方可办理调动手续。

二、产权属于工会的资产未纳入工会账内核算和管理

如：工会依法取得的收入、用工会经费购置的资产、接受捐赠或无偿调拨增加的资产等产权归属于工会的资产，未纳入工会账内核算和管理，而是纳入单位行政账管理。

审计依据：《中国工会章程》第三十九条 工会资产是社会团体资产，中华全国总工会对各级工会的资产拥有终极所有权。…… 第四十一条第一款 工会经费、资产和国家及企业、事业单位等拨给工会的不动产和拨付资金形成的资产受法律保护，任何单位和个人不得侵占、挪用和任意调拨；……

《工会法》第四十七条 工会的财产、经费和国家拨给工会使用的不动产，任何组织和个人不得侵占、挪用和任意调拨。

三、未真实、准确、合规地记录、核算固定资产

1. 符合固定资产标准的未纳入固定资产核算和管理。

如：工会举办文体比赛购置的设备、器材；工会图书馆、阅览室购置的书柜、图书、电脑；工会职工之家建设购置的健身器材、乐器、家具；工会财务工作购置的装订机；购置的照相机、打印机、复印机、笔记本电脑等办公设备等，达到固定资产标准的，未纳入固定资产核算和管理。

审计依据：《金融系统工会固定资产管理办法》（金工办发〔2018〕13号）第三条 本办法所称固定资产，是指一般设备单位价值在1 000元以上，专用设备单位价值在1 500元以上，使用期限1年以上，并在使用过程中基本保持原有物质形态的资产。单位价值虽未达到规定标准，但使用时间在1年以上的大批同类物资，按照固定资产管理。各级工会组织应对占有使用的由不同资金渠道形成的固定资产进行统一管

理。行政拨给工会，且产权已界定为工会的固定资产，按工会资产管理。

2. 固定资产在取得时未按照其实际成本入账。

审计依据：《工会会计制度》（财会〔2021〕7号）第三十三条 固定资产在取得时应当按照其实际成本入账。工会购入、有偿调入的固定资产，其成本包括实际支付的买价、运输费、保险费、安装费、装卸费及相关税费等。工会自行建造的固定资产，其成本包括该项资产至交付使用前所发生的全部必要支出。工会接受捐赠、无偿调入的固定资产，按照本制度第二十七条规定所确定的成本入账。工会在原有固定资产基础上进行改建、扩建、大型修缮后的固定资产，其成本按照原固定资产账面价值加上改建、扩建、大型修缮发生的支出，再扣除固定资产被替换部分的账面价值后的金额确定。已交付使用但尚未办理竣工决算手续的固定资产，工会应当按照估计价值入账，待办理竣工决算后再按照实际成本调整原来的暂估价值。

《金融系统工会固定资产管理办法》（金工办发〔2018〕13号）第十四条 固定资产按照以下规定、标准计价：（一）购置、调入的固定资产，按照实际支付的买价或调拨价及发生的运杂费、保险费、安装费等其他相关费用记账；（二）融资租入的固定资产，按租赁协议确定的价款以及发生的其他相关费用记账；（三）接受捐赠的固定资产，根据捐赠方提供的有关凭据确定固定资产的价值，没有提供有关凭据的，按相同资产市场公允价记账；接受捐赠固定资产时发生的各项费用，计入固定资产原值；（四）盘盈的固定资产，按重置完全价值估价记账；（五）已投入使用但尚未办理移交手续的固定资产，可先按估计价值记账，待确定实际价值后，再进行调整；（六）置换固定资产，换入固定资产按其置换协议价格及发生的其他相关费用记账；（七）自行建造的固定资产，按建造过程中实际发生的全部必要支出记账；（八）在原有固定资产基础上改建、扩建的固定资产，按改建、扩建发生的支出，减去改建、扩建过程中发生的变价收入后的净增加值,增记固定资产账;(九)对原有房屋及建筑物进行装修且装修费用超过原值10%的,应增记固定资产价值。

3. 固定资产使用年限未按规定合理确定。

审计依据:《工会会计制度》(财会〔2021〕7号)第三十五条第二款 工会应当根据相关规定以及固定资产的性质和使用情况,合理确定固定资产的使用年限。固定资产的使用年限一经确定,不得随意变更。

《工会会计制度》(财会〔2021〕7号)附录2《工会固定资产折旧年限表》。

4. 固定资产未按月计提折旧。

审计依据:《工会会计制度》(财会〔2021〕7号)第三十五条 工会应当对固定资产计提折旧,但文物和陈列品,动植物,图书、档案,单独计价入账的土地和以名义金额计量的固定资产除外。……工会应当按月对固定资产计提折旧。当月增加的固定资产,当月计提折旧;当月减少的固定资产,当月不再计提折旧。……

四、未真实、准确、合规地记录、核算无形资产

1. 无形资产确认不准确。

审计依据:《工会会计制度》(财会〔2021〕7号)第三十八条 无形资产是指工会控制的没有实物形态的可辨认非货币性资产,包括:专利权、商标权、著作权、土地使用权、非专利技术等。工会购入的不构成相关硬件不可缺少组成部分的应用软件,应当确认为无形资产。

2. 无形资产在取得时未按照实际成本入账。

审计依据：《工会会计制度》（财会〔2021〕7号）第三十九条 无形资产在取得时应当按照其实际成本入账。工会外购的无形资产，其成本包括购买价款、相关税费以及可归属于该项资产达到预定用途前所发生的其他支出。工会委托软件公司开发的软件，视同外购无形资产确定其成本。工会接受捐赠、无偿调入的无形资产，按照本制度第二十七条规定所确定的成本入账。对于非大批量购入、单价小于1 000元的无形资产，工会可以于购买的当期将其成本直接计入支出。 第二十七条第二款 对于工会接受捐赠、无偿调入的非现金资产，其成本按照有关凭据注明的金额加上相关税费、运输费等确定；没有相关凭据、但按照规定经过资产评估的，其成本按照评估价值加上相关税费、运输费等确定；没有相关凭据，也未经过评估的，其成本比照同类或类似资产的价格加上相关税费、运输费等确定。如无法采用上述方法确定资产成本的，按照名义金额（人民币1元）入账，相关税费、运输费等计入当期支出。

3. 无形资产摊销年限未按规定原则确定。

审计依据：《工会会计制度》（财会〔2021〕7号）第四十条 ……工会应当按照以下原则确定无形资产的摊销年限：法律规定了有效年限的，按照法律规定的有效年限作为摊销年限；法律没有规定有效年限的，按照相关合同中的受益年限作为摊销年限；上述两种方法无法确定有效年限的，应当根据无形资产为工会带来服务潜力或者经济利益的实际情况，预计其使用年限。工会应当采用年限平均法或工作量法对无形资产进行摊销，应摊销金额为其成本，不考虑预计净残值。

4. 无形资产未按月进行摊销。

审计依据：《工会会计制度》（财会〔2021〕7号）第四十条 工会应当按月对无形资产进行摊销，使用年限不确定的、以名义金额计量的无形资产除外。……当月增加的无形资产，当月进行摊销；当月减少的无形资产，当月不再进行摊销。无形资产提足摊销后，无论是否继续使用，均不再进行摊销；核销的无形资产，也不再不提摊销。

5. 对后续增加成本的无形资产未重新确定摊销年限和摊销额。

审计依据：《工会会计制度》（财会〔2021〕7号）第四十条第五款 因发生后续支出而增加无形资产成本的，对于使用年限有限的无形资产，工会应当按照重新确定的无形资产成本以及重新确定的摊销年限计算摊销额。

五、未真实、准确、合规地记录、核算库存物品

1. 对库存物品的确认不符合规定。

审计依据：《工会会计制度》（财会〔2021〕7号）第三十一条 库存物品指工会取得的将在日常活动中耗用的材料、物品及达不到固定资产标准的工具、器具等。 第141号科目 库存物品 一、……工会随买随用的物品，可以在购入时直接计入支出，不通过本科目核算。

2. 库存物品在取得时未按照实际成本入账。

审计依据：《工会会计制度》（财会〔2021〕7号）第三十一条 库存物品在取得时应当按照其实际成本入账。工会购入、有偿调入的库存物品以实际支付的价款记账。工会接受捐赠、无偿调入的库存物品按照本制度第二十七条规定所确定的成本入账。

3. 取得库存物品时未增加"资产基金—库存物品"科目余额。

审计依据：《工会会计制度》（财会〔2021〕7号）第141号科目 库存物品 三、库存物品的主要账务处理如下：（一）取得库存物品时。1

．购入物品验收入库，按照确定的成本，借记本科目，贷记"资产基金—库存物品"科目；同时，按照实际支付的金额，借记"职工活动支出""维权支出""行政支出"等科目，贷记"银行存款"等科目。2.接受捐赠、无偿调入的库存物品，按照确定的成本，借记本科目，贷记"资产基金—库存物品"科目；同时，按照实际支付的相关税费、运输费等金额，借记"其他支出"科目，贷记"银行存款"等科目。

4. 库存物品未按规定设置明细账。

审计依据：《工会会计制度》（财会〔2021〕7号）第141号科目 库存物品 二、本科目应当按照库存物品的类别、品名设置明细账，并根据出入库单逐笔核算。

5. 发出库存物品时未减少"资产基金—库存物品"科目余额。

审计依据：《工会会计制度》（财会〔2021〕7号）第141号科目 库存物品 三、库存物品的主要账务处理如下：……（二）发出库存物品时。1. 开展业务活动等领用、发出库存物品时，按照领用、发出库存物品的实际成本，借记"资产基金—库存物品"科目，贷记本科目。2．经批准对外出售库存物品时，按照出售库存物品的实际成本，借记"资产基金—库存物品"科目，贷记本科目。按照出售过程中取得的价款，借记"银行存款"等科目，贷记"其他收入"科目，按规定应上缴同级财政的，贷记"其他应付款"科目。出售过程中工会发生的税费等支出，借记"其他支出"科目，贷记"银行存款"等科目。3. 经批准对外捐赠、无偿调出库存物品时，按照对外捐赠、无偿调出库存物品的实际成本，借记"资产基金—库存物品"科目，贷记本科目。对外捐赠、无偿调出库存物品发生的由工会承担的运输费等支出，借记"职工活动支出"、"维权支出"、"行政支出"等科目，贷记"银行存款"……等科目。4．经批准以库存物品对外进行股权投资时，按照投出库存物品的实际成本，借记"资产基金—库存物品"科目，贷记本科目；同时，按照确定的投资成本，借记"投资"科目，贷记"资产基金—投资"科目。按照发生的相关税费，借记"其他支出"科目，贷记"银行存款"等科目。

6. 未按规定选择发出库存物品实际成本的确定方法，或随意变更发出库存物品实际成本的确定方法。

审计依据：《工会会计制度》（财会〔2021〕7 号）第三十一条 库存物品在发出（领用或出售等）时，工会应当根据实际情况在先进先出法、加权平均法、个别计价法中选择一种方法确定发出库存物品的实际成本。库存物品发出方法一经选定，不得随意变更。

六、未准确核算长期待摊费用

1. 应记入而未记入长期待摊费用核算。

审计依据：《工会会计制度》（财会〔2021〕7 号）第 181 号科目 长期待摊费用 一、本科目核算工会已经支出，但应由本期和以后各期负担的分摊期限在 1 年以上（不含 1 年）的各项支出。

2. 未按规定在受益年限内平均摊销长期待摊费用，或应一次性转销摊余金额而未及时转销。

审计依据：《工会会计制度》（财会〔2021〕7 号）第四十四条第二款 长期待摊费用应当在对应资产的受益年限内平均摊销。如果某项长期待摊费用已经不能使工会受益，应当将其摊余金额一次性转销。

七、截留资产使用、处置过程中产生的收入

审计依据：《工会行政事业性资产管理办法》（总工办发〔2017〕5号）第五条 各级工会行政事业单位在行政事业性资产管理过程中取得的收入应当纳入单位预算，统一核算、统一管理。 第四十三条 各级工会在行政事业性资产管理过程中不得有下列行为：……（四）截留资产使用、处置过程中产生的收入。

《金融系统工会固定资产管理办法》（金工办发〔2018〕13号）第三十二条 固定资产处置收入按照政府非税收入管理，实行"收支两条线"管理。

八、未经中国金融工会批准，擅自超限额配置、使用和处置工会资产

1. 未按规定对工会占有、使用的不动产进行使用权或产权转让、置换等事项逐级上报至中国金融工会审批，或审批手续不全。

审计依据：《金融系统工会固定资产管理办法》（金工办发〔2018〕13号）第三十条 涉及各级工会占有和使用的土地以及连同地面附着的房屋建筑物一并与工会系统以外单位进行使用权或产权转让、置换的全部事项须经中国金融工会报全总审批。报批材料包括：（一）不动产的总体情况，包括产权、价值和使用情况及相关证明材料等；（二）处置变更的具体方案，包括可行性分析报告、有资质的会计师事务所的评估报告、技术部门的鉴定意见等；（三）本级主席（主任）办公会、经审会会议纪要或相关批准文件等；（四）会员代表大会通过意见。 第三十一条 处置申请经批准后，资产管理部门（岗）应于处置后3个工作日内凭《固定资产处置审批章》办理固定资产实物账核销手续，同时报财务管理部门（岗）办理账务核销手续。

2. 未按规定对超限额购置、建设、调拨、租赁等资产配置、使用、处置事项逐级上报金融工会审批。

审计依据：《金融系统工会固定资产管理办法》（金工办发〔2018〕13号）第七条 500万元以上金额的固定资产配置、使用、处置事项须逐级上报中国金融工会审批。

九、未制定资产配置、使用和处置事项的内部审批权限和报批程序等管理办法

审计依据：《工会行政事业性资产管理办法》（总工办发〔2017〕5号）第六条第二款 各省级工会应加强工会资产监督管理机构建设，设立工会资产监督管理部门，负责对所辖工会行政事业性资产进行监督管理。第七条 工会资产监督管理机构的主要职责是：（一）贯彻执行国家和全总有关行政事业性资产管理的法律、法规和政策；（二）制定各级工会行政事业性资产管理的规章制度，并对执行情况进行监督检查；（三）按规定对工会行政事业性资产配置、使用、处置事项进行审核、审批，负责组织资产评估、资产清查、产权界定、产权纠纷调处、资产统计等工作。研究制定本级工会行政事业性资产配置标准。第十六条 工会行政事业单位资产使用，应当符合国家法律法规和全总有关规定，并经过单位领导班子集体研究，进行充分的可行性论证，依据审批权限履行审批手续。

十、无偿调出、出售、出让、转让、置换、报废、报损和捐赠等减少固定资产（不动产除外）的处置，未执行审批或手续不全

审计依据：《金融系统工会固定资产管理办法》（金工办发〔2018〕13号）第二十九条 固定资产处置（不动产除外），由资产管理部门（岗）

提出申请，填写《固定资产处置审批单》，相关部门负责人签字后，报本级主席（主任）办公会审批。 第三十一条 处置申请经批准后，资产管理部门（岗）应于处置后 3 个工作日内凭《固定资产处置审批单》办理固定资产实物账核销手续，同时报财务管理部门（岗）办理账务核销手续。

十一、未执行工会资产账卡、账实、账账核对管理规定

1. 未按规定对实物与卡片、实物账与资产账、资产账与财务账组织清查盘点。

审计依据：《工会会计制度》（财会〔2021〕7 号）第三十一条第四款 工会应当定期对库存物品进行清查盘点，每年至少全面盘点一次。…… 第三十七条第一款 工会应当定期对固定资产进行清查盘点，每年至少全面盘点一次。…… 第四十二条 工会应当定期对无形资产进行清查盘点，每年至少全面盘点一次。

《金融系统工会固定资产管理办法》（金工办发〔2018〕13 号）第三十四条 固定资产清查内容主要包括全面盘点固定资产实物数量，理清固定资产领用部门和使用人情况，核对财务资金账和实物账、实物账与明细账、明细账与卡片、卡片与具体实物的相符情况等。 第三十五条 固定资产清查工作一年至少进行一次，如有必要，年内资产管理部门（岗）可不定期组织实施固定资产清查，并填写《固定资产清查总表》。

《金融系统工会固定资产管理办法》（金工办发〔2018〕13 号）第三十五条 固定资产清查工作一年至少进行一次，如有必要，年内资产管理部门（岗）可不定期组织实施固定资产清查，并填写《固定资产清查总表》。

2. 未对资产清查盘点发现问题进行核实、查明处理。

审计依据：《工会会计制度》（财会〔2021〕7号）第三十一条第四款 ……对于盘盈、盘亏或报废、毁损的库存物品，应当及时查明原因，报经批准认定后及时进行会计处理。 第三十七条第一款 ……对于盘盈、盘亏或报废、毁损的固定资产，工会应当及时查明原因，报经批准认定后及时进行会计处理。 第四十二条 ……工会在资产清查盘点过程中发现的无形资产盘盈、盘亏等，参照本制度固定资产相关规定进行处理。

《金融系统工会固定资产管理办法》（金工办发〔2018〕13号）第三十六条 对清查发现的问题，资产管理部门（岗）要认真查找原因，属于责任原因的，应由责任人写出书面说明；造成损失的，视不同情况由责任人进行赔偿。盘盈或盘亏的固定资产由资产管理部门（岗）提出处理方案，并分别按照新增或报损固定资产规定及时办理相关手续。

3. 资产盘盈、盘亏未按规定及时调整资产账目。

审计依据：《工会会计制度》（财会〔2021〕7号）第三十一条第五款 工会盘盈的库存物品应当按照确定的成本入账，报经批准后相应增加资产基金；盘亏的库存物品，应当冲减其账面余额，报经批准后相应减少资产基金。…… 第三十七条第二款 工会盘盈的固定资产，应当按照确定的成本入账，报经批准后相应增加资产基金；盘亏的固定资产，应当冲减其账面余额，报经批准后相应减少资产基金。…… 第四十二条 ……工会在资产清查盘点过程中发现的无形资产盘盈、盘亏等，参照本制度固定资产相关规定进行处理。

4. 资产的盘盈、盘亏、报废、毁损以及非实物资产损失核销等工会财产的处理，未通过"待处理财产损溢"科目核算。

审计依据：《工会会计制度》（财会〔2021〕7号）第182号科目

待处理财产损溢 一、本科目核算工会待处理财产的价值及财产处理损溢。工会财产的处理包括资产的盘盈、盘亏、报废、毁损以及非实物资产损失核销等。……三、工会财产的处理，一般应当先记入本科目，按照规定报经批准后及时进行账务处理。年末结账前一般应处理完毕。

十二、工会资产对外投资未执行工会相关制度规定

1. 工会资产对外投资未履行审批程序。

审计依据：《工会行政事业性资产管理办法》（总工办发〔2017〕5号）第十条 工会行政事业性资产管理事项的报批程序：（一）主管工会对工会行政事业单位上报的资产管理事项进行审核后提出请示，报送上级工会；（二）上一级工会须对下一级工会报送的请示事项进行调查核实，在此基础上按审批权限进行审批或上报。……（四）已批复的请示事项不得擅自改变。…… 第十五条 工会行政事业性资产使用是指工会行政事业性资产自用、对外投资和出租、出借等行为。第十六条 工会行政事业单位资产使用，应当符合国家法律法规和全总有关规定，并经过单位领导班子集体研究，进行充分的可行性论证，依据审批权限履行审批手续。

2. 对外投资申请材料不规范。

审计依据：《工会行政事业性资产管理办法》（总工办发〔2017〕5号）第十八条第二款 各单位申请利用工会资产对外投资，应提供如下材料（全部材料加盖主管工会公章）：（一）对外投资事项的申请报告；（二）拟对外投资资产的价值凭证及权属证明，如购货发票或收据、工程决算副本、国有土地使用权证、房屋所有权证、股权证等凭据的复印件；（三）对外投资可行性分析报告；（四）拟同意对外投资的会议决议或会议纪要复印件；（五）被投资单位法人证书复印件、企业营业执照

复印件、企业法人个人身份证复印件等；（六）拟创办企业单位的章程和工商行政管理部门下发的企业名称预先核准通知书复印件；（七）工会行政事业单位与被投资方签订的合作意向书、协议草案或合同草案；（八）经中介机构审计的被投资方上年财务报表；（九）其他材料。

3. 工会对外投资未计入投资科目。

审计依据：《工会会计制度》（财会〔2021〕7号）第四十三条 投资是指工会按照国家有关法律、行政法规和工会的相关规定，以货币资金、实物资产等方式向其他单位的投资。……投资在取得时应当按照其实际成本入账。工会以货币资金方式对外投资的，以实际支付的款项（包括购买价款以及税金、手续费等相关税费）作为投资成本记账。工会以实物资产和无形资产方式对外投资的，以评估确认或合同、协议确定的价值记账。……

4. 未按规定将对外投资收益纳入工会财务核算。

审计依据：《工会会计制度》（财会〔2021〕7号）第四十三条 ……对于投资期内取得的利息、利润、红利等各项投资收益，工会应当计入当期投资收益。工会处置（出售）投资时，实际取得价款与投资账面余额的差额，应当计入当期投资收益。……

《工会行政事业性资产管理办法》（总工办发〔2017〕5号）第四十三条 各级工会在行政事业性资产管理过程中不得有下列行为：……（四）截留资产使用、处置过程中产生的收入。

第二节 违反资产配置有关规定

一、未遵循工会资产合理配置原则

如：存在超标准、超范围或资产配置浪费现象。

审计依据：《中华全国总工会关于加强工会财务管理、资产监督管理和经费审查审计监督的意见》（总工发〔2016〕38号）二（三）加强资产配置管理。……各级工会和工会事业单位应当根据工作需要，合理配置行政事业资产。

《金融系统工会固定资产管理办法》（金工办发〔2018〕13号）第二十一条 对有配置标准的固定资产，要按照规定配置标准配置，没有配置标准的，根据实际情况从严控制。

二、违反相关规定购置工会资产

1. 购置工会资产未纳入预算管理，特殊情况确需预算外采购的未履行审批手续。

审计依据：《金融系统工会固定资产管理办法》（金工办发〔2018〕13号）第十九条 固定资产配置资金纳入工会经费预算管理，审批程序：使用部门提出需求和申请，资产管理部门（岗）根据固定资产存量及使用情况编制年度购置计划，填写《固定资产购置审批单》，相关部门负责人审核签字。 第二十条 对未纳入年度固定资产购置计划的项目，原则上不予受理，因特殊情况，确需临时购置固定资产的，须经本级主席（主任）办公会研究批准后方可实施。

2. 未按照政府采购相关规定购置工会资产。

审计依据：《工会行政事业性资产管理办法》（总工办发〔2017〕5号）第十二条 各级工会行政事业单位购置资产，应按照《中华人民共和国政府采购法》及其实施细则的规定执行。

三、固定资产在取得时未按实际成本入账或手续不全

1. 购入的固定资产未按实际成本入账。

如：未按照实际支付的买价、运输费、保险费、安装费、装卸费及相关税费等记账；将购置固定资产发生的差旅费或固定资产的修理费用错计入固定资产价值等。

审计依据：《工会会计制度》（财会〔2021〕7号）第三十三条 固定资产在取得时应当按照其实际成本入账。工会购入、有偿调入的固定资产，其成本包括实际支付的买价、运输费、保险费、安装费、装卸费及相关税费等。……

《金融系统工会固定资产管理办法》（金工办发〔2018〕13号）第十四条（一）购置、调入的固定资产，按照实际支付的买价或调拨价及发生的运杂费、保险费、安装费等其他相关费用记账。 第二十二条 固定资产配置项目完成后，资产管理部门（岗）须凭《固定资产购置审批单》及时办理财务报账手续，登记固定资产实物账。

2. 接受捐赠、上级工会无偿调拨取得固定资产的手续不齐全、入账不准确，或未建档、登记和管理。

审计依据：《工会会计制度》（财会〔2021〕7号）第三十三条第四款 工会接受捐赠、无偿调入的固定资产，按照本制度第二十七条规定所确定的成本入账。 第二十七条第二款 ……对于工会接受捐赠、无偿调入的非现金资产，其成本按照有关凭据注明的金额加上相关税费、运

输费等确定；没有相关凭据、但按照规定经过资产评估的，其成本按照评估价值加上相关税费、运输费等确定；没有相关凭据、也未经过评估的，其成本比照同类或类似资产的价格加上相关税费、运输费等确定。如无法采用上述方法确定资产成本的，按照名义金额（人民币1元）入账，相关税费、运输费等计入当期支出。

《工会固定资产管理办法》（总工办发〔2002〕30号）第十条（四）接受捐赠、赞助、奖励和无偿调入的固定资产，按照同类固定资产的市场价格或者有关凭证记账，接受固定资产时发生的相关费用应计入固定资产价值。 第十六条 接受捐赠、赞助、奖励或无偿调入或盘盈等增加的固定资产，应由单位资产管理部门办理接收和交接，并根据固定资产交接清单、发票或固定资产盘盈盘亏报批单等凭证，填制固定资产增加通知单，办理有关入库、财务报销和使用单位领用等手续。 第二十九条 各单位资产部门对验收入库及投入使用的固定资产，须建立《工会固定资产卡片》，并记入《工会固定资产明细账》，按物登卡、凭卡记账。

《金融系统工会固定资产管理办法》（金工办发〔2018〕13号）第十四条（三）接受捐赠的固定资产，根据捐赠方提供的有关凭据确定固定资产的价值，没有提供有关凭据的，按相同资产市场公允价记账；接受捐赠固定资产时发生的各项费用，计入固定资产原值。

四、未按规定及时建立、登记固定资产卡片

审计依据：《工会固定资产管理办法》（总工办发〔2002〕30号）第二十九条 各单位资产部门对验收入库及投入使用的固定资产，须建立《工会固定资产卡片》，并记入《工会固定资产明细账》，按物登卡、凭卡记账。

五、召开重大会议、举办大型活动等购置的固定资产实物未按规定纳入固定资产进行统一管理

审计依据：《工会行政事业性资产管理办法》（总工办发〔2017〕5号）第十三条 经批准召开重大会议、举办大型活动等需要购置资产的，由会议或者活动主办单位按照本办法规定程序报批。会议或活动结束后，购置的资产纳入单位固定资产进行统一管理。

《金融系统工会固定资产管理办法》（金工办发〔2018〕13号）第二十二条 固定资产配置项目完成后，资产管理部门（岗）须凭《固定资产购置审批单》及时办理财务报账手续，登记固定资产实物账。

六、无形资产在取得时未按实际成本入账

1. 购入的无形资产未按实际成本入账。

审计依据：《工会会计制度》（财会〔2021〕7号）第三十九条 无形资产在取得时应当按照其实际成本入账。工会外购的无形资产，其成本包括购买价款、相关税费以及可归属于该项资产达到预定用途前所发生的其他支出。工会委托软件公司开发的软件，视同外购无形资产确定其成本。……对于非大批量购入、单价小于1 000元的无形资产，工会可以于购买的当期将其成本直接计入支出。

2. 接受捐赠、无偿调入的无形资产未按实际成本入账。

审计依据：《工会会计制度》（财会〔2021〕7号）第三十九条 无形资产在取得时应当按照其实际成本入账。……工会接受捐赠、无偿调入的无形资产，按照本制度第二十七条规定所确定的成本入账。 第二十七条第二款 ……对于工会接受捐赠、无偿调入的非现金资产，其成本按照有关凭据注明的金额加上相关税费、运输费等确定；没有相关凭

据、但按照规定经过资产评估的，其成本按照评估价值加上相关税费、运输费等确定；没有相关凭据，也未经过评估的，其成本比照同类或类似资产的价格加上相关税费、运输费等确定。如无法采用上述方法确定资产成本的，按照名义金额（人民币1元）入账，相关税费、运输费等计入当期支出。

第三节　违反资产日常使用管理规定

一、违规对外出租、出借工会资产

1. 未经审批随意对外出租、出借工会资产。

审计依据：《工会行政事业性资产管理办法》（总工办发〔2017〕5号）第十条　工会行政事业性资产管理事项的报批程序：（一）主管工会对工会行政事业单位上报的资产管理事项进行审核后提出请示，报送上级工会；（二）上一级工会须对下一级工会报送的请示事项进行调查核实，在此基础上按审批权限进行审批或上报。……（四）已批复的请示事项不得擅自改变。……　第十五条　工会行政事业性资产使用是指工会行政事业性资产自用、对外投资和出租、出借等行为。　第十六条　工会行政事业单位资产使用，应当符合国家法律法规和全总有关规定，并经过单位领导班子集体研究，进行充分的可行性论证，依据审批权限履行审批手续。

2. 出租、出借工会资产申请材料不全。

审计依据：《工会行政事业性资产管理办法》（总工办发〔2017〕5号）第十九条第二款　各单位申请出租、出借工会行政事业性资产，应提供以下材料（全部材料加盖主管工会公章）：（一）出租、出借事项的申请报告；（二）拟同意出租、出借事项的会议决议或会议纪要复印件；（三）出租、出借事项合同草案复印件；（四）合作方法人证书复印件、企业营业执照复印件、企业法人个人身份证复印件等；（五）其他材料。

3. 超期限出租、出借工会资产。

审计依据：《工会行政事业性资产管理办法》（总工办发〔2017〕5号）第十九条第一款……各单位出租工会行政事业性资产，原则上应采取公开招租的形式确定出租的价格，必要时可采取评审或者资产评估的办法确定出租的价格。各单位出租、出借工会行政事业性资产，期限不得超过5年。

4. 出租、外借工会资产取得的收入未纳入工会财务核算。

审计依据：《工会行政事业性资产管理办法》（总工办发〔2017〕5号）第五条 各级工会行政事业单位在行政事业性资产管理过程中取得的收入应当纳入单位预算，统一核算、统一管理。 第四十三条 各级工会在行政事业性资产管理过程中不得有下列行为：……（四）截留资产使用、处置过程中产生的收入。

二、违规使用工会资产对外提供担保

审计依据：《关于严格管理工会机关及企事业为各类经济活动提供担保的通知》（总工办发〔1998〕29号）第二条 各级工会机关不得用工会经费和工会经费账户为工会系统内外的任何单位提供经济担保，以防止工会经费的流失。 第三条 工会企事业单位不得为工会系统以外的企事业单位的经济活动提供担保，已经担保的，要立即采取有效措施加以纠正。

三、工会实物资产日常保管、领用管理不规范

1. 未建立实物资产日常保管、领用等内部管理制度。

审计依据：《金融系统工会固定资产管理办法》（金工办发〔2018〕13号）第二十四条第二款 资产管理部门（岗）负责建立自用资产的领用、使用、保管、维护和交回等内部管理流程，确保信息完整、准确。做到领用有手续，使用有监督，保管、维护有责任，交回有制约。

《工会行政事业性资产管理办法》（总工办发〔2017〕5号）第十七条 资产自用是工会行政事业单位对占有使用的固定资产、库存材料等的管理活动。工会行政事业单位应按照"实物管理和价值管理并重"的原则，建立健全自用资产的验收、领用、使用、保管和维护等内部管理制度与流程，加强工会行政事业性资产的使用管理。

2. 未指定专人负责办理固定资产和其他物品的保管、领发、交回、维护及清点等工作。

审计依据：《工会会计制度讲解》（2022年）第三章第十二节 四（四）县以上工会应设立资产管理部门，配备专（兼）职人员，对本级工会资产实施统一管理，对下级工会资产管理实施监督。工会机关、基层工会和事业单位要明确资产管理部门，指定专（兼）职人员对本单位占有使用的固定资产实施日常管理，对所管资产的安全与完整负责。……

3. 固定资产使用人未按规定妥善保管、维护和使用资产。

审计依据：《金融系统工会固定资产管理办法》（金工办发〔2018〕13号）第十二条 固定资产使用部门（人）应配合资产管理部门（岗）、财务管理部门（岗），做好固定资产年度购置需求和经费预算编制以及固定资产的使用、保管、维护、交回、清查盘点等工作，对领用固定资

产的安全和完整负责。

四、未按规定对固定资产、无形资产计提折旧和进行摊销

1. 固定资产使用年限未按规定合理确定。

审计依据：《工会会计制度》（财会〔2021〕7号）第三十五条第二款 工会应当根据相关规定以及固定资产的性质和使用情况，合理确定固定资产的使用年限。固定资产的使用年限一经确定，不得随意变更。

《工会会计制度》（财会〔2021〕7号）附录2《工会固定资产折旧年限表》。

2. 固定资产未按月计提折旧。

审计依据：《工会会计制度》（财会〔2021〕7号）第三十五条 工会应当对固定资产计提折旧，但文物和陈列品，动植物，图书、档案，单独计价入账的土地和以名义金额计量的固定资产除外。……工会应当按月对固定资产计提折旧。当月增加的固定资产，当月计提折旧；当月减少的固定资产，当月不再计提折旧。……

3. 无形资产摊销年限未按规定原则确定。

审计依据：《工会会计制度》（财会〔2021〕7号）第四十条 ……工会应当按照以下原则确定无形资产的摊销年限：法律规定了有效年限的，按照法律规定的有效年限作为摊销年限；法律没有规定有效年限的，按照相关合同中的受益年限作为摊销年限；上述两种方法无法确定有效年限的，应当根据无形资产为工会带来服务潜力或者经济利益的实际情况，预计其使用年限。工会应当采用年限平均法或工作量法对无形资产进行摊销，应摊销金额为其成本，不考虑预计净残值。……

4. 无形资产未按月进行摊销。

审计依据:《工会会计制度》(财会〔2021〕7号)第四十条第一款 工会应当按月对无形资产进行摊销,使用年限不确定的、以名义金额计量的无形资产除外。 第四款 工会应当按月进行摊销。当月增加的无形资产,当月进行摊销;当月减少的无形资产,当月不再进行摊销。……

5. 对后续增加成本的无形资产未重新确定摊销年限和摊销额。

审计依据:《工会会计制度》(财会〔2021〕7号)第四十条第五款 因发生后续支出而增加无形资产成本的,对于使用年限有限的无形资产,工会应当按照重新确定的无形资产成本以及重新确定的摊销年限计算摊销额。

6. 未按规定选择发出库存物品实际成本的确定方法,或随意变更发出库存物品实际成本的确定方法。

审计依据:《工会会计制度》(财会〔2021〕7号)第三十一条 库存物品在发出(领用或出售等)时,工会应当根据实际情况在先进先出法、加权平均法、个别计价法中选择一种方法确定发出库存物品的实际成本。库存物品发出方法一经选定,不得随意变更。

五、工会资产盘点及相关档案管理不规范

1. 未按照规定每年至少开展一次固定资产清查盘点。

审计依据:《工会会计制度》(财会〔2021〕7号)第三十七条第一款 工会应当定期对固定资产进行清查盘点,每年至少全面盘点一次。……

《金融系统工会固定资产管理办法》(金工办发〔2018〕13号)第三十四条 固定资产清查内容主要包括全面盘点固定资产实物数量,理清固定资产领用部门和使用人情况,核对财务资金账和实物账、实物账

与明细账、明细账与卡片、卡片与具体实物的相符情况等。 第三十五条 固定资产清查工作一年至少进行一次，如有必要，年内资产管理部门（岗）可不定期组织实施固定资产清查，并填写《固定资产清查总表》。

2. 未按照规定每年至少开展一次无形资产清查盘点。

审计依据：《工会会计制度》（财会〔2021〕7号）第四十二条 工会应当定期对无形资产进行清查盘点，每年至少全面盘点一次。……

3. 未按照规定每年至少开展一次库存物品清查盘点。

审计依据：《工会会计制度》（财会〔2021〕7号）第三十一条第四款 工会应当定期对库存物品进行清查盘点，每年至少全面盘点一次。……

4. 未及时处理资产清查中的问题。

审计依据：《工会会计制度》（财会〔2021〕7号）第三十一条第四款 ……对于盘盈、盘亏或报废、毁损的库存物品，应当及时查明原因，报经批准认定后及时进行会计处理。 第三十七条第一款 ……对于盘盈、盘亏或报废、毁损的固定资产，工会应当及时查明原因，报经批准认定后及时进行会计处理。 第四十二条 ……工会在资产清查盘点过程中发现的无形资产盘盈、盘亏等，参照本制度固定资产相关规定进行处理。

《金融系统工会固定资产管理办法》（金工办发〔2018〕13号）第三十六条 对清查发现的问题，资产管理部门（岗）要认真查找原因，属于责任原因的，应由责任人写出书面说明；造成损失的，视不同情况由责任人进行赔偿。盘盈或盘亏的固定资产由资产管理部门（岗）提出处理方案，并分别按照新增或报损固定资产规定及时办理相关手续。

第四节 违反资产处置管理规定

一、未按照规定程序处置固定资产或处置操作手续不规范

如：未经主席办公会和经审会审议通过，随意处置工会资产。

审计依据：《金融系统工会固定资产管理办法》（金工办发〔2018〕13号）第二十七条第一款 固定资产处置方式包括无偿调出、出售、出让、转让、置换、报废、报损和捐赠。第二十九条 固定资产处置（不动产除外），由资产管理部门（岗）提出申请，填写《固定资产处置审批单》，相关部门负责人签字后，报本级主席（主任）办公会审批。第三十条 涉及各级工会占有和使用的土地以及连同地面附着的房屋建筑物一并与工会系统以外单位进行使用权或产权转让、置换的全部事项须经中国金融工会报全总审批。报批材料包括：（一）不动产的总体情况，包括产权、价值和使用情况及相关证明材料等；（二）处置变更的具体方案，包括可行性分析报告、有资质的会计师事务所的评估报告、技术部门的鉴定意见等；（三）本级主席（主任）办公会、经审会会议纪要或相关批准文件等；（四）会员代表大会通过意见。第三十一条 处置申请经批准后，资产管理部门（岗）应于处置后3个工作日内凭《固定资产处置审批章》办理固定资产实物账核销手续，同时报财务管理部门（岗）办理账务核销手续。

二、违规将未达折旧年限尚可使用的固定资产随意提前报废处置

审计依据：《金融系统工会固定资产管理办法》（金工办发〔2018〕13号）第二十七条第五款 报废是指按有关规定或经有关部门、专家鉴

定，对已不能继续使用的固定资产，进行注销的行为。固定资产折旧年限为固定资产报废参考值，实施报废仍应本着节约原则，对固定资产使用状态进行真实评估，技术性较强的评估应提供专业部门的鉴定。

三、超范围无偿调出固定资产

如：向非本系统工会以外的单位无偿调出固定资产。

审计依据：《金融系统工会固定资产管理办法》（金工办发〔2018〕13号）第二十七条第二款 无偿调出是指本系统工会内，不改变国有资产性质的前提下，以无偿转让的方式转移固定资产并变更其占有、使用权的行为。

四、对外捐赠资产的财务处理不规范

如：一是无捐赠资产交接清单或捐赠收据等确认证明和财务入账凭据。二是对外捐赠的资产提供的资料不齐全。

审计依据：《工会固定资产管理办法》（总工办发〔2002〕30号）第十六条 接受捐赠、赞助、奖励或无偿调入或盘盈等增加的固定资产，应由单位资产管理部门办理接收和交接，并根据固定资产交接清单、发票或固定资产盘盈盘亏报批单等凭证，填制固定资产增加通知单，办理有关入库、财务报销和使用单位领用等手续。

《金融系统工会固定资产管理办法》（金工办发〔2018〕13号）第三十一条 处置申请经批准后，资产管理部门（岗）应于处置后3个工作日内凭《固定资产处置审批章》办理固定资产实物账核销手续，同时报财务管理部门（岗）办理账务核销手续。

提示：条款中的固定资产交接清单为双方共同签字确认的书面证明，是双方重要的财务入账凭证之一。

《工会行政事业性资产管理办法》(总工办发〔2017〕5号)第二十七条 各级工会行政事业单位资产对外捐赠,应提交以下材料(全部材料加盖主管工会公章):(一)对外捐赠申请文件;(二)捐赠报告,包括:捐赠事由、途径、方式、责任人、资产构成及其数额、交接程序等;(三)捐赠单位出具的捐赠事项对本单位财务状况和业务活动影响的分析报告,使用货币资金对外捐赠的,应提供货币资金的来源说明等;(四)主管工会、工会行政事业单位决定捐赠事项的有关文件,包括主管工会关于捐赠事项会议纪要复印件等;(五)能够证明捐赠资产价值的有效凭证,如购货发票或收据、工程决算副本、记账凭证、固定资产卡片及产权证明等凭据的复印件;(六)其他相关材料。 第二十八条 实际发生的对外捐赠,应当依据受赠方出具的同级财政部门或主管部门统一印(监)制的捐赠收据或者捐赠资产交接清单确认;对无法索取同级财政部门或主管部门统一印(监)制的捐赠收据的,应当依据受赠方所在地城镇街道、乡镇等基层政府组织出具的证明确认。

五、资产置换未遵循市场交易和价值对等原则

审计依据:《金融系统工会固定资产管理办法》(金工办发〔2018〕13号)第二十七条第三款 置换(换出)是指以获得其他单位固定资产的占有、使用权为前提,向该单位转移本单位固定资产的占有、使用权的行为。这种交换应基于市场交易和价值对等原则进行,不涉及或只涉及少量的货币性补价,补价率(即换出换入固定资产置换协议价格之差/换出换入固定资产置换协议价格较高者)原则上不超过10%。

六、未按规定报批程序擅自处置资产

如:一是未按规定程序申报。二是越权处理资产。三是未按审批文

件处置。

审计依据：《中华全国总工会关于加强工会财务管理、资产监督管理和经费审查审计监督的意见》（总工发〔2016〕38号）二（五）严格资产处置管理。工会资产处置主要包括调拨划转、出让、转让、置换、货币性资产损失核销等方式。各级工会要按照全总制度要求加强资产处置事项管理，对资产评估、处置协议、产权归属等关键环节严格把关，并按照规定程序和管理权限履行报批程序，防止资产流失。

《工会行政事业性资产管理办法》（总工办发〔2017〕5号）第四十三条 各级工会在行政事业性资产管理过程中不得有下列行为：（一）未按规定程序申报，擅自越权对工会行政事业性资产管理事项进行处理；（二）对不符合规定的申报材料予以审批；（三）串通作弊、暗箱操作，资产使用、处置过程中造成工会资产流失；……

《工会企业资产管理办法》（总工办发〔2019〕22号）第二十六条 主管工会决定其所属企业的工会股权转让事项。其中，转让全部工会股权，工会独资企业转让部分工会股权，工会控股企业转让部分工会股权致使工会不再拥有控股地位的，应报全总资产监督管理部备案。

七、未按规定程序和管理权限，擅自核销对外投资

如：核销对外投资损失形成的呆账时，未履行审批程序。

审计依据：《工会会计制度》（财会〔2021〕7号）第四十三条第五款 对于因被投资单位破产、被撤销、注销、吊销营业执照或者被政府责令关闭等情况造成难以收回的未处置不良投资，工会应当在报经批准后及时核销。

《工会经费呆账处理办法》（总工发〔2002〕20号）一、呆账的确认（一）投资损失：以工会经费对外投资，由于接受投资的单位撤销、破产，经履行清算后确认不能收回的投资；遭受严重自然灾害导

致经济活动停止，投资本金不能收回的部分。……三、呆账处理审批程序（一）各级工会财务部门对本级经费投资、借款、暂付款等形成的呆账进行清理，列出呆账事项。（二）呆账事项的责任人应将呆账形成过程、原因以及鉴定意见、法律文书、证明材料、说明材料、函证材料等，以书面形式提交工会财务部门审核。（三）由工会财务部门将呆账事项汇总，报本级工会主席办公会议研究确定。（四）本级工会主席办公会议作出处理决定前，应征求同级经审会同意。必要时可由经审会办公室安排审计。（五）工会财务部门依据主席办公会议决定进行账务处理。

八、未按规定对处置（出售）的资产进行账务处理

1. 未按规定对处置（出售）的固定资产进行账务处理。

审计依据：《工会会计制度》（财会〔2021〕7号）第三十六条 工会处置（出售）固定资产时，应当冲减其账面价值并相应减少资产基金，处置中取得的变价收入扣除处置费用后的净收入（或损失）计入当期收入（或支出），按规定应当上缴财政的计入其他应付款。

2. 未按规定对处置（出售）的无形资产进行账务处理。

审计依据：《工会会计制度》（财会〔2021〕7号）第四十一条 工会处置（出售）无形资产时，应当冲减其账面价值并相应减少资产基金，处置中取得的变价收入扣除处置费用后的净收入（或损失）计入当期收入（或支出），按规定应当上缴财政的计入其他应付款。

九、资产处置收入未纳入工会财务核算

审计依据：《金融系统工会固定资产管理办法》（金工办发〔2018〕13号）第三十二条 固定资产处置收入按照政府非税收入管理，实行"收

支两条线"管理。

《工会行政事业性资产管理办法》（总工办发〔2017〕5号）第五条 各级工会行政事业单位在行政事业性资产管理过程中取得的收入应当纳入单位预算，统一核算、统一管理。 第四十三条 各级工会在行政事业性资产管理过程中不得有下列行为：……（四）截留资产使用、处置过程中产生的收入。

第五节　资产类往来款项管理不规范

一、违反其他应收款的管理规定

1. 借款和备用金跨年度挂账。

审计依据：《工会会计制度讲解》第三章第八节 二、……3. 借款人必须及时办理报销，并交回多余现金。尚未办理结算清账的，原则上不得再借。年终，借款原则上应全部结清收回，不得跨年度挂账。4. 使用备用金的必须根据事先制定的限额使用，年终全部结清收回，不得跨年度挂账。

2. 未按规定对债务人设置明细账。

审计依据：《工会会计制度》（财会〔2021〕7号）第135号科目 其他应收款 二、本科目应当按照其他应收款的类别以及债务单位（或个人）设置明细账，进行明细核算。

3. 其他应收款清理不及时，造成长期挂账。

审计依据：《工会会计制度讲解》第三章第八节 二 1. 各级工会应

对其他应收款及暂付款项严格控制、健全手续，及时清理，不得长期挂账。

4. 逾期三年以上的其他应收款未按规定履行审批核销手续。

审计依据：《工会会计制度》（财会〔2021〕7号）第三十条第五款 ……对于确实不能收回的应收款项应报经批准认定后及时予以核销。 第135号科目 其他应收款 三、……（二）逾期三年以上、因债务人原因尚未收回的其他应收款，报经批准认定确实无法收回的应予以核销。

《工会经费呆账处理办法》（总工发〔2002〕20号）一、呆账的确认 ……（三）暂付款：暂付三年以上的，由于债务人的原因尚未收回并按管理权限确认无法收回的暂付款。 三、呆账处理审批程序（一）各级工会财务部门对本级经费投资、借款、暂付款等形成的呆账进行清理，列出呆账事项。（二）呆账事项的责任人应将呆账形成过程、原因以及鉴定意见、法律文书、证明材料、说明材料、函证材料等，以书面形式提交工会财务部门审核。（三）由工会财务部门将呆账事项汇总，报本级工会主席办公会议研究确定。（四）本级工会主席办公会议作出处理决定前，应征求同级经审会同意。必要时可由经审会办公室安排审计。（五）工会财务部门依据主席办公会议决定进行账务处理。

二、违反应收款项的管理规定

1. 应收上级经费、应收下级经费等应收款项未按实际发生额入账，或应收款项经确认无法收回时未及时核销。

审计依据：《工会会计制度》（财会〔2021〕7号）第三十条第五款 应收款项应当按照实际发生额入账。年末，工会应当分析各项应收款项的可收回性，对于确实不能收回的应收款项应报经批准认定后及时予以核销。

2. 清理核销应收款项未履行审批手续。

审计依据：《工会会计制度》（财会〔2021〕7 号）第三十条第五款……对于确实不能收回的应收款项应报经批准认定后及时予以核销。

第六节　工会企业资产管理不规范

一、工会企业资产管理机构和职责不明确

1. 工会投资形成的工会企业资产未确权入账。

如：工会投资设立的企业资产未入工会经费账户核算。

审计依据：《工会企业资产管理办法》（总工办发〔2019〕22 号）第一条　工会企业是指工会组织出资的工会独资企业、工会独资公司以及工会控股公司。工会企业资产是指工会组织对企业各种形式的投资和投资所形成的权益，以及依法认定为工会所有的其他权益。

《工会会计制度》（财会〔2021〕7 号）第四十三条第二款　投资在取得时应当按照其实际成本入账。……　第三款　对于投资期内取得的利息、利润、红利等各项投资收益，工会应当计入当期投资收益。

2. 基层以上工会未按规定明确工会资产监督管理机构。

审计依据：《工会企业资产管理办法》（总工办发〔2019〕22 号）第四条　县级以上工会组织（含县级）应落实分级管理工会资产责任，明确工会资产监督管理机构，对所辖工会企业资产进行监督管理。

二、工会企业资产监督内控制度缺失

1. 未按规定制定工会企业资产监督管理的规章制度。

审计依据：《工会企业资产管理办法》（总工办发〔2019〕22号）第五条 工会资产监督管理机构监督管理工会企业资产的主要职责是：（一）贯彻执行党和国家以及全总有关企业资产管理的法律、法规和政策，研究制定工会企业资产监督管理的规章制度，并对执行情况进行监督检查。

2. 未建立工会资产对外投资经营和收益分配的考核和监督检查机制，未有效控制对外投资的风险。

审计依据：《行政事业单位内部控制规范（试行）》（财会〔2012〕21号）第四十五条 单位应当根据国家有关规定加强对对外投资的管理。……（三）加强对投资项目的追踪管理，及时、全面、准确地记录对外投资的价值变动和投资收益情况。（四）建立责任追究制度。对在对外投资中出现重大决策失误、未履行集体决策程序和不按规定执行对外投资业务的部门及人员，应当追究相应的责任。

《工会行政事业性资产管理办法》（总工办发〔2017〕5号）第四十二条 各级工会应加强工会行政事业性资产管理与监督，建立检查制度，对资产管理情况进行监督检查。

《工会企业资产管理办法》（总工办发〔2019〕22号）第二十二条 加强和规范工会企业资产收益收缴管理工作。主管工会资产监督管理部门和财务部门应制定相关规定，核定其本级工会企业资产收益上缴额，并负责组织收缴、监缴资产收益。

三、工会企业未按规定实行所有权与经营权分离

如：某基层工会领导直接参与工会企业经营。

审计依据：《工会企业资产管理办法》（总工办发〔2019〕22号）第七条　工会企业享有国家有关法律、法规和制度规定的企业经营自主权，实行所有权与经营权分离。

四、企业资产变更、转让操作不规范

如：未依据审批权限及审批程序进行企业资产变更、转让，或企业资产变更、转让材料不齐全等。

审计依据：《工会企业资产管理办法》（总工办发〔2019〕22号）第九条　省级工会报送全总审批事项，省级工会资产监督管理机构应严格审核把关，具备审批条件后再履行报批程序，并应向全总资产监督管理部提交以下材料（全部材料加盖公章）：（一）申请变更资产属性或产权转让的报告；（二）省级工会党组会议纪要原件或复印件；（三）资产价值凭证及产权证明，如购货发票或收据、工程决算副本、国有土地使用权证、房屋所有权证、股权证等凭据的复印件；（四）可行性方案，包括资产的基本情况、变更资产属性的原因、方式等；（五）有资质评估机构出具的评估报告；（六）宗地图、标明资产所处位置的地图；（七）工会企事业单位近两年的财务报告；（八）其他相关材料。第十条　省级工会根据本办法，按权限负责对省本级和省级以下工会不需全总审批的工会企业资产管理事项进行审批。

五、重大事项决策、执行不规范

1. 未按照"三重一大"决策制度进行重大事项决策。

审计依据：《工会企业资产管理办法》（总工办发〔2019〕22号）第十一条 坚持"谁主管、谁负责"原则，主管工会及所属企业要切实履行管好用好工会资产的主体责任，严格执行"三重一大"决策制度，重大事项必须党组（党委）集体决策并按程序报批。

2. 未建立资产监管制度，违反规定将工会企业整体出租、承包和委托经营，部分出租、承包和委托经营期限超规定年限。

审计依据：《工会企业资产管理办法》（总工办发〔2019〕22号）第十三条 主管工会指导所属企业健全完善资产监管制度。依照国家有关规定，建立健全企业内部监督管理、风险控制、投资、资产出租出借等制度。工会企业不得整体出租、承包和委托经营，部分出租、承包和委托经营的期限原则上不得超过5年。

3. 工会企业重组、股份制改造、独资公司章程、投资设立符合主业定位并对其自身有重要影响的子企业等重大事项未报经主管工会批准。

审计依据：《工会企业资产管理办法》（总工办发〔2019〕22号）第十四条 主管工会决定其所属企业中的工会独资企业的分立、合并、破产、解散、增减资本等重大事项。主管工会审核批准其所属工会企业重组、股份制改造方案和所属工会独资公司章程。工会企业投资设立符合主业定位并对出资企业具有重要影响的子企业等重大事项，须报主管工会批准。

4. 工会所属企业的经营范围不符合有关工会企业坚持公益性服务性的要求。

如：某工会所属企业的经营范围包括资产管理服务、财务顾问咨询服务、房地产投资和开发、装修装潢业务等。

审计依据：《工会企业资产管理办法》（总工办发〔2019〕22号）第二十二条 工会企业坚持公益性服务性，坚持为改革开放和发展社会生产力服务，为职工群众服务，为推进工运事业服务。 第十七条 主管工会对公益性服务性职能发挥不明显、主责主业不突出的工会企业，或资不抵债、停业停产、不具备正常生产经营条件和其他需要改制退出的企业，依法依规实行有序退出。

5. 未针对本级工会企业的基本建设项目指定管理制度并对建设项目进行管理。

审计依据：《工会企业资产管理办法》（总工办发〔2019〕22号）第十八条 主管工会负责监督管理本级工会企业基本建设项目，规范本级工会企业基本建设项目管理，完善管理制度，履行建设程序，提高投资效益。

六、业绩考核工作执行不到位

1. 未签订经营业绩目标责任书或未依据经营业绩目标责任书实施分类考核和目标管理。

审计依据：《工会企业资产管理办法》（总工办发〔2019〕22号）第十九条 健全完善工会企业负责人经营业绩考核制度。突出不同类型工会企业考核重点，合理设置经营业绩考核指标及权重，主管工会资产监督管理机构与本级企业负责人签订经营业绩目标责任书，根据经营业绩目标责任书实施分类考核和目标管理，引导工会企业实现高质量发展。

经营业绩考核一般以年度为考核期，也可根据需要由主管工会确定考核期。

2. 业绩考核指标未涵盖党建工作、意识形态工作责任制落实情况、服务工会主责主业等。

审计依据：《工会企业资产管理办法》（总工办发〔2019〕22号）第二十条 工会企业考核目标应始终把社会效益放在首位，努力实现社会效益和经济效益的有机统一。除生产经营指标外，应涵盖党建工作、意识形态工作责任制落实情况、服务工会主责主业等。

3. 未制定工会企业资产收益相关规定或未按规定进行收益收缴。

审计依据：《工会企业资产管理办法》（总工办发〔2019〕22号）第二十二条 加强和规范工会企业资产收益收缴管理工作。主管工会资产监督管理部门和财务部门应制定相关规定，核定其本级工会企业资产收益上缴额，并负责组织收缴、监缴资产收益。 第二十三条 转让工会企业产权取得净收益，应按照工会财务管理要求，纳入主管工会管理范围，由主管工会确定缴款至主管工会或主管企业的银行账户。

七、对公益性服务性职能发挥不明显、主责主业不突出的工会企业，或资不抵债、停业停产、不具备正常生产经营条件和其他需要改制退出的企业，未依法依规实行有序退出

审计依据：《工会企业资产管理办法》（总工办发〔2019〕22号）第十七条 主管工会对公益性服务性职能发挥不明显、主责主业不突出的工会企业，或资不抵债、停业停产、不具备正常生产经营条件和其他需要改制退出的企业，依法依规实行有序退出。

八、资产处置事项操作不合规

1. 未按规定将涉及土地和房屋建筑物的资产性质变更或产权置换事项上报上级工会审批或备案。

审计依据：《工会企业资产管理办法》（总工办发〔2019〕22号）第二十五条 主管工会决定其本级所属行政事业性资产变更为企业资产事项。其中，涉及土地和房屋建筑物的事项，应报上一级工会审批，并将实施结果报全总资产监督管理部备案。主管工会决定其所属企业占有和使用的土地以及连同地面附着的房屋建筑物一并与工会系统以外单位进行产权置换事项，并报上一级工会备案。

2. 未按规定将工会企业控制权变更事项报全总资产监督管理部备案。

审计依据：《工会企业资产管理办法》（总工办发〔2019〕22号）第二十六条 主管工会决定其所属企业的工会股权转让事项。其中，转让全部工会股权，工会独资企业转让部分工会股权，工会控股企业转让部分工会股权致使工会不再拥有控股地位的，应报全总资产监督管理部备案。

3. 工会企业资产产权转让，标的资产未委托具有相应资产评估资质的评估机构进行资产评估或交易价格显失公允。

审计依据：《工会企业资产管理办法》（总工办发〔2019〕22号）第二十七条 工会企业资产的产权转让，特别是向工会系统外转让，应遵循等价有偿和公开公平公正的原则，做好可行性研究。在主管工会指导监督下，由工会企业委托具有相应资产评估资质的评估机构，在清产核资和审计的基础上进行资产评估。

4. 注销工会企业资产未进行处置前清产核资、审计、资产评估等措施,无法确定注销资产保值增值或损失情况等。

审计依据:《中国工会章程》第三十九条 工会资产是社会团体资产,中华全国总工会对各级工会的资产拥有终极所有权。各级工会依法依规加强对工会资产的监督、管理,保护工会资产不受损害,促进工会资产保值增值。

《工会企业资产管理办法》(总工办发〔2019〕22号)第二十七条 工会企业资产的产权转让,特别是向工会系统外转让,应遵循等价有偿和公开公平公正的原则,做好可行性研究。在主管工会指导监督下,由工会企业委托具有相应资产评估资质的评估机构,在清产核资和审计的基础上进行资产评估。 第二十八条 工会企业产权转让应在依法设立的产权交易机构中,采取招标、拍卖、挂牌等方式公开进行,不得私下交易。交易价格原则上不得低于资产评估结果。

5. 工会企业资产产权转让未通过公开方式进行。

审计依据:《工会企业资产管理办法》(总工办发〔2019〕22号)第二十八条 工会企业产权转让应在依法设立的产权交易机构中,采取招标、拍卖、挂牌等方式公开进行,不得私下交易。交易价格原则上不得低于资产评估结果。

九、未严格履行监督检查职责

1. 工会企业未按规定向主管工会资产监督管理机构报告财务状况、生产经营状况和资产保值增值状况等重大事项。

审计依据:《工会企业资产管理办法》(总工办发〔2019〕22号)第二十九条 各级工会应加强工会企业资产的管理与监督,建立监督检查制度。坚持事前监督、事中监督、事后监督相结合,对本级所属企业和下级工会企业资产管理情况进行日常监督与专项检查。工会企业应接受主管工会资产监督管理机构监督管理，定期向主管工会资产监督管理机构报告财务状况、生产经营状况和工会资产保值增值状况，不得损害工会企业资产所有者权益。 第三十一条 工会企业未按规定向主管工会资产监督管理机构报告财务状况、生产经营状况和资产保值增值状况等重大事项的，予以批评并责令改正。工会企业单位和个人决策失误、违规经营、滥用职权、玩忽职守，造成工会资产重大损失的，依据国家法律法规和全总有关规定追究相应责任。

2. 工会资产监督管理部门未按规定向上级工会报批工会企业资产管理重大事项。

审计依据：《工会企业资产管理办法》（总工办发〔2019〕22号）第三十条 工会资产监督管理部门不认真履行监督管理职责，未按规定向上级工会报批工会企业资产管理重大事项，造成工会资产损失或者其他严重后果的，应依法依规追究有关责任人员的纪律、法律责任。

第十章

负债管理方面的
主要风险点

第一节　违反应付款项管理规定

一、未按规定及时足额上缴和划拨应付上/下级经费

如：一是未按规定比例确认应付上级经费。二是未按规定时间上划应付上级经费。三是应付下级经费未及时划拨下级工会使用。

审计依据：《中国金融工会经费管理办法》（金工发〔2000〕3号）三、工会经费留成比例　基层工会在收到行政按每月全部职工工资总额的2%拨交的工会经费后，自留60%，并向所在地总工会上解10%，其余30%上解地、市行（司）工会。地、市行（司）工会自留5%，其余25%上解省、自治区、直辖市行（司）工会。省、自治区、直辖市行（司）工会自留10%，并负责向省总工会上解5%，其余10%上解给各总行（司）工会。各总行（司）工会自留2%，其余8%上解中国金融工会。中国金融工会自留3%，向全国总工会财务部上解5%。……各总行（会、司）工会要在每季度后15日内按照规定的比例足额将经费上解到中国金融工会。

《金融系统基层工会经费收支管理实施办法》（金工发〔2018〕3号）第二十三条（一）3．严禁不按照规定比例上缴工会经费。

《基层工会经费收支管理办法》（总工办发〔2017〕32号）第二十二条（六）不准截留、挪用工会经费。

《工会预算管理办法》（总工办发〔2019〕26号）第四十三条　各级工会应按照年度预算积极组织收入。按照规定的比例及时、足额拨缴工会经费，不得截留、挪用。

二、违反其他应付款的管理规定

1. 未按资金性质或要求核算其他应付及暂存款项，未按对方单位或个人设置明细账。

审计依据：《工会会计制度》（财会〔2021〕7号）第215号科目 其他应付款 一、本科目核算工会除应付上下级经费之外的其他应付及暂存款项，包括工会按规定收取的下级工会的建会筹备金、应支付的税金等。二、本科目应按对方单位或个人设置明细账，进行明细核算。

2. 未按规定的用途使用专项资金。

如：未按规定用途使用专项资金，擅自改变专项资金用途，列支与专项资金用途无关的支出。

审计依据：《工会会计制度》（财会〔2021〕7号）第二十二条 工会应当对指定用途的资金按规定的用途专款专用，并单独反映。

3. 其他应付款及专项资金长期挂账未及时清理。

审计依据：《工会会计制度》（财会〔2021〕7号）第135号科目 其他应收款 四、各级工会应对其他应收及暂付款项严格控制，健全手续，及时清理，不得长期挂账。

第二节　违反代管经费管理规定

一、将不符合代管经费核算内容的款项纳入"代管经费"科目核算

如：临时存放救灾救助的职工捐款。

审计依据：《工会会计制度》（财会〔2021〕7号）第221号科目 代管经费 一、本科目核算其他组织委托工会代管的有指定用途的、不属于工会收入的资金，如代管的社团活动费、职工互助保险等。

二、未按规定对代管的职工互助金等按项目或单位设置明细账，专款专用

审计依据：《工会会计制度》（财会〔2021〕7号）第221号科目 代管经费 二、本科目应当按照拨入代管经费的项目或单位设置明细账。

第十一章

净资产管理方面的主要风险点

第一节 违反净资产管理规定

一、违反资产基金的管理规定

1. 购入、接受捐赠、领用、发出、对外捐赠，或其他增加和减少库存物品时，"资产基金—库存物品"未及时入账。

审计依据：《工会会计制度》（财会〔2021〕7号）第五十一条第二款 资产基金应当在取得库存物品、固定资产、在建工程、无形资产、投资及发生长期待摊费用时确认。

提示：1. 根据《工会会计制度》，工会随买随用的物品（耗材、物品及达不到固定资产标准的工具、器具等），可以在购入时直接计入支出，不通过"库存物品"和"资产基金—库存物品"科目核算。2. 增减库存物品应履行相关审批手续。

2. 购入、调入、建造、盘盈、接受捐赠固定资产和拆除、盘亏、毁损、报废、捐出固定资产以及固定资产计提折旧时，"资产基金—固定资产"未及时入账。

审计依据：《工会会计制度》（财会〔2021〕7号）第五十一条第二款 资产基金应当在取得库存物品、固定资产、在建工程、无形资产、投资及发生长期待摊费用时确认。 第三十六条 工会处置（出售）固定资产时，应当冲减其账面价值并相应减少资产基金，……第三部分 会计科目使用说明 第301号科目 资产基金，三（四）计提固定资产折旧、无形资产摊销及分摊长期待摊费用时，按照计提的折旧、摊销及分摊的长期待摊费用的金额，借记本科目（固定资产、无形资产、长期待摊费用），贷记"累计折旧"、"累计摊销"、"长期待摊费用"科目。

提示：增减固定资产应履行相关审批手续。

3. 购入、接受捐赠、无偿调入无形资产，委托软件公司开发软件，或对外捐赠、无偿调出、摊销无形资产时，"资产基金—无形资产"未及时入账。

审计依据：《工会会计制度》（财会〔2021〕7号）第五十一条第二款 资产基金应当在取得库存物品、固定资产、在建工程、无形资产、投资及发生长期待摊费用时确认。 第四十一条 工会处置（出售）无形资产时，应当冲减其账面价值并相应减少资产基金，……第三部分 会计科目使用说明 第301号科目 资产基金，三（四）计提固定资产折旧、无形资产摊销及分摊长期待摊费用时，按照计提的折旧、摊销及分摊的长期待摊费用的金额，借记本科目（固定资产、无形资产、长期待摊费用），贷记"累计折旧"、"累计摊销"、"长期待摊费用"科目。

提示：增减无形资产应履行相关审批手续。

4. 购入国债、对外投资、收回投资或核销投资呆账时，"资产基金－投资"未及时入账。

审计依据：《工会会计制度》（财会〔2021〕7号）第四十三条第二款 投资取得时应当按照其实际成本入账。工会以货币资金方式对外投资的，以实际支付的款项（包括购买价款以及税金、手续费等相关税费）作为投资成本记账。 第五十一条第二款 资产基金应当在取得库存物品、固定资产、在建工程、无形资产、投资及发生长期待摊费用时确认。

提示：对外投资、收回投资及核销投资呆账应履行相关审批手续。

二、违反专用基金的管理规定

1. 违规设立专用基金项目。

如：以建立困难帮扶机制为由，通过"维权支出—困难帮扶费"科目或其他科目提取一定比例（或数额）的工会经费，设立职工困难帮扶基金，用于因大病、意外事故、子女就学等原因致困的职工本人及家庭的帮扶支出。

审计依据：《工会会计制度》（财会〔2021〕7号）第五十二条第一款 专用基金指县级以上工会按规定依法提取和使用的有专门用途的基金。 第三部分 会计科目使用说明 第311号科目 专用基金 一、本科目核算县级以上工会根据国家和全国总工会有关规定依法提取和使用的有专门用途的基金，包括权益保障金、住房改革支出等。

《金融系统基层工会经费收支管理实施办法》（金工发〔2018〕3号）第九条（四）困难职工帮扶费。用于基层工会对困难职工提供资金和物质帮助等发生的支出。会员本人及家庭因大病、意外事故等原因致困时，可给予一定金额的慰问。基层工会应建立困难帮扶机制，建立和完善困难职工档案，具体慰问标准由各总行（会、司）工会制定。

2. 继续提取和使用增收留成基金、财务专用基金；未对已提取的增收留成基金、财务专用基金进行清理。

审计依据：《中华全国总工会办公厅关于停止执行〈增收留成基金管理办法〉、〈财务专用基金管理办法〉和〈经审专用经费管理办法〉的通知》（厅字〔2014〕14号） 一、各级工会自接到本通知之日起，停止执行中华全国总工会办公厅《关于印发〈增收留成基金管理办法〉、〈财务专用基金管理办法〉、〈经审专用经费管理办法〉的通知》（总工办发〔2000〕47号），不再按一定比例提取财务专用基金、增收留成基金，不再按一定比例掌握使用经审专用经费。……四、各级工会要对以往年度已经提取的增收留成基金和财务专用基金进行清理，年末统一并入经费结余科目。对已按一定比例列入2014年度预算的经审专用经费，要进行相应的预算调整。

三、违反资金结余的管理规定

如：工会本年结余或累计结余数额较大。

审计依据：《工会预算管理办法》(总工办发〔2019〕26号)第七条 工会预算应当遵循统筹兼顾、勤俭节约、量力而行、讲求绩效和收支平衡的原则。

《工会结转和结余资金使用管理暂行办法》(总工办发〔2023〕46号)第二十三条 各级工会应努力提高预算编制的科学性、准确性，合理安排分年支出计划，根据实际支出需求编制相关年度支出预算，加强预算执行管理，控制结转结余资金规模。

《关于加强结转结余资金使用管理有关问题的通知》(总工办发〔2019〕25号)一、……各级工会要提高政治站位，予以高度重视，从贯彻落实党中央重大决策部署的高度，提高对加强工会结转结余资金使用管理重要性的认识，采取有效措施，适度控制工会结转结余资金的增量，有效盘活工会结转结余资金的存量，化解工会结转结余资金管理的潜在风险，提高工会资金使用绩效。……四、……适度控制结余资金增量。

五、违反预算稳定调节基金的管理规定

1. 基层以上工会设置、补充和动用预算稳定调节基金时，未按规定编制具体方案编入本级预算草案或预算调整方案，履行预算审批程序。

审计依据：《工会预算稳定调节基金管理暂行办法》(总工办发〔2020〕28号)第三条 县级以上工会财务管理部门负责提出预算稳定调节基金设置、补充和动用的具体方案，编入本级预算草案或预算调整方案，履行预算审批程序。

2. 基层以上工会拨缴经费收入预算的超收收入未按规定补充预算稳定调节基金。

审计依据：《工会预算稳定调节基金管理暂行办法》（总工办发〔2020〕28号）第四条 县级以上工会拨缴经费收入预算的超收收入，应全部用于设置和补充预算稳定调节基金。

第二节 净资产类科目使用不准确

一、工会资金结转科目使用不准确

1. 发生会计差错更正、以前年度支出收回的属于工会资金结转的金额，未调整"工会资金结转—年初余额调整"。

审计依据：《工会会计制度》（财会〔2021〕7号）第321号科目 工会资金结转 三（一）因发生会计差错更正、以前年度支出收回的，按照调整或收回的属于工会资金结转的金额，借记或贷记"银行存款"等科目，贷记或借记本科目（年初余额调整）。

2. 未按规定将经批准改变用途、调整用于工会其他未完成项目的工会资金结余资金转入"工会资金结转—单位内部调剂"科目。

审计依据：《工会会计制度》（财会〔2021〕7号）第321号科目 工会资金结转 三（二）经批准对工会资金结余资金改变用途，调整用于工会其他未完成项目的，按照批准的金额，借记"工会资金结余—单位内部调剂"科目，贷记本科目（单位内部调剂）。

3. 年末结转专项资金收支时有遗漏，未将全部专项资金的收入、支出本期发生额结转到"工会资金结转—本年收支结转"科目。

审计依据：《工会会计制度》（财会〔2021〕7号）32103 本年收支结转：核算工会本期专项工会资金收支相抵后的余额。

4. 年末未按规定结转并冲销"工会资金结转"各明细科目余额。

审计依据：《工会会计制度》（财会〔2021〕7号）第321号科目 工会资金结转 三（三）期末，将各类财政拨款以外的工会经费专项资金的收入、支出本期发生额转入本科目，借记"拨缴经费收入"、"上级补助收入"、"政府补助收入—非同级财政拨款收入"、"行政补助收入"、"附属单位上缴收入"、"投资收益"、"其他收入"科目下各专项资金收入明细科目，贷记本科目（本年收支结转）；借记本科目（本年收支结转），贷记"职工活动支出"、"职工活动组织支出"、"职工服务支出"、"维权支出"、"业务支出"、"行政支出"、"资本性支出"、"补助下级支出"、"对附属单位的支出"、"其他支出"的"工会资金"明细科目下各专项资金支出明细科目。（四）年末，冲销有关明细科目余额。将本科目（本年收支结转、年初余额调整、单位内部调剂）余额转入本科目（累计结转）。结转后，本科目除"累计结转"明细科目外，其他明细科目应无余额。（五）年末，对工会结转资金各项目执行情况进行分析，按照有关规定将符合结余资金性质的剩余资金转入"工会资金结余"科目。借记本科目（累计结转），贷记"工会资金结余—结转转入"科目。

二、工会资金结余科目使用不准确

1. 发生会计差错更正、以前年度支出收回的属于工会资金结余的金额，未调整"工会资金结余—年初余额调整"。

审计依据：《工会会计制度》（财会〔2021〕7号）第322号科目 工

会资金结余 三（一）因发生会计差错更正、以前年度支出收回的，按照调整或收回的属于工会资金结余的金额，借记或贷记"银行存款"等科目，贷记或借记本科目（年初余额调整）。

2. 未按规定将经批准改变用途、调整用于工会其他未完成项目的工会资金结余资金转入"工会资金结转—单位内部调剂"科目。

审计依据：《工会会计制度》（财会〔2021〕7号）第322号科目 工会资金结余 三（二）经批准对工会资金结余资金改变用途，调整用于工会其他未完成项目的，按照批准的金额，借记本科目（单位内部调剂），贷记"工会资金结转—单位内部调剂"科目。

3. 年末结转非专项资金收支时有遗漏，未将全部非专项资金的收入、支出本期发生额结转到"工会资金结余—本年收支结转"科目。

审计依据：《工会会计制度》（财会〔2021〕7号）32203 本年收支结转：核算工会本期各非专项工会资金收支相抵后的余额。

4. 年末未按规定结转并冲销工会资金结余各明细科目余额。

审计依据：《工会会计制度》（财会〔2021〕7号）第322号科目 工会资金结余 三（四）期末，将除财政拨款以外的各工会经费非专项资金的收入、支出本期发生额转入本科目，借记"会费收入"、"拨缴经费收入"、"上级补助收入"、"政府补助收入—非同级财政拨款收入"、"行政补助收入"、"附属单位上缴收入"、"投资收益"、"其他收入"科目下各非专项资金收入明细科目和"动用预算稳定调节基金"科目，贷记本科目（本年收支结转）；借记本科目（本年收支结转），贷记"职工活动支出"、"职工活动组织支出"、"职工服务支出"、"维权支出"、"业务支出"、"行政支出"、"资本性支出"、"补助下级支出"、"对附属单位的支出"、"其他支出"的"工会资金"明细科目下各非专项资金支出明细科目和"安

第十一章 净资产管理方面的主要风险点

排预算稳定调节基金"科目。(五)年末,对工会结转资金各明细项目执行情况进行分析,按照有关规定将符合结余资金性质的项目余额转入本科目,借记"工会资金结转—累计结转"科目,贷记本科目(结转转入)。(六)年末,冲销有关明细科目余额。将本科目(本年收支结转、年初余额调整、单位内部调剂、结转转入)余额转入本科目(累计结余)。结转后,本科目除"累计结余"明细科目外,其他明细科目应无余额。

三、工会资金结转、结余科目余额与实际不一致

如:工会资金结转、结余科目账面余额与资产负债表的科目余额不一致,或不存在期后调整事项的情况下,工会资金结转、结余科目期初余额与上年度期末余额不一致。

审计依据:《工会财务会计管理规范》(修订)(总工办发〔2013〕20号)第十九条 定期对会计账簿记录的有关数字与库存实物、货币资金、有价证券、往来单位或个人进行相互核对,保证账证相符(会计账簿记录与原始凭证、记账凭证相符)、账账相符(不同会计账簿之间的账簿记录相符)、账实相符(会计账簿记录与财产等实有数额相符)。

《会计法》第十七条 各单位应当定期将会计账簿与实物、款项及有关资料相互核对,保证会计账簿记录与实物及款项的实有数额相符、会计账簿记录与会计凭证的有关内容相符、会计账簿之间相对应的记录相符、会计账簿记录与会计报表的有关内容相符。

注:第十一章 第二节 四 替换为本页内容

四、工会资产基金科目使用不规范

1. 资产基金—库存物品科目使用不规范。

如:一是购入、接受捐赠或其他增加库存物品时,未贷记"资产基

金—库存物品"科目。二是领用、发出、对外捐赠或其他减少库存物品时，未借记"资产基金—库存物品"科目。三是"资产基金—库存物品"与"库存物品"科目余额不一致。

2. "资产基金—固定资产"科目使用不规范。

如：一是工会购入、调入、建造、盘盈、接受捐赠固定资产时，未贷记"资产基金—固定资产"科目。二是拆除、盘亏、毁损、报废、捐出固定资产时，未借记"资产基金—固定资产"科目。三是固定资产计提折旧时，未借记"资产基金—固定资产"科目。四是"资产基金—固定资产"科目余额与固定资产净值不一致。

3. "资产基金—无形资产"科目使用不规范。

如：一是工会购入、接受捐赠、无偿调入或委托软件公司开发软件等取得无形资产时，未贷记"资产基金—无形资产"科目。二是无偿调出、捐出无形资产时，未借记"资产基金—无形资产"科目。三是"资产基金—无形资产"科目余额与无形资产净值不一致。

4. "资产基金—投资"科目使用不规范。

如：一是购入国债等对外投资时，未贷记"资产基金—投资"科目。二是收回投资时，未借记"资产基金—投资"科目。三是"资产基金—投资"与"投资"科目余额不一致。

上述 1~4 的审计依据：《工会会计制度》（财会〔2021〕7 号）第 301 号科目 资产基金 一、本科目核算工会库存物品中、投资、在建工程、固定资产、无形资产、长期待摊费用等非货币性资产在净资产中占用的金额。三、资产基金的主要账务处理如下：（一）确认资产基金时，按照确定的成本或金额，借记"库存物品"、"投资"、"在建工程"、"固定资产"、"无形资产"、"长期待摊费用"科目，贷记本科目；……（二）领用和发出库存物品时，按照领用和发出库存物品的成本，借记本科目（库存物品），贷记"库存物品"科目。（四）计提固定资产折旧、无形资产摊销及分摊长期待摊费用时，按照计提的折旧、摊销及分摊的长期待摊费用的金额，借记本科目（固定资产、无形资产、长期待摊费用），贷记"累计折旧"、"累计摊销"、"长期待摊费用"科目。（五）……收回投资时，按照收回投资的账面余额，借记本科目（投资），贷记"投资"科目；同时，按照实际取得的价款，借记"银行存款"等科目，按照收回投资的账面余额，贷记"工会资金结余"科目，按照其差额，贷记或借记"投资收益"科目。（六）对外捐赠、无偿调出库存物品、固定资产、无形资产时，按照资产的账面价值，借记本科目（库存物品、固定资产、无形资产），按照已计提的折旧、摊销金额，借记"累计折旧"、"累计摊销"科目，按照资产的账面余额，贷记"库存物品"、"固定资产"、"无形资产"科目。

五、预算稳定调节基金科目使用不规范

1. 基层工会使用"预算稳定调节基金"科目。

2. 基层以上工会设置和补充预算稳定调节基金时，未贷记"预算稳定调节基金"科目。

3. 基层以上工会动用预算稳定调节基金时，未借记"预算稳定调节基金"科目。

审计依据：《工会会计制度》（财会〔2021〕7号）第五十五条 预算稳定调节基金是县级以上工会为平衡年度预算按规定设置的储备性资金。

《工会会计制度》（财会〔2021〕7号）第341号科目 预算稳定调节基金 一、本科目核算县级以上工会按照工会预算管理规定设置的预算稳定调节基金的滚存情况。二、预算稳定调节基金的主要账务处理如

下：（一）按规定使用超收的拨缴经费收入设置和补充预算稳定调节基金时，按照计提的金额，借记"安排预算稳定调节基金"科目，贷记"预算稳定调节基金"科目。（二）按规定动用预算稳定调节基金用于弥补本年预算收入的不足时，按照动用的金额，借记"预算稳定调节基金"科目，贷记"动用预算稳定调节基金"科目。

主要参考法规制度
目录

一、综合类

1. 中华人民共和国工会法（根据 2021 年 12 月 24 日第十三届全国人民代表大会常务委员会第三十二次会议《关于修改〈中华人民共和国工会法〉的决定》第三次修正）

2. 中国工会章程（中国工会第十八次全国代表大会部分修改，2023 年 10 月 12 日通过）

3. 中华人民共和国民法典（2020 年 5 月 28 日，第十三届全国人大三次会议表决通过了《中华人民共和国民法典》，自 2021 年 1 月 1 日起施行。婚姻法、继承法、民法通则、收养法、担保法、合同法、物权法、侵权责任法、民法总则同时废止）

4. 中华人民共和国个人所得税法（根据 2018 年 8 月 31 日第十三届全国人民代表大会常务委员会第五次会议《关于修改〈中华人民共和国个人所得税法〉的决定》第七次修正）

5. 中华人民共和国安全生产法（根据 2021 年 6 月 10 日第十三届全国人民代表大会常务委员会第二十九次会议《关于修改〈中华人民共和国安全生产法〉的决定》第三次修正）

6. 中华人民共和国职业病防治法（根据 2018 年 12 月 29 日第十三届全国人民代表大会常务委员会第七次会议《关于修改〈中华人民共和国劳动法〉等七部法律的决定》第四次修正）

7. 国家安全监管总局办公厅关于修改用人单位劳动防护用品管理规范的通知（安监总厅安健〔2018〕3 号　2018 年 1 月 15 日）

8. 中共中央　国务院关于印发《党政机关厉行节约反对浪费条例》的通知（中发〔2013〕13 号　2013 年 11 月 18 日）

9. 中共中央关于党风廉政建设八项禁令五十二条规定（中央纪律检查委员会　2013 年 5 月 30 日）

10. 中共中央办公厅　国务院办公厅印发《关于严禁党政机关到风

景名胜区开会的通知》（厅字〔2014〕50号　2014年9月28日）

11. 中共中央纪委　中央党的群众路线教育实践活动领导小组关于落实中央八项规定精神坚决刹住中秋国庆期间公款送礼等不正之风的通知（2013年9月3日）

12. 中共中央纪委关于严禁公款购买印制寄送贺年卡等物品的通知（中纪发〔2013〕8号　2013年10月31日）

13. 中共中央纪委关于严禁元旦春节期间公款购买赠送烟花爆竹等年货节礼的通知（中纪发〔2013〕9号　2013年11月21日）

14. 中共中央宣传部　财政部　文化部　审计署　国家新闻出版广电总局关于制止豪华铺张、提倡节俭办晚会的通知（中宣发〔2013〕19号　2013年8月13日）

15. 中共中央办公厅　国务院办公厅关于进一步推进国有企业贯彻落实"三重一大"决策制度的意见（中办发〔2010〕17号　2010年7月15日）

16. 国务院《规章制定程序条例》（修订）（国务院令第695号　2017年12月22日）

17. 国务院办公厅关于加强行政规范性文件制定和监督管理工作的通知（国办发〔2018〕37号　2018年5月16日）

18. 中华全国总工会印发《全国总工会关于贯彻落实中央八项规定精神的实施办法》的通知（总工发〔2023〕5号　2023年3月8日）

19. 中华全国总工会关于印发《工会基层组织选举工作条例》的通知（总工发〔2016〕27号　2016年10月9日）

20. 中华全国总工会办公厅关于进一步加强基层工会法人资格登记管理工作的通知（总工办发〔2010〕30号　2010年10月15日）

21. 中华全国总工会关于印发《基层工会法人登记管理办法》的通知（总工办发〔2020〕20号　2020年12月8日）

22. 中华全国总工会关于各级工会组织印章的规定（工厅办字

〔1986〕31号　1986年12月5日）

23．中华全国总工会办公厅关于印发《工会财会工作归口管理的规定》（工厅财字〔1991〕50号　1991年10月30日）

24．中华全国总工会办公厅关于进一步做好工会经费独立核算工作的通知（总工办发〔2008〕20号　2008年5月4日）

二、监督类

（一）财务监督

25．中国金融工会关于印发《金融系统财务监督暂行办法的通知》（金工财〔2020〕7号　2020年6月12日）

（二）审计监督

26．中华人民共和国审计法（根据2021年10月23日第十三届全国人民代表大会常务委员会第三十一次会议《关于修改〈中华人民共和国审计法〉的决定》第二次修正）

27．中华人民共和国国家审计准则（审计署令第8号　2010年9月1日）

28．中国内部审计准则（中国内部审计协会公告2013年第1号　2013年8月20日）

29．审计署关于内部审计工作的规定（审计署令第11号　2018年1月12日）

30．审计署关于加强内部审计工作业务指导和监督的意见（审法发〔2018〕2号　2018年1月12日）

31．审计署关于印发《审计"四严禁"工作要求》和《审计"八不准"

工作纪律》的通知（审办发〔2018〕23号 2018年7月25日）

32. 全总经审会关于进一步加强审计纪律的规定（工审会字〔2009〕2号 2009年2月4日）

33. 中共中央纪委 监察部 财政部 审计署关于印发《关于在党政机关和事业单位开展"小金库"专项治理工作的实施办法》的通知（中纪发〔2009〕7号 2009年4月23日）

34. 中华全国总工会关于印发《中国工会审计条例》的通知（总工发〔2023〕6号 经第十七届中华全国总工会党组第149次会议审议通过 2023年3月10日）

35. 中华全国总工会关于加强县级工会经费审查审计监督工作的意见（总工发〔2010〕1号 2010年1月19日）

36. 中华全国总工会办公厅关于印发《基层工会经费审查委员会工作条例》的通知（工厅审字〔1990〕58号 1990年11月15日）

37. 中华全国总工会经费审查委员会关于印发《工会预算审查监督办法》的通知（工审会发〔2016〕4号 2016年10月13日）

38. 中华全国总工会经费审查委员会关于印发《工会预算执行情况审计监督办法》的通知（工审会发〔2016〕5号 2016年10月13日）

39. 全国总工会经费审查委员会关于印发《工会专项资金审计暂行办法》的通知（工审会字〔2012〕7号 2012年11月8日）

40. 中华全国总工会经费审查委员会关于印发《工会企业事业单位财务审计办法》的通知（工审会字〔2016〕6号 2016年10月13日）

41. 中华全国总工会办公厅关于印发《工会审计查出问题整改办法》的通知（总工办发〔2023〕48号 2023年12月29日）

42. 中国金融工会关于印发《中国金融工会审计查出问题整改实施办法》的通知（金工发〔2024〕3号 2024年5月17日）

43. 审计署办公厅关于印发审计署审计文件材料立卷归档操作规程和审计署审计档案保管期限规定的通知（审办办发〔2013〕14号 2013

年1月25日）

三、财会管理类

（一）财务管理

44. 中华人民共和国政府采购法（根据2014年8月31日第十二届全国人民代表大会常务委员会第十次会议《关于修改〈中华人民共和国保险法〉等五部法律的决定》修正）

45. 中华人民共和国政府采购法实施条例（国务院令第658号 2015年1月30日）

46. 中华人民共和国招标投标法实施条例（2011年12月20日中华人民共和国国务院令第613号公布 根据2019年3月2日《国务院关于修改部分行政法规的决定》第三次修订）

47. 财政部关于印发《国有金融企业集中采购管理暂行规定》的通知（财金〔2018〕9号 2018年2月5日）

48. 全国总工会财务部关于转发《财政部关于印发〈行政事业单位内部控制规范（试行）〉的通知》的通知（工财发〔2013〕2号 2013年1月5日）

49. 中华全国总工会关于工会购买社会组织服务的意见（总工发〔2019〕25号 2019年7月26日）

50. 中华人民共和国发票管理办法（国务院令第587号 2010年12月20日）

51. 中华人民共和国发票管理办法实施细则（国家税务总局令第37号 2014年12月27日）

52. 国家税务总局关于修订《增值税专用发票使用规定》的通知（国税发〔2006〕156号 2006年10月17日）

53．国家税务总局　中国民用航空局关于印发《航空运输电子客票行程单管理办法（暂行）》的通知（国税发〔2008〕54号　2008年5月19日）

54．国家税务总局关于进一步加强普通发票管理工作的通知（国税发〔2008〕80号　2008年7月22日）

55．国家税务总局关于发票专用章式样有关问题的公告（国家税务总局公告2011年第7号　2011年1月21日）

56．国家税务总局关于增值税发票综合服务平台等事项的公告（国家税务总局公告2020年第1号　2020年1月8日）

57．财政部关于进一步加强和规范乡镇财政财务管理工作的暂行办法（2006年）

58．中华全国总工会办公厅关于加强工会经费财务管理和审计监督切实管好用好工会经费的通知（总工办发〔2013〕51号　2013年12月25日）

59．中华全国总工会关于加强工会财务管理、资产监督管理和经费审查审计监督的意见（总工发〔2016〕38号　2016年12月26日）

60．中华全国总工会办公厅关于停止执行《增收留成基金管理办法》《财务专用基金管理办法》和《经审专用经费管理办法》的通知（厅字〔2014〕14号　2014年5月4日）

61．中华全国总工会关于印发《工会经费呆账处理办法》的通知（总工发〔2002〕20号　2002年10月9日）

62．中华全国总工会办公厅关于严格管理工会机关及企事业为各类经济活动提供担保的通知（总工办发〔1998〕29号　1998年7月14日）

63．中华全国总工会关于严禁工会组织参与非法集资活动的通知（工发电〔2014〕4号　2014年2月17日）

64．中国金融工会《关于加强省（区、市）金融工会活动及经费管理的通知》（金工发〔2019〕11号　2019年5月24日）

（二）会计管理

65．中华人民共和国会计法（根据 2017 年 11 月 4 日第十二届全国人民代表大会常务委员会第三十次会议《关于修改〈中华人民共和国会计法〉等十一部法律的决定》第二次修正）

66．财政部关于印发《工会会计制度》的通知（财会〔2021〕7 号 2021 年 4 月 14 日）

67．财政部关于印发《工会新旧会计制度有关衔接问题的处理规定》的通知（财会〔2021〕16 号 2021 年 6 月 30 日）

68．全国总工会财务部《工会会计制度讲解》（2021 年 12 月第 1 版 2022 年 5 月第 7 次印刷）

69．财政部《会计基础工作规范》（财政部令第 98 号 2019 年 3 月 14 日）

70．中华全国总工会办公厅关于印发《工会财务会计管理规范》（修订）的通知（总工办发〔2013〕20 号 2013 年 5 月 21 日）

71．中华全国总工会办公厅关于印发《工会财会工作电算化管理办法》的通知（总工办发〔1995〕51 号 1995 年 10 月 2 日）

72．中国金融工会关于印发《金融系统工会财务会计管理规范实施细则》的通知（金工发〔2014〕14 号 2014 年 6 月 18 日）

73．财政部 国家档案局《会计档案管理办法》（中华人民共和国财政部 国家档案局令第 79 号 2015 年 12 月 11 日）

74．财政部 人力资源社会保障部关于印发《会计专业技术人员继续教育规定》的通知（财会〔2018〕10 号 2018 年 5 月 19 日）

四、预决算管理类

（一）预算管理

75．中华全国总工会办公厅关于贯彻落实过"紧日子"要求进一步加强工会预算管理的通知（厅字〔2020〕30号　2020年6月24日）

76．中华全国总工会办公厅关于印发《工会预算管理办法》的通知（总工办发〔2019〕26号　2019年12月31日）

77．中华全国总工会办公厅关于印发《基层工会预算管理办法》的通知（总工办发〔2020〕29号　2020年12月29日）

78．中国金融工会关于印发《金融系统工会预算管理办法》的通知（金工发〔2020〕8号　2020年8月18日）

79．中华全国总工会办公厅关于印发《中华全国总工会关于全面实施预算绩效管理的实施意见》《关于加强结转结余资金使用管理有关问题的通知》的通知（总工办发〔2019〕25号　2019年12月31日）

80．中华全国总工会办公厅关于印发《工会结转和结余资金使用管理暂行办法》的通知（总工办发〔2023〕46号　2023年12月27日）

81．中国金融工会关于印发《中国金融工会关于全面实施预算绩效管理的实施意见》的通知（金工财〔2020〕8号　2020年7月9日）

82．中华全国总工会办公厅关于印发《工会预算稳定调节基金管理暂行办法》的通知（总工办发〔2020〕28号　2020年12月29日）

83．中国金融工会财务部《关于做好金融系统工会2023年度经费收支预算的通知》（金工财〔2023〕3号　2023年1月11日）

（二）决算管理

84．中华全国总工会办公厅关于印发《工会决算报告制度》的通知

（总工办发〔2019〕15号　2019年7月1日）

85．中国金融工会关于印发《金融系统工会决算报告制度》的通知（金工财〔2020〕5号　2020年6月9日）

86．中国金融工会财务部《关于做好2021年度工会决算工作的通知》（金工财〔2022〕1号　2022年1月13日）

五、经费拨缴类

（一）会员会费

87．中华全国总工会关于收交工会会费的通知（工发〔1978〕101号　1978年11月13日）

88．中华全国总工会关于机关和事业单位工会会员交纳会费问题的通知（工财字〔1994〕69号　1994年6月18日）

89．全国总工会财务部　组织部关于交纳会费问题的答复（工财字〔1996〕58号　1996年5月27日）

（二）经费收缴

90．全国总工会　财政部关于新《工会法》中有关工会经费问题的具体规定（工总财字〔1992〕19号　1992年8月29日）

91．全国总工会财务部转发国家统计局《劳动统计指标解释》中有关"职工"和"职工工资总额及构成"的规定的通知（工财字〔1995〕11号　1995年3月3日）

92．全国总工会财务部关于转发国家统计局《关于印发1998年年报劳动统计新增指标解释及问题解答的通知》的通知（工财字〔1999〕27号　1999年3月31日）

93. 中华全国总工会《关于对〈中国金融工会经费管理办法〉的批复》（工函字〔2000〕57号 2000年6月20日）

94. 中国金融工会关于颁发《中国金融工会经费管理办法》的通知（金工发〔2000〕3号 2000年7月4日）

95. 全国总工会财务部关于对中国人民银行上海分行等中央在沪金融机构工会经费拨缴比例问题的批复（工财字〔2004〕40号 2004年5月18日）

96. 中华全国总工会办公厅关于规范建会筹备金收缴管理的通知（厅字〔2021〕20号 2021年7月20日）

97. 中国金融工会《关于转发中华全国总工会关于印发〈关于截留、挪用应上解工会经费处罚的暂行规定〉的通知》（金工发〔2001〕13号 2001年6月18日）

（三）税前抵扣与代收

98. 中华全国总工会办公厅关于转发《国家税务总局关于工会经费企业所得税税前扣除凭据问题的公告》的通知（总工办发〔2010〕37号 2010年12月3日）

99. 中华全国总工会关于转发《国家税务总局关于税务机关代收工会经费企业所得税税前扣除凭据问题的公告》的通知（总工发〔2011〕45号 2011年5月23日）

100. 中国金融工会关于对《关于中国银行新疆自治区分行工会经费实行税务代收情况的报告》的批复（金工办〔2010〕1号 2010年1月22日）

六、收支管理类

（一）收支管理

101．中华全国总工会办公厅关于印发《基层工会经费收支管理办法》的通知（总工办发〔2017〕32号　2017年12月15日）

102．中华全国总工会办公厅关于进一步规范基层工会经费使用管理的通知（总工办发〔2023〕26号　2023年8月21日）

103．中国金融工会关于印发《金融系统基层工会经费收支管理实施办法》的通知（金工发〔2018〕3号　2018年4月16日）

104．中国金融工会关于印发《中国金融工会关于工会经费使用有关问题的补充规定》的通知（金工发〔2023〕8号　2023年9月13日）

105．财政部　中共中央组织部　国家公务员局关于印发《中央和国家机关培训费管理办法》的通知（财行〔2016〕540号　2016年12月27日）

106．财政部　国家机关事务管理局　中共中央直属机关事务管理局关于印发《中央和国家机关会议费管理办法》的通知（财行〔2016〕214号　2016年6月29日）

107．财政部　国管局　中直管理局关于《中央和国家机关会议费管理办法》的补充通知（财行〔2023〕86号　2023年5月30日）

108．财政部关于印发《中央和国家机关差旅费管理办法》的通知（财行〔2013〕531号　2013年12月31日）

109．财政部办公厅关于印发《中央和国家机关差旅费管理办法有关问题的解答》的通知（财办行〔2014〕90号　2014年9月15日）

110．财政部办公厅　国管局办公室　中直管理局办公室关于规范差旅伙食费和市内交通费收交管理有关事项的通知（财办行〔2019〕104号　2019年7月3日）

111．财政部关于企业加强职工福利费财务管理的通知（财企〔2009〕242号　2009年11月12日）

112．人力资源社会保障部　财政部　关于做好国有企业津贴补贴和福利管理工作的通知（人社部发〔2023〕13号　2023年2月16日）

113．财政部关于企业女职工妇科检查费用列支问题的批复（财工字〔1997〕469号　1997年11月27日）

114．财政部　监察部关于印发《党政机关及事业单位用公款为个人购买商业保险若干问题的规定》的通知（财金〔2004〕88号　2004年9月16日）

115．全国总工会财务部《关于职工代表大会的费用由谁担负的通知》（工财字〔1981〕29号　1981年8月28日）

116．全国总工会　财政部　劳动部关于劳动竞赛奖金列支渠道的通知（总工发〔1994〕12号　1994年6月1日）

117．财政部　全国总工会关于组织少数劳动模范、先进工作者短期休养活动经费开支问题的通知（工发财字〔1982〕100号　1982年5月24日）

118．全国总工会财务部关于组织企业少数劳动模范、先进工作者短期休养活动经费开支问题的答复（工财字〔1982〕152号　1982年9月2日）

119．中华全国总工会办公厅印发《全国总工会关于进一步加强和规范劳模疗休养工作的意见》的通知（总工办发〔2019〕21号　2019年12月9日）

120．中华全国总工会办公厅关于印发《关于深入开展优秀技术工人休疗养活动的意见》的通知（总工办发〔2023〕12号　2023年5月6日）

121．全国总工会财务部《关于离退休行员管理活动经费不能从工会经费中列支的复函》（工财字〔2000〕46号　2000年6月23日）

122．全国总工会组织部、财务部《关于离、退休职工会籍管理问

题的复函》（工组字〔1993〕231号　1993年11月25日）

123. 全总组织部、财务部关于离退休职工能否参加工会活动问题的复函（工组函〔2016〕1号　2016年1月11日）

124. 全国总工会财务部关于印发《关于工会财务工作经费开支范围的规定》《关于工会经审工作经费开支范围的规定》的通知（工财发〔2014〕43号　2014年6月6日）

125. 中华全国总工会财务部对云南省总工会关于基层工会经费开支有关问题的复函（工财函〔2022〕38号　2022年9月29日）

126. 中华全国总工会办公厅关于印发《全总机关劳务费使用管理办法》的通知（工厅字〔2024〕13号　2024年5月16日）

127. 中国金融工会办公室关于转发全总办公厅《中华全国总工会办公厅关于进一步规范全民健身等相关工会经费使用管理的通知》的通知（金工办发〔2022〕13号　2022年7月20日）

128. 中国金融工会办公室关于转发全总办公厅《关于加大工会经费投入助力疫情防控与经济社会发展的若干措施的通知》的通知（金工办发〔2022〕14号　2022年7月20日）

（二）专项资金

129. 中华全国总工会《关于印发工会送温暖资金使用管理办法（试行）》的通知（总工发〔2018〕39号　2018年12月21日）

130. 中国金融工会关于印发《金融系统工会送温暖资金使用管理办法（试行）》的通知（金工发〔2020〕2号　2020年2月28日）

131. 中国金融工会关于转发《中华全国总工会办公厅关于加强新型冠状病毒感染肺炎防控工作专项资金使用管理的通知》的通知（金工办发〔2020〕4号　2020年2月1日）

七、资产管理类

（一）资产管理

132．中华人民共和国现金管理暂行条例（修订）（国务院令第588号　2011年1月8日）

133．财政部　中华全国总工会关于各级总工会及所属事业单位资产产权界定问题的通知（财行〔2008〕82号　2008年4月18日）

134．中华全国总工会办公厅关于印发《工会行政事业性资产管理办法》的通知（总工办发〔2017〕5号　2017年1月23日）

135．中国金融工会关于转发《中华全国总工会关于加强工会财务管理、资产监督管理和经费审查审计监督的意见》和《中华全国总工会办公厅关于印发〈工会行政事业性资产管理办法〉的通知》的通知（金工发〔2017〕4号　2017年3月3日）

136．中华全国总工会办公厅关于印发《工会固定资产管理办法》的通知（总工办发〔2002〕30号　2002年11月12日）

137．中国金融工会办公室关于印发《金融系统工会固定资产管理办法》的通知（金工办发〔2018〕13号　2018年3月29日）

（二）企业管理

138．中华全国总工会办公厅关于印发《工会企业资产管理办法》的通知（总工办发〔2019〕22号　2019年12月10日）

八、账户与票据类

（一）账户

139. 人民币银行结算账户管理办法（中国人民银行令〔2003〕第5号　2003年4月10日）

140. 全国总工会财务部关于江西省总工会基本存款账户变更账户性质问题的复函（工财字〔2012〕56号　2012年5月4日）

141. 中华全国总工会印发《关于进一步加强工会资金存放管理的指导意见》的通知（总工发〔2019〕21号　2019年6月27日）

142. 中国金融工会关于转发《中华全国总工会印发〈关于进一步加强工会资金存放管理的指导意见〉的通知》的通知（金工财〔2020〕6号　2020年6月9日）

（二）票据

143. 全国总工会财务部《关于启用"工会经费收入专用收据"的通知》（工财字〔2010〕97号　2010年4月21日）

144. 全国总工会财务部关于印发《工会经费收入专用收据使用管理暂行办法》的通知（工财字〔2010〕119号　2010年7月7日）

在不违反有关法律法规、规章和规范性文件以及上级工会制度规定的前提下，被审计单位根据自身实际细化了相关管理制度的，应以其管理制度为审计依据。